Bolívia: Democracia e Revolução

A comuna de La Paz de 1971

Everaldo de Oliveira Andrade

Bolívia: Democracia e Revolução

A comuna de La Paz de 1971

alameda

Copyright© 2011 by Everaldo de Oliveira Andrade

Publishers: Joana Monteleone/ Haroldo Ceravolo Sereza/ Roberto Cosso
Edição: Joana Monteleone
Editor assistente: Vitor Rodrigo Donofrio Arruda
Revisão: Paula Carolina de Andrade Carvalho/ Haroldo Ceravolo Sereza
Projeto gráfico e diagramação: Marília Reis
Capa: Sami Reininger
Imagem da capa: Motociclista na Passeata do 1º de maio.

CIP-BRASIL. CATALOGAÇÃO-NA-FONTE
SINDICATO NACIONAL DOS EDITORES DE LIVROS, RJ

A565B

Andrade, Everaldo de Oliveira
BOLÍVIA DEMOCRACIA E REVOLUÇÃO – A COMUNA DE LA PAZ DE 1971
Everaldo de Oliveira Andrade.
São Paulo: Alameda, 2011.
340p.

Inclui bibliografia
ISBN 978-85-7939-042-5

1. Bolívia – História – Comuna, 1971. 2. Militarismo – América Latina. 3. Ditadura e ditadores –
América Latina. I. Título.

10-2659.   CDD: 984.052
                                              CDU: 94(84)"1952"

                                                                    019685

ALAMEDA CASA EDITORIAL
Rua Conselheiro Ramalho, 694, Bela Vista
São Paulo – SP – CEP 01325-000
Tel. (11) 3012-2400
www.alamedaeditorial.com.br

Sumário

Prefácio 9

Apresentação 11

Introdução 15

1. O golpe militar de 1964 27

2. As jornadas revolucionárias de outubro 67

3. A proclamação da Assembleia Popular 85

4. O 1º de maio de 1971 105

5. A sessão nacional 125

6. Os tribunais populares 173

7. O controle operário da mineração 181

8. As milícias armadas e a questão militar 193

9. A universidade única 199

10. Arte, cultura e revolução 213

11. O fim da primeira sessão nacional e a continuidade 221

12. O mês de agosto 245

Conclusão 279

Anexo: uma história da democracia dos conselhos 283

Caderno de imagens 297

Fontes e bibliografia 321

Agradecimentos 339

Em memória G. L.
(1921-2009)

Prefácio

EVERALDO ANDRADE DEFENDEU, com sucesso, este trabalho como Tese de Doutoramento na USP-FFLCH (História) em 2002. O que se apresenta agora ao leitor é, porém, bem mais do que isso. Esta pesquisa sobre um dos processos políticos mais importantes da América Latina contemporânea tem como fundamento todos os textos (livros, artigos) que sobre ele foram escritos, jornais e documentos de época, depoimentos orais de seus principais protagonistas, enfim, fotografias e meios audiovisuais: trata-se de uma reconstrução histórica no pleno sentido do termo. Até o presente não tínhamos, no Brasil, mais do que um par de trabalhos que enfocavam muito parcial e fragmentariamente a Assembleia Popular boliviana de 1971. Na América Latina, o livro de Guillermo Lora, De la Asamblea Popular al Golpe Fascista, publicado na Argentina em finais de 1972, escrito no calor dos acontecimentos, continuava a ser a principal (e semi-desconhecida) obra de referência.

Parco destino historiográfico para o que foi, sem dúvida, o processo político-social mais radical da contemporaneidade em nosso continente. Como nenhum outro país na América do Sul, a Bolívia mediterrânea (privada de saída ao mar desde a Guerra do Pacífico, de 1879), rica em recursos minerais e espantosa na sua miséria social, com um proletariado forte, concentrado, e dono de poderosas tradições políticas socialistas (já desde o século XIX), um campesinato super-explorado e ainda depositário das tradições indígenas e comunitárias ancestrais, resumiu e resume o drama nacional e social da América Latina. Não foi por acaso que Ernesto Che Guevara escolheu Bolívia como ponto de partida para seu projeto de uma guerra revolucionária continental, encontrando sua própria morte (por assassinato) na tentativa, em 8 de outubro de 1967. Nem três anos tinham se passado, quando o proletariado boliviano, em espetacular mobilização, e parcialmente armado (ainda uma consequência da formidável revolução de abril de 1952, que determinou a nacionalização das minas de estanho) bloqueava uma tentativa de golpe direitista encabeçada pelo general Miranda e dava início a um processo revolucionário que encontraria na Assembleia Popular, definida como "órgão de poder operário", e como "primeiro soviet da América Latina", sua máxima expressão.

Everaldo vai além da lenda e do clichê ideológico (de esquerda ou de direita) para analisar concretamente (historicamente) esse processo, em todas suas determinações, que comoveram os próprios cimentos da sociedade do Altiplano. Incluído seu trágico final, em agosto de 1971, que deu início à série de golpes militares que, nessa década, trouxeram a paz dos cemitérios para quase todos os países do subcontinente. Sem entender o golpe militar encabeçado por Hugo Bánzer na Bolívia, não se pode compreender os golpes de Pinochet (Chile), Bordaberry – Aparício Méndez (Uruguai), Morales tar (Argentina), a radicalização à direita da ditadura brasileira, e a organização da Operação Condor (orquestrada pelo governo do EUA), com sede central no Paraguai de Alfredo Stroessner.

Tampouco se pode entender, sem levar em conta esse passado imediato, o atual processo nacional-indigenista boliviano (Evo Morales). Não é preciso dizer mais para esclarecer que este livro põe o dedo no próprio centro da ferida da América Latina, na própria circulação das suas "veias abertas", no dizer de Eduardo Galeano. E o faz de maneira simples e profunda, multidimensional. Que seja lido, então, e obrigatoriamente, por todos aqueles que compreendem (ou querem saber por que) o destino do Brasil está ligado ao da América Latina, e por todos os que, para além das suas preocupações imediatas, entendem que o destino da nossa geração e das gerações vindouras é parte, e só se realiza plenamente, como parte do porvir de nossa Pátria Grande, a Indoamérica operária, camponesa e popular.

Osvaldo Coggiola (Professor Titular de História Contemporânea da USP)

Apresentação

QUASE CEM ANOS ANTES da Assembleia Popular, em 1899, o "temible Wilka" cercava a cidade de La Paz com milhares de índios aymaras e quéchuas. Wilka era o último longo suspiro de um velho mundo indígena. Do outro lado do Atlântico, na Europa, materializava-se a possibilidade de um novo mundo com a Comuna de Paris, que apenas anunciara o longo século XX das lutas operárias pelo poder político. A Assembleia Popular de 1971, a Comuna de La Paz, tomou forças destes dois mundos, das raízes milenares da revolta contra o colonizador e dos combates operários do século XX. E deu-se em um momento em que o mundo tremia e seus elos mais fracos estalavam. Foi uma batalha curta, de poucos meses, mas vigorosa, plena de energias inovadoras. As proclamações radicais, muitas vezes cruas e pouco modestas, só podem ser plenamente compreendidas no contexto da miséria econômica, brutalidade militar e confronto social a que foram submetidas as multidões bolivianas, humilhadas por anos e anos de sofrimento desumano.

Este estudo, embora inicialmente possa ser compreendido como uma contribuição restrita à história boliviana, se insere em um conjunto maior das lutas sociais contra o militarismo e as ditaduras na América Latina. Destaca uma formulação original, na região, de resistência e busca de uma ação democrática e revolucionária da esquerda latino-americana, refratária de um lado à luta armada direta das guerrilhas, como também à via reformista e legalista de Salvador Allende. A Comuna de La Paz buscou uma nova legitimidade e legalidade política. Criou uma linguagem e um discurso da revolução que se expressou em seus documentos, propostas políticas e econômicas, em suas proclamações e debates.

A Comuna foi resultado combinado de dois processos: a conjuntura política imediata na América Latina das décadas de 1960 para 1970 e a história política e social do movimento operário e popular boliviano. O primeiro processo engloba o contexto político e econômico internacional interagindo com a realidade nacional, provocando desestabilização interna dos aparelhos do Estado. A Assembleia Popular é examinada como uma resposta positiva do movimento operário e popular que se aproveita das fragilidades conjunturais do sistema para superar, a partir dos seus próprios pressupostos políticos e sociais, o período militar vigente e abrir um caminho democrático para o país. O segundo processo, que se combina com o primeiro, incorpora a formação propriamente dita da Assembleia Popular como resultado combinado de tradições históricas do movimento operário e popular. A forma em que se configura a Assembleia Popular é investigada como uma síntese das tradições internacionais da democracia dos Conselhos Operários com as práticas e tradições locais de democracia direta e formas de autogoverno. A ruptura nacional ocorrida com a Revolução Boliviana de 1952 é vista como marco importante da organização ou consolidação das principais entidades políticas e sindicais do país até o período da Assembleia Popular. O início dos governos militares em 1964 é abordado como parte de um momento internacional de reformulações do capitalismo na América Latina visando preventivamente conter um período de desestabilização política. À crise política dos governos militares desde 1969 e o recuo de algumas de suas medidas repressivas, se contrapõe um crescente avanço organizativo e político dos movimentos sociais e da atuação destacada dos sindicatos e dos partidos operários. A formulação da ideia e os primeiros passos práticos de construção da Assembleia são apresentados como desenvolvimento de uma situação de dualidade de poderes, de polarização crescente das forças políticas e sociais.

Por fim, a investigação desenvolve amplamente a trajetória de fortalecimento e consolidação da Assembleia Popular como contrapoder ao governo das forças armadas, se apresentando como um espaço de disputas entre as diferentes forças que compõem o movimento operário e popular do país. O debate sobre cada uma das resoluções condensa divergências mais profundas, incorpora a memória histórica do movimento operário, mas ao mesmo tempo busca reafirmar a Assembleia Popular como nova autoridade estatal em constituição. Os resultados destes debates e suas consequências práticas terminam por acelerar os ritmos do confronto político e do próprio desenlace da Assembleia Popular em agosto de 1971.

Introdução

A ASSEMBLEIA POPULAR DE 1971, a Comuna de La Paz, ocorreu cem anos após a célebre Comuna de Paris, porém sua realização não se constituiu, como se poderia imaginar, em uma reprodução apologética do passado. A trajetória de um século de lutas sociais revolucionárias manteve um permanente fio de continuidade através de experiências concretas de autogoverno popular e democracia operária, que ela integrou e enriqueceu. A experiência boliviana de 1971, que examinaremos em detalhes, desenvolveu-se no terreno fertilizado pelas ações do movimento operário internacional e sua tradição conselhista com as profundas raízes de auto-organização do próprio povo boliviano. Possuía raízes, ainda que difusas e marginais, com uma longa tradição histórica de democracia direta e autogoverno local das comunidades indígenas e dos cabildos abertos coloniais que se plasmará com o legado fundamental do movimento operário internacional e a tradição dos conselhos operários.

As tradições históricas da Bolívia, como um passado preenchido por civilizações indígenas milenares e as próprias características da colonização espanhola, podem nos ajudar a compreender, no contexto das peculiaridades da história política do país, o movimento histórico geral de constituição de órgãos de democracia direta.

A longa resistência dos povos indígenas da região andina contra o domínio colonial espanhol desde o século XVI fortaleceu práticas políticas democráticas das comunidades andinas (ayllus), preservando características de auto-

16 Everaldo de Oliveira Andrade

governo local.[1] A tradição comunitária dos ayllus e das nações originárias dos Andes constitui-se ainda hoje em expressão de uma prática de autogestão que se organizava à margem dos ordenamentos jurídicos estatais.[2] Essas práticas democráticas de autogoverno das comunidades andinas permanecem muitas vezes sob uma roupagem moderna de sindicato camponês,[3] o que levou alguns autores a discorrerem sobre uma "democracia andina", baseada nas decisões coletivas das comunidades.[4]

Confrontada com novas sociedades indígenas originais e complexas, a coroa espanhola desde o princípio da colonização foi obrigada a criar instituições políticas e administrativas novas. Surgiram os cabildos abertos, muitas vezes verdadeiras assembleias populares que decidiam sobre todas as questões relativas à comu-

---

1   O meio geográfico andino que obrigava, em uma situação social de isolamento, a cooperação e o coletivismo, favoreceu essas experiências políticas e sociais das comunidades ou ayllus, atuando como esteio para sua permanência ao longo dos séculos de colonização e independência. O tempo político ditado pelos Estados modernos capitalistas na região não logrou diluir ou anular totalmente estas profundas práticas. Não há ainda um estudo sistemático sobre o impacto destas estruturas remanescentes nas sociedades de classe e nos conflitos políticos nos países andinos, em particular na formação do proletariado mineiro.

2   Conforme destacou Silvia Rivera, o sistema de autoridades do ayllu engloba funções governativas além daquelas que têm funções "auxiliares ou especializadas. As autoridades são eleitas num sistema de turnos rotativos. O Jilanku tem entre suas funções a de regular os conflitos internos, particularmente sobre a terra, direitos familiares, conflitos matrimoniais etc. além de organizar junto com a Assembleia comunal o sistema de rotação de cultivos e os distintos serviços de prestações de trabalho. Os sindicatos e os ayllus são formas paralelas de organização no campo. Apesar da pressão crescente para desestruturar as formas tradicionais de organização, estas permanecem como formas autônomas de autogoverno local, com políticas sociais e econômicas próprias. Cf. Silvia Rivera Cusicanqui, *Ayllus y proyectos de desarrollo en el norte de Potosí.*

3   Tive a oportunidade de presenciar uma reunião de um "sindicato campesino" nos arredores de La Paz em janeiro de 1999. A reunião, toda falada em aymara, era de fato uma reunião da comunidade indígena local para deliberar sobre diferentes questões coletivas. O "secretário-geral" do sindicato, eleito por um sistema de rodízio anual de todas as famílias, dirigia a reunião e todos falaram livremente por tempo indeterminado. As mulheres acompanhavam sem tomar a palavra. As decisões eram tomadas por unanimidade após prévias consultas entre os casais presentes.

4   Ver: MERCADO, René Zavaleta. *Lo nacional-popular en Bolivia*, p. 18.

Bolívia: Democracia e Revolução   17

nidade local. Os cabildos originalmente eram parte da estrutura administrativa colonial comandada pela aristocracia espanhola, fechada e com componentes fixos, como escrivães, alcaides e regedores. No entanto, existiram experiências e práticas que ampliaram as características originais dos cabildos. Podemos destacar no Peru e Charcas – os "cabildos de índios", que ainda que servissem mais para cooptar os índios para a administração colonial, também previam que causas civis fossem julgadas pelos próprios índios, dando parte do poder de volta às comunidades.[5] Outra variante eram os "cabildos abiertos", que ocorriam quando participavam todos os habitantes de um lugar, previsto em casos de decisões administrativas e políticas de grande importância. Nestas ocasiões todos podiam participar, falar e votar em assembleia geral. Em numerosas cidades e circunstâncias do período colonial surgiram "cabildos abiertos" para deliberarem sobre questões locais, dando-lhes uma conotação muitas vezes perigosa para as elites, que os condenavam por seus excessos. O caráter deliberativo e democrático dos cabildos abiertos muitas vezes foi utilizado em enfrentamentos com visitadores e governadores.[6] Exemplos de resistência popular protagonizados por cabildos abiertos foram registrados pela história, como a revolta do "cabildo abierto" de Quito em agosto de 1810.[7] Esta tradição permaneceu mesmo com o advento das repúblicas independentes a partir do século XIX, enraizando-se como parte da cultura política popular e referência histórica de prática democrática direta e deliberativa para as nações da atual América espanhola.[8]

Na Bolívia a experiência mais importante de autogoverno popular inicia-se especificamente com a ação organizada do movimento operário, em particular a ação

---

5   BAYLE, S. I. Constantino. *Los cabildos seculares en la América Espanhola*, p. 364-382.

6   *Ibidem*, p. 621-644.

7   *Ibidem*, p. 433-438.

8   É importante demarcar que a realização por si só de cabildos não permitiria caracterizá-los como órgãos de poder popular ou revolucionário. Nessa perspectiva os cabildos populares poderiam localmente, e em momentos específicos, tornarem-se pequenos fóruns de autogoverno e se constituir, num período de crise institucional, em base para a criação de novas formas de autogoverno baseadas nos conselhos operário-populares, isto porque facilitam e preservam, ainda que de forma marginal, uma prática política paralela e antiestatal. Um desfecho revolucionário dependeria em última instância da capacidade de centralização do conjunto das forças sociais populares.

dos sindicatos mineiros na década de 1940. Se o operário boliviano era ao mesmo tempo o índio do altiplano, a vida das minas transformava o antigo camponês acostumado com a vida pacata dos campos no operário dinâmico e exigente, intempestivo e extrovertido.[9] Suas características físicas e culturais estão presentes e se mesclam com as que são próprias do proletariado no sistema capitalista. É ao mesmo tempo paciente, aparentemente indiferente e desconfiado, mas pleno de vitalidade e combatividade explosiva. A vida comunitária do meio rural e as relações em torno do ayllu não desaparecem, mas convivem com as novas relações do mundo capitalista. É assim que o sindicato mineiro capitaliza as aspirações coletivas e concentra a enorme resistência operária do mineiro boliviano.[10]

A brutal exploração fermentava a rebelião cotidianamente, como retratou Gregório Iriarte:

> Nos acampamentos tudo é provisório, desumanizado e artificial. Nasceu porque existe estanho e durará enquanto dure o estanho. O importante é a mina, sua produção, as leis do mineral, os lucros líquidos... os demais, moradias, alimentação, saúde, educação, vem depois e às vezes nunca chegam... (...) As convulsões sociais que muitas vezes alteram a 'ordem' nas minas, não são mais que os espasmos dos condenados à morte, que não querem morrer. (...)Na história dos movimentos sociais da América Latina, sem dúvida, não existe nenhum caso de exploração tão opressiva, tão desumana e tão voraz, como a que sofreu o proletariado boliviano de parte da oligarquia mineira.[11]

A situação de miséria do setor mais organizado da classe operária dava em grande parte a dimensão da situação de degradação social vivida pela maioria da população do país. A indústria concentrava-se em ramos com baixa produtividade e voltados quase que exclusivamente para o consumo interno. No campo a situação não era diferente. Nas grandes fazendas um sistema de exploração do trabalho de características semifeudais – a pongueaje – prendia milhões de homens ao

---

9 IRIARTE, Gregório. *Los mineros, sus luchas, frustaciones y esperanzas*, p. 21.

10 *Ibidem*, p. 16-19.

11 *Ibidem*, p. 128.

trabalho gratuito. Uma pequena classe dominante de grandes mineradores e latifundiários, enquanto mantinha um rígido e implacável controle político interno, militarizado, abria-se em desprendimentos e solicitude aos interesses das grandes finanças internacionais. Em 1942 centenas de mineiros e familiares foram fuzilados pelo exército no gigantesco acampamento mineiro de Catavi por se recusarem, após longa greve, a trabalhar por salários paupérrimos para vender estanho barato em nome do esforço de guerra dos Estados Unidos. O massacre de Catavi tornou-se uma página de sangue da história latino-americana e inaugurou um período de verdadeiro nascimento da classe operária boliviana, em especial dos mineiros, cujos exemplos de organização, ousadia e desprendimento militante estavam destinados a tornarem-se quase míticos.

A democracia direta exercida pelos sindicatos mineiros bolivianos se apropriou de muitas das tradições indígenas. As assembleias do complexo mineiro Catavi-Siglo xx contavam com milhares de pessoas, onde muitas vezes participavam mulheres e filhos dos mineiros. Nelas debatiam-se publicamente todos os problemas cotidianos. Qualquer pessoa podia usar da palavra. Estas reuniões tendiam para decisões que fortaleciam a coesão e combatividade dos mineiros.[12] As características destas votações dos sindicatos mineiros refletiam em parte a transposição de uma prática comum do mundo camponês andino de buscar estabelecer decisões por consenso após esgotados os debates.[13] Um exemplo concreto da prática democrática nos sindicatos mineiros foi descrito por Domitila Chungara ao recordar que "existia uma forma de democracia entre os mineiros onde, na eleição dos dirigentes do sindicato, em que a base buscava fazer um esforço para colocar representantes de todos os partidos de esquerda, para que não houvesse oposição destes partidos ao sindicato".[14]

Os marcos de ação da classe operária incorporaram estas características formativas próprias da democracia direta. Isto explicaria provavelmente porque a democracia de mandato foi sempre exercida com estrita vigilância: nas assembleias os dirigentes eram frequentemente obrigados a prestar contas de

---

12 LAVAUD, Jean Pierre. *El embrollo boliviano*, p. 210-211.

13 Entrevista com Filemon Escobar.

14 Cf. VIEZZER, Moema. *Se me deixam falar – depoimento de uma mineira boliviansa.*

seus atos e explicarem todos os detalhes das negociações com o governo ou empresa. A desconfiança para com os líderes era permanente, o que expressava a permanente vigilância e controle sobre os representantes.[15] A federação dos mineiros foi o espaço em que se plasmaram as tradições democráticas do proletariado internacional com aquelas específicas dos indígenas andinos.

A fundação do núcleo do moderno movimento sindical boliviano, a FSTMB (Federação Sindical dos Trabalhadores Mineiros Bolivianos), incorporava desde o princípio a importante influência dos trotskistas do Partido Obrero Revolucionario (POR), exemplificado na aprovação da célebre Tese de Pulacayo em 1946. Tratava-se de um documento que propunha um verdadeiro programa político revolucionário para o pequeno operariado boliviano: liderar, a partir de reivindicações econômicas concretas como aumento de salários e ocupação das minas, a ação sindical e política em direção ao socialismo.[16] O POR realizou o laço fundamental da Bolívia indígena, operária e mineira com a tradição revolucionária do operariado internacional. Este fato teve como uma de suas consequências a absorção pelo movimento operário local da história, polêmicas políticas e da trajetória de mobilização e ação do movimento operário internacional, em particular a tradição dos Conselhos Operários. A história contemporânea da Bolívia demonstrará essa notável capacidade de articulação e consciência do papel exercido pelos mineiros, notadamente como núcleo das mobilizações de massa operárias e populares, nos desdobramentos da revolução de 1952.

---

15 *Apud,* NASH, June. "Dependency and the failure of feedback: the case of the bolivian mining comunities", in: LAVAUD. *op cit*, p. 213.

16 "Reivindicamos o lugar de proeminência que corresponde entre os métodos de luta proletária e a ação direta das massas. Sabemos que nossa libertação será obra de nós mesmos e que para conseguir este objetivo não podemos esperar a colaboração de forças distantes das nossas. Por isso, nesta etapa de ascenso do movimento operário nosso método de luta preferido constitui a ocupação das minas (...) Os revolucionários devem se encontrar em todas as partes onde a luta social coloque as classes em situação de luta...". Tesis de Pulacayo, 8 de novembro de 1946,In: LORA, Guillermo (org.) *Documentos Políticos de Bolívia*, La Paz: Editorial Futuro, 1987, p. 9-32.

A DEMOCRACIA DIRETA, OS SINDICATOS E A REVOLUÇÃO DE 1952

A revolução de 1952 expressará um novo patamar de organização política de amplos setores sociais (operários, camadas médias urbanas e camponeses) nas cidades e no campo, até então preteridos pelo sistema político em crise. O período imediatamente anterior à revolução de 1952, quando surgem as linhas ideológicas e políticas mestras do regime pós-revolução, foi marcado por uma crise de representação da antiga oligarquia mineira e latifundiária.[17] A fragmentação deste núcleo de poder como consequência da Guerra do Chaco (1932-1935) provocará uma profunda crise política no país e o início do processo de constituição de novos partidos baseados na classe operária, nos camponeses e na pequena burguesia urbana. O surgimento durante a década de 1940 de novas forças políticas como o POR, o MNR (Movimiento Nacionalista Revolucionario), o PIR (Partido de la Izquierda Revolucionaria) e a FSB (Falange Socialista Boliviana, de orientação fascista) foram as representações políticas mais salientes deste fenômeno, que juntamente com a consolidação da FSTMB deram uma forma irreversivelmente polarizada à vida política boliviana no princípio da década de 1950.

Entre os dias 10 e 11 de abril de 1952 a Bolívia foi palco de uma das mais profundas revoluções sociais da América Latina, após um fracassado golpe militar desfechado pelo MNR contra a ditadura militar que impedia a posse do presidente eleito do partido, Victor Paz Estenssoro. Milícias, ainda que improvisadas, de operários e camponeses mobilizaram-se pela reforma agrária e pela nacionalização da mineração e derrotaram as divisões do exército nacional, suplantando o projeto original do MNR. Um governo provisório foi estabelecido pelo MNR, composto majoritariamente por membros da classe média, ocupando um breve vazio de poder que se estabeleceu nos primeiros dias da revolução. O núcleo central de mobilização da revolução foi, porém, a FSTMB. O movimento operário e popular, influenciado pela teses do pequeno partido trotskista POR, funda a COB (Central Obrera Boliviana) um semana depois da vitória da revolução. Esta nova situação cria uma breve situação de dualidade de poderes entre a COB independente e o governo do MNR. O POR propunha aprofundar a via revolucionária socialista através dos traços de parlamento operário e popular que surgiam na

---

17 SANDOVAL RODRIGUES, Isaac. *Los partidos politicos en Bolivia*, p. 106-107.

COB, que rivalizava com o legalismo das instituições políticas oficiais e se autonomizava como alternativa de poder. O MNR porém, que gozava de ampla e difusa simpatia de massas, combateu com vigor por uma saída pactuada que preservasse, com reformas, as estruturas econômicas e sociais vigentes. Tentou ainda anular as perspectivas revolucionárias em desenvolvimento com a constituição de um cogoverno MNR-COB, o que favoreceu posteriormente sua estratégia de cooptar o movimento social revolucionário, contendo as tendências radicais e socialistas esboçadas nos primeiros dias da revolução. No entanto, a situação estava ainda longe de se consolidar.

O discurso nacionalista do MNR desde 1952 foi uma adaptação provisória para um acidente histórico – sua chegada ao poder através de uma revolução. Como partido governante, teve que se adaptar às pressões do movimento de massas por reformas sociais e econômicas, cuja expressão foi a constituição de um governo de traços progressistas e nacionalistas no seu período inicial. As principais transformações econômicas da revolução de 1952, como a nacionalização da grande mineração e a reforma agrária, ocorrem por força da ação das massas populares mobilizadas. Pode-se dizer que a política governamental refletia os interesses de uma débil burguesia que agia sob o impulso de duas tenazes: a imperialista e a operária e popular. Na medida em que os movimentos sindicais operários e camponeses pudessem ser em grande parte controlados, haveria espaço para a completa reformulação política do MNR, sua plena adesão ao capitalismo liberal e restrições às medidas democráticas tomadas no calor das mobilizações.

A COB no princípio de sua atuação assumiu funções que ultrapassavam seu caráter restrito de central sindical, funcionando como centro político que passou a canalizar as principais demandas econômicas e sociais das massas até então alijadas de representação política. Ao mesmo tempo em que a COB ocupava estas funções, no campo uma profusão de pequenos sindicatos camponeses assumiram formas representativas da auto-organização social e política. O funcionamento de características parlamentares e populares da COB neste período inicial da revolução interagiu com as formulações e balanços políticos oriundos das tradições do movimento operário internacionalista, em particular a tradição dos conselhos operários.

A instituição do voto universal após a revolução de 1952 aparecia inicialmente como uma ampliação dos direitos políticos para as amplas massas indígenas

Bolívia: Democracia e Revolução   23

e camponesas até então excluídas de qualquer participação na vida política nacional. Embora tenha iniciado uma tentativa de se criar uma dinâmica política representativa para as massas populares, oposta à situação anterior, visava muito mais destruir as vias tradicionais de democracia direta das comunidades indígenas do país, vias que sobreviviam paralelamente ao sistema político oligárquico e que ganharam nova dimensão com a revolução. A revolução desencadeou inicialmente uma dinâmica de auto-organização que se materializou no surgimento dos sindicatos camponeses que muitas vezes eram uma nova roupagem para antigas práticas comunitárias, não apenas como organizações de caráter econômico e sindical, mas como verdadeiras instituições de articulação e representação política das massas. O MNR, contrário a esta dinâmica independente de auto-organização, favoreceu a consolidação de um verdadeiro partido-Estado que chega a incorporar posteriormente não apenas o conjunto da distribuição das atividades estatais, da maioria dos sindicatos da cidade e do campo, mas também as demandas de diferentes classes sociais antagônicas. O fato do MNR jamais ter proposto a realização de uma Assembleia Constituinte, que permitiria instituir um regime baseado na democracia representativa e reformularia o conjunto das instituições do Estado, demonstrava as sérias limitações do novo sistema em consolidar mesmo instituições da democracia liberal.

O rico processo de participação política foi pouco a pouco contido pela institucionalização conservadora impulsionada pelo MNR, que se tornou crescente particularmente após 1953. Uma nova burocracia sindical que surgia também agiu contra os setores revolucionários agrupados principalmente em torno do POR trotskista. O primeiro congresso da COB, realizado em 1954, foi marcado pela avassaladora hegemonia do MNR. Outros partidos como o POR, PCB e PIR foram tragados pela maré do "nacionalismo revolucionário" do partido oficial. Propostas de nacionalização de toda a mineração sem indenizações defendidas por forças políticas à esquerda do MNR foram combatidas e derrotadas. As lideranças sindicais e camponesas mais destacadas são, em sua maioria, cooptadas pelo aparelho estatal. Um sistema de controle operário das minas é estabelecido por sugestão da Federação dos Mineiros, porém favorece a cooptação das principais lideranças sindicais para o aparelho de Estado e as fileiras do MNR. O controle operário da produção, maior ameaça neste momento ao Estado, é desviado com a proposta de Juan Lechín, principal dirigente dos mineiros e ligado ao MNR, pelo controle operário com direito de veto.

A revolução de 1952 permitiu um grande salto na experiência política e na participação das massas populares. Esta experiência se desenvolveu em organismos de caráter conselhista e que se confrontavam com outro caminho. O MNR buscou construir um sistema político que, aparentemente baseado na democracia representativa clássica, desembocaria num sistema corporativo de características bonapartistas que não conseguiu porém se consolidar. A democracia representativa baseada no sufrágio universal serviu, por outro lado, para conter a democracia direta dos conselhos que germinavam a partir das organizações sindicais em torno da COB e a da ação autônoma dos primeiros sindicatos camponeses. A institucionalização do regime do MNR sufocou o pleno desabrochar da democracia direta e de novas formas de representação política. O MNR tornou-se uma grande cúpula baseada na aliança de classes e no controle dos organismos de massa, que procurou usar para esgotar as organizações autônomas e anular os conflitos de classe.[18] A política do MNR se consolida, por outro lado, com a formação de verdadeiras clientelas políticas e bandos armados – os comandos do MNR – que anulam qualquer efetividade e consolidação mesmo das instituições de democracia representativa que se tentam implantar, particularmente no período entre 1952 e 1964.

Crises econômicas ao longo da segunda metade da década de 1950 e princípios da década de 1960 abalaram o respaldo popular ao MNR. As debilidades do Estado nacional boliviano contraditoriamente afetaram de forma positiva o desenvolvimento da COB com seu afastamento do MNR e aproximação dos partidos políticos de base operária e popular nas décadas seguintes. O decreto de estabilização monetária de 1957, ou plano Eder, aprofunda um choque que já se desenvolvia nos anos imediatamente anteriores, entre os setores sindicais do MNR liderados por Lechín e os setores mais conservadores do governo em torno de Paz Estenssoro e Siles Suazo. A ação independente do movimento operário – reação que se concentrou inicialmente em pequenos grupos radicais – a partir de 1956 consegue am-

---

18 As características do MNR como partido são em grande parte análogas às do APRA peruano e o PRM no México nas décadas de 1930 e 1940, frentes populares sob a forma de partidos políticos que buscam anular a independência política da classe operária manipulando e diluindo suas reivindicações específicas.

pliar sua audiência e ganhar a COB para suas posições, o que permite afastá-la do MNR e impedir a consolidação do bonapartismo como regime. O coração da COB estava nos mineiros da COMIBOL – empresa de mineração estatal estratégica para a economia do país criada com a nacionalização. Estas particularidades davam à ação sindical dos mineiros e da COB um caráter irremediavelmente político, que os levou não apenas a questionar os governos, mas a colocar em questão diretamente o poder do Estado em inumeráveis ocasiões.

Em 1964, o MNR já havia perdido grande parte do seu apoio organizado nos movimentos populares do campo e da cidade e vê uma de suas principais bases de apoio – os sindicatos mineiros – se afastarem definitivamente, o que provoca crescente instabilidade política e abre caminho para a ditadura policial-militar. O funcionamento da COB que fora ocupado num primeiro momento pelo controle quase oficial do governo do MNR através de Juan Lechín, presidente da COB e ocupante neste período cargos políticos centrais no governo, sofrerá grandes modificações. O rompimento da COB com o MNR aproximará a cúpula deste partido dos militares e provocará profundas dissidências no movimento social em geral. Nos preparativos para o quarto mandato presidencial do MNR, que se iniciou em 1964, a sustentação social organizada do partido concentrava-se nos meios militares e camponeses submetidos ao clientelismo estatal através do pacto militar-camponês. A principal expressão da política de massas surgida com a revolução, a COB, distanciou-se irremediavelmente das diretrizes dos governos do MNR como reação aos planos de estabilização, mas logrou preservar grande parte de sua experiência política.

1. O golpe militar de 1964

O PERÍODO DE GOVERNOS DO MNR alçados com a revolução de 1952 terminou com o golpe de Estado de agosto de 1964, liderado pelo general René Barrientos, vice-presidente do país e egresso das fileiras do próprio MNR. Um novo período se abria na história da Bolívia, levando sete anos depois à Comuna de La Paz ou Assembleia Popular.

O golpe foi apoiado por uma ala do MNR liderada por Siles Suazo, além de outros partidos como o PRIN de Juan Lechín, o PRA (Partido Revolucionário Autêntico), o PDC (Partido Democrata Cristão) e as forças já tradicionalmente contrárias ao regime do MNR como a FSB e o Partido Liberal, que formaram um "Conselho Democrático do Povo".[1] O volúvel dirigente Juan Lechín chegou a ser levado nos braços de uma multidão ao Palácio para saldar os golpistas. O novo governo foi apoiado por uma coligação de partidos como o PSD (Partido Social-Democrata), PDC, PIR, todos pequenos agrupamentos em torno de personali-dades isoladas agora unificados e que formaram a FRB (Frente de la Revolución Boliviana).[2] O general Barrientos também impulsionou um braço civil do regime, o MPC (Movimento Popular Cristão).

As iniciativas da ditadura militar que se estabelecia apoiavam-se internamente num pacto entre os militares e as principais organizações camponesas do país nos

---

1 SANDOVAL RODRIGUES, Isaac. *Nacionalismo en Bolívia − ensaio histórico-político*, p. 239.

2 RIOS R. , David. *Civiles y militares en la revolucion boliviana*, p. 172-173.

28   Everaldo de Oliveira Andrade

últimos anos dos governos do MNR. Produto da "Ação Cívica" das forças armadas, o chamado "pacto militar-camponês" deu uma sustentação de massas aos militares, o que lhes permitiu enfrentar e neutralizar parcialmente o sindicalismo mais mobilizado. O pacto buscava cooptar os opositores com suborno e perseguições aos dirigentes que insistissem em manter-se independentes.[3]

Entre as primeiras medidas tomadas por Barrientos foram ressuscitados os termos da reacionária Constituição de 1945, escrita ainda sob o domínio da oligarquia do estanho. Tratava-se de dar início a um período de reação violenta e sistemática contra os movimentos sociais organizados, preparando as condições para uma política econômica de franca abertura aos capitais internacionais. Os desdobramentos de uma crise econômica internacional começavam a se esboçar no horizonte e as oscilações reformistas e nacionalistas dos governos na América Latina tendiam a perder apoio institucional dos tradicionais organismos de financiamento como o BIRD.[4] Os decretos de maio de 1965 reorganizam a COMIBOL e rebaixam em 40% os salários dos mineiros.

A ação dos mineiros não tardou. Logo em seguida eles saíram às ruas, iniciando uma combativa greve geral que se irradiou dos centros mineiros para La Paz. Operários das fábricas da região de Pura Pura se somam ao movimento e reivindicam a libertação dos dirigentes da COB presos e melhorias salariais.

Como resposta às mobilizações, medidas repressivas são tomadas em junho de 1965, como a proibição de reuniões sindicais nos locais de trabalho e a discussão de problemas políticos nacionais.[5] Várias lideranças políticas são sistematicamente perseguidas, presas e exiladas. Juan Lechín, apesar de inicialmente ter apoiado o golpe, foi exilado no Paraguai. Milhares de mineiros são demitidos e as tropas militares passam a ocupar de forma permanente as minas, até então núcleos principais de resistência e mobilização oposicionista. A COB, sindicatos e os partidos de oposição são postos na ilegalidade. A sede da COB é ocupada pelo exército.

---

3 Enrique Encinas *et alli, Jinapuni* – testimonio de un dirigente campesino, p. 91-92.

4 Em 1967 o regime adere formalmente ao FMI e, em fevereiro de 1968, é permitida a exportação de gás pela Gulf Oil, multinacional norte-americana.

5 SANDOVAL RODRIGUES, Isaac. *Nacionalismo en Bolívia*, p. 253-254.

Bolívia: Democracia e Revolução   29

As ações de resistência começavam a tornar-se cada vez mais explosivas e muitas vezes voluntaristas. Um dos mais sérios incidentes ocorreu em 18 de setembro de 1965, quando cerca de 200 mineiros atacaram a sede da polícia na cidade de Llallagua com dinamites para pegar armas. O exército se deslocou da cidade próxima de Catavi para reprimi-los. Um outro contingente mineiro atacou o próprio quartel. Esse foi um dos mais sangrentos enfrentamentos desse período, quando morreram 82 pessoas e 200 ficaram feridas pelos militares.[6]

A resistência operária segue na clandestinidade. Em 1966, a partir da articulação dos trabalhadores em fábricas, se constituirá um "Comitê de Defesa dos Trabalhadores" para cobrir a ausência da COB, que estava proscrita, e para contornar o controle governamental sobre os sindicatos.[7] Nas minas ocupadas organizam-se sindicatos clandestinos.[8] Em um outro plano a oposição institucional articula-se em torno de um grupo de partidos de oposição composto pelo PRIN, o MNR (setor Alderete), PCML, grupo Espártaco e POR – Vargas, e passa a se chamar CODEP (Consejo Democratico del Pueblo). Em 31 de dezembro de 1965 lançaram um manifesto para "lutar contra a opressão militar e com o propósito de conseguir o exercício pleno da democracia", defendendo a abstenção nas eleições de julho de 1966.[9]

Havia apoio político significativo ao governo militar fora das fronteiras nacionais do país. Este apoio torna-se explícito nas eleições de 3 de julho de 1966, respaldadas pela OEA[10] e que foram destinadas a legitimar a ditadura militar. O governo, que tinha sob seus pés exílios, prisões e assassinatos de adversários políticos, buscava compartilhar a experiência dos seus colegas militares golpistas brasileiros e incorporar uma oposição institucionalizada pela ditadura e legitimadora das eleições.[11]

---

6 IRIARTE, Gregório. *op cit*, p. 151-152.

7 TERCEROS, Walter Delgadillo. *Fabriles en la historia nacional*, p. 147-148.

8 BARROS, Omar de. *Bolívia: vocação e destino*, p. 102-103.

9 LORA, Guillermo. *Contribuición a la historia politica de Bolívia*, vol. 2, p. 406-409.

10 BAPTISTA G., Mariano. *História contemporánea de Bolívia (1930-1976)*, p. 263.

11 Atílio Boron destaca corretamente que os novos regimes militares surgidos no final da década de 1960 na América Latina não deveriam ser caracterizados como fascistas. O fascismo clássico da

30   Everaldo de Oliveira Andrade

Os resultados oficiais das eleições de 1966 deram 62% dos votos à Frente da Revolução Boliviana do general Barrientos, 12% para o partido de extrema direita FSB (Falange Socialista Boliviana), 19% para os grupos do MNR e 3% para a FLIN – uma coligação de partidos de esquerda[12] – que terminaram por ajudar a legitimar a ditadura. Barrientos, proclamado presidente, destacou o caráter "democrático, revolucionário e livre" do pleito em seu discurso de posse:

> Disse e mantenho que agora o impulso renovador da nação boliviana se fará sob o signo cristão: defendemos a revolução dentro da ordem, ainda que aparentem ser termos antitéticos; a revolução com responsabilidade, a revolução das ideias, dos métodos, das mudanças estruturais...[13]

O PANO DE FUNDO DA CRISE:
A CONJUNTURA POLÍTICA E ECONÔMICA INTERNACIONAL

A desestabilização econômica e política vivida pela Bolívia de meados da década de 1960 em diante estava inserida num contexto político e econômico mais amplo, derivando-se daí as grandes linhas do período histórico posterior.

O modelo econômico do capitalismo internacinal gestado a partir dos acordos de Bretton-Woods em julho de 1944, e que tornara o dólar moeda universal através de um sistema de paridade fixa com o ouro, implicava em pesadas concessões por parte da economia dos Estados Unidos às outras nações capitalistas. A reconstrução das principais economias no pós-Segunda Guerra Mundial (1939-1945), como Japão e Alemanha, colocou obstáculos à plena e rápida do-

---

Itália e da Alemanha tinha à sua frente a própria burguesia nacional lutando contra outros imperialismos e esmagando seu proletariado. No entanto, na América Latina os regimes são caracterizados pelo predomínio dos capitais imperialistas (as multinacionais), que submetem as burguesias domésticas e as dirigem através de um sistema indireto. Este novo dispositivo se consolida modificando as antigas formas de dominação populistas ou bonapartistas, predominantes nas décadas de 1950 e 1960 no continente (BORON, Atilio. *Estado, capitalismo e democracia na América Latina*, Buenos Aires: Clacso, 2003, p. 71-75).

12 BERNARD, Jean-Pierre. "De Barrientos a Ovando Candia", in: *Cadernos Don Quixote*, 31, Lisboa, 1970, p 9-10.

13 Citado por David Rios R. *op cit*, p. 187.

minação estadunidense sobre o mercado mundial. Era, por outro lado, parte de uma estratégia mais ampla para frear os processos revolucionários que se seguiram ao final da guerra. A base que permitiu o crescimento da economia capitalista no pós-guerra não significou, no entanto, um desenvolvimento das forças produtivas. O crescimento estava relacionado às crescentes despesas militares e a sustentação artificial da acumulação de capital através do endividamento dos Estados e das empresas, provocando inflação e endividamentos crescentes. Tratava-se de políticas parasitárias e artificiais que levariam a uma crise monetária internacional anos depois.

Na América Latina os desequilíbrios das economias centrais abriu espaço para que prosperassem modelos e políticas econômicas nacionalistas, reformistas e de orientação desenvolvimentista. Um dos reflexos foi uma retração do comércio entre os Estados Unidos e a América Latina neste período. Em 1948 as exportações da América Latina para os Estados Unidos representavam 39% do total e, em 1970, caíram para 30%. As importações latino-americanas de mercadorias também sofreram uma retração semelhante: representaram 53% em 1940 e chegaram em 1970 a 34% do total.[14]

Como destacaram Ciro Flamarion e Héctor Brignolli:

> O sistema de Bretton Woods tornara-se uma armadilha para os Estados Unidos, o que era ilustrado pela debilidade do estoque de ouro americano em relação à massa de dólares detida pelos não-residentes e bancos centrais estrangeiros. As taxas de câmbio fixas subavaliavam moedas como o iene ou o marco, favorecendo as exportações desses países. (...) Então tratava-se para os Estados Unidos de restabelecer a sua capacidade de impor ao resto do mundo as condições que assegurassem a preservação dos interesses do capital financeiro norte-americano.[15]

O término dos "anos gloriosos" do pós-guerra impunha uma reestruturação das relações econômicas e políticas das economias capitalistas. O fim da paridade do ouro-dólar era visto pelos Estados Unidos como uma necessidade para retomar

---

14 CARDOSO, Ciro F. e BRIGNOLI, Héctor P. *História econômica da América Latina*, p. 249.

15 *Ibidem*, p. 20.

mercados perdidos para seus concorrentes internacionais. A decretação unilateral do fim da conversibilidade do dólar em ouro, além de sua desvalorização, em agosto de 1971, pelo presidente estadunidense Richard Nixon, colocava fim ao sistema de Bretton Woods. A desvalorização do dólar alavancou as exportações dos EUA, ao mesmo tempo em que o fim da paridade alimentava o crescente mercado especulativo financeiro. O fim da conversibilidade tornou-se o princípio de políticas de ajuste que marcaram os anos 1970, provocando queda da produção industrial e recessão mundial a partir de 1973.[16] A crise econômica de 1971 certamente não surpreendeu os Estados Unidos, pois se inseria num conjunto de medidas para reverter em favor dos capitais estadunidenses parcelas dos mercados ocupados por outros países nos anos anteriores.

Na América Latina a posição hegemônica dos EUA nunca foi seriamente ameaçada, havia recuado parcialmente e agora se tratava de retomar terreno perdido. E foi significativo, a esse respeito, o fato de que a partir de 1972, com uma nova equação de governos autoritários na região, serem retomados os níveis de comércio de décadas anteriores. As políticas nacionalistas desenvolvidas por alguns governos locais foram combatidas em favor de orientações voltadas para a abertura comercial e a desnacionalização dos setores econômicos controlados pelo Estado. Celso Furtado destaca a esse respeito que a partir de 1968 inicia-se um novo período de evolução da economia latino-americana no pós-Segunda Guerra Mundial. Este período foi caracterizado pela intensificação da chegada de recursos externos à América Latina provindos dos Estados Unidos, principalmente. Assim, se entre o período 1961 e 1967 mantinha-se o nível estável de US$ 1,5 bilhão de dólares anuais, chega a atingir US$ 3,6 bilhões em 1971 e US$ 5 bilhões em 1972 e 1973. Uma das consequências desse aporte crescente de recursos externos foi o crescimento do controle das atividades produtivas dos países latino-americanos por grupos estrangeiros.[17] Os governos locais praticantes de

---

16 ANDRADE, Everaldo de O. *et alli*, "Teorias da crise de 1973", *Revista Estudos*, 44, setembro de 1998, p. 109-112. A crise do petróleo de 1973 foi muito mais consequência dos realinhamentos e disputas de mercados provocados pela desvalorização do dólar que causa da crise.

17 FURTADO, Celso. *A economia latino-americana*, p. 334.

Bolívia: Democracia e Revolução   33

políticas de proteção do mercado e economias nacionais foram pressionados a mudarem suas perspectivas.

Deve-se acrescentar que neste período a região tornou-se fonte de divisas para os Estados Unidos, permitindo cobrir parcialmente seus déficits de balança de pagamentos com outras regiões do mundo. Dessa forma, o saldo comercial negativo da América Latina em relação aos Estados Unidos cresceu constantemente desde meados da década de 1960: no período entre 1966 e 1970 atingiu US\$ 831 milhões anualmente em média; em 1970 chegou a US\$ 1,399 bilhão. Este desequilíbrio aumentou significativamente nos anos seguintes, com incremento das exportações estadunidenses para a região de US\$ 5,7 para US\$ 15,1 bilhões no período entre 1970 e 1974.[18]

O novo arranjo econômico implicava necessariamente em uma repactuação do poder inclusive entre os setores das burguesias latino-americanas. Um grau maior de flexibilidade e autonomia dos governos em relação ao imperialismo estadunidense exigia alianças mais sólidas com os setores populares. E era este modelo político – base dos governos nacional-populistas das décadas de 1950-1960 como o MNR boliviano – que eram postos em questão. Deve-se acrescentar que se tratava de barrar as repercussões da Revolução Cubana de 1959 no continente. O reordenamento econômico implicava em retomar conquistas sociais das classes trabalhadoras e espaços de soberania nacional estabelecidos no período pós-Segunda Guerra. Este era o caso específico da Bolívia. As limitadas medidas de soberania nacional conquistadas pelo movimento de massas com a revolução de 1952, como a nacionalização das minas, o controle das jazidas de gás e petróleo e a reforma agrária, foram alvejadas pelos EUA e seus aliados locais. Deve-se recordar que o MNR já buscava desmontar as principais mudanças estabelecidas logo após a estabilização do processo revolucionário. No entanto, o MNR ainda estava associado no imaginário popular boliviano e nas relações com setores dos movimentos organizados com a própria revolução. Por outro lado, perdia rapidamente o controle sobre os setores operários decisivos da política nacional como os mineiros da COB e os sindicatos camponeses ligados aos militares. O MNR perdia sua maior densidade política e seu lugar como amortecedor social dos conflitos.

---

18 *Ibidem*, p. 336.

34 Everaldo de Oliveira Andrade

O regime do general Barrientos e sua política econômica correspondiam, dessa maneira, à necessidade de um novo arranjo político para satisfazer o nascente pacto econômico proposto pelo imperialismo para superar a crise. O regime do general Barrientos entregou os setores mais rentáveis da economia nacionalizada para empresas estrangeiras, praticamente retornando à situação anterior à revolução de 1952, de saque sistemático dos recursos naturais e humanos do país. Desencadeou-se uma ampla abertura da economia nacional e as novas concessões de exploração de jazidas minerais foram transferidas às multinacionais. Em 1967 as empresas mineiras privadas já controlavam 24% da produção mineral do país. Em 1969 os bancos estrangeiros estadunidenses já abarcavam 58% dos depósitos financeiros nacionais. No período entre 1965 e 1968, enquanto os investimentos em capital estrangeiro somavam us$ 27,7 milhões, o capital repatriado chegou a us$ 320 milhões. Também em 1968, a empresa de petróleo Gulf Oil absorveu 187 milhões de barris de petróleo em reservas frente a 33 milhões da estatal boliviana.[19] O enfrentamento político com os mineiros e demais setores politizados da classe operária boliviana tornou-se inevitável, pois se tratava de aplicar uma política econômica altamente reacionária ao que se havia alcançado com a revolução de 1952.

O MASSACRE DE SAN JUAN E A GUERRILHA DO CHE

Depois dos decretos de maio de 1965 que rebaixavam salários e das sangrentas mobilizações que se seguiram, o governo decidiu agir preventivamente para impedir uma rearticulação da FSTMB. Permitiu-se que os sindicatos agissem apenas localmente. Os sindicalistas mineiros foram obrigados a agir através dos sindicatos clandestinos. O momento tornou-se particularmente tenso para os militares com a confirmação de que a guerrilha de Che Guevara estava atuando na Bolívia desde o final de 1966. Os sindicatos mineiros, mesmo não engajados diretamente, iniciam um movimento de solidariedade política e arrecadam fundos para os companheiros de Che. Propostas neste sentido são aprovadas nas tradicionalmente combativas minas de Catavi e Siglo xx.

---

19 DUNKERLEY, James. *Rebelion en las venas – la lucha politica en Bolivia 1952-1982*, p. 114-117.

Bolívia: Democracia e Revolução   35

Os oficiais militares tinham receio de que os mineiros mobilizados e os guerrilheiros pudessem agir articulados contra o regime. O governo militar entra em alerta após a decretação, em 3 de junho de 1967, de uma greve de 24 horas em Catavi e Siglo xx. Milhares de mineiros tomam um trem e lotam dez vagões para a cidade de Oruro. O exército consegue interceptar o comboio e os mineiros decidem então se dirigirem à mina de Huanuni. Neste local, em 6 de junho, a assembleia aprova a solidariedade aos guerrilheiros e o apoio material e físico à guerrilha com a doação de um dia de trabalho. Em Siglo xx os mineiros declararam a região "território livre". A euforia contagia o movimento, dirigentes clandestinos preparam reuniões para os dias 25 e 26 de junho para discutir uma pauta de reivindicações.[20] O movimento sindical parece retomar a ofensiva e os outros distritos mineiros são declarados "territórios livres". Tratava-se porém muito mais de um ato de retórica política, mas que era também um aberto desafio ao general Barrientos.

O alto comando militar decide agir e Barrientos decreta estado de sítio.[21] Inicia-se então a preparação de um ataque militar minucioso e de surpresa para a noite de São João, visando quebrar em seu início a mobilização. Como narrou Gregório Iriarte:

A noite de San Juan, com seus tradicionais fogos, abundantes ponches e alegres danças populares, oferecia, segundo os incautos estrategistas militares, "condições táticas privilegiadas" para que seu plano maquiavélico saísse com perfeição (...) Siglo xx se converteu, como por arte diabólica, na antessala do inferno. Sem que ninguém entendesse, o acampamento estava envolto num espantoso tiroteio e a arma de cada soldado vomitava ráfagas de morte em qualquer direção.[22]

A violência contra o movimento deixou marcas indeléveis:

(...)No morgue do hospital de Catavi jaziam, estendidos no solo, os novos heróis anônimos. Desta vez o preço do estanho não havia sido cobrado com o preço do sangue dos aguerridos mineiros; era o povo mesmo, representado por suas classes

---

20 IRIARTE, Gregório. *op cit*, p. 155-156 e p. 159.

21 PERICÁS, Luiz. *Che Guevara e a luta revolucionária na Bolívia*, p. 211-221.

22 IRIARTE, Gregório, *op. cit.*, p. 157.

36   Everaldo de Oliveira Andrade

mais humildes, quem havia pagado um saldo terrivelmente caro e doloroso (...) um total de 26 vítimas, a lista de feridos passava dos 80.[23]

O massacre de San Juan tornou-se parte da memória coletiva dos trabalhadores mineiros e em 1970 foi assim descrito pela FSTMB:

> Na sangrenta noite de San Juan deram ordens para que em Siglo xx, Catavi e Huanuni, uma soldadesca – provavelmente estimulada pelo álcool – perdesse até o mínimo da solidariedade humana e procedesse a cumpri-las. Massacraram-se selvagemente crianças, mulheres, anciãos e operários. Frente à história não existe nenhum atenuante para se ter atuado de forma tão inqualificável. Só na mente de um déspota falecido – e na dos coautores intelectuais – pode surgir semelhante absurdo.[24]

A resposta da empresa seguiu implacável. Em 1967 fechou a mina e demitiu todos os 2000 mineiros.[25] Tratava-se de esmagar o coração da resistência à ditadura militar. O governo decretou a Lei de Segurança de Estado. O deputado oposicionista Marcelo Quiroga Santa Cruz é preso com outros parlamentares e levado para uma base militar na selva amazônica.

No momento em que ocorriam os enfrentamentos dos militares com os mineiros, a guerrilha de Che Guevara no país sofria seus primeiros reveses. O alto comando das forças armadas revelava possuir consciência de que a guerrilha era uma ação de perigosos efeitos políticos internos, certamente muitos maiores do que imaginavam os próprios guerrilheiros. A guerrilha, embora isolada no Oriente, interagiu politicamente com a mobilização dos mineiros. E deste ponto de vista pode-se afirmar que o massacre de San Juan foi uma ação político-militar inserida no contexto político maior, planejada para intimidar e ter efeitos mais profundos sob o conjunto da resistência operário-popular. Foi uma ação premeditada contra inocentes desarmados e, a partir de então, a perseguição aos sindicatos e partidos de esquerda transformaria os centros mineiros em acampamentos militares permanentes.

---

23 *Ibidem*, p. 161

24 Fedmineros, La Paz, 3a. semana, junio de 1970.

25 IRIARTE, Gregório. *op cit*, p. 154-55.

Bolívia: Democracia e Revolução   37

Che entrara na Bolívia em novembro de 1966 e a CIA alertara o governo boliviano quatro meses depois.[26] De março a outubro de 1967, a guerrilha agiu na região oriental em meio a grandes dificuldades para conseguir solidariedade política. Os dois partidos comunistas (PCB e PCML) recusaram-se a apoiar a luta guevarista e, de uma dissidência formou o ELN (Exército de Libertação Nacional) ligado a Guevara. Outros setores do movimento operário boliviano, ainda que diretamente perseguidos pela ditadura, e mesmo não concordando com a tática da guerrilha, buscaram meios de apoiar ou se solidarizar. O dirigente mineiro Juan Lechín emitiu desde o exílio uma declaração de apoio, mesmo se concretamente nada tenha podido fazer para envolver setores internos em atividades de apoio à guerrilha.[27]

As forças da guerrilha contavam 52 combatentes, dentre os quais poucos lograram sobreviver. Che Guevara foi capturado em 8 de outubro e o seu assassinato em La Higuera em 9 de outubro de 1967, com o desmantelamento da guerrilha, teve importante repercussão no país e no exterior.[28] O ELN prosseguiu atuando e, em 1968 lança um documento intitulado "Voltaremos às montanhas". No ano seguinte, porém, Inti Peredo, o principal dirigente da guerrilha pós-Che, foi capturado e morto sob tortura, desarticulando por um longo período a organização.[29]

O drama pessoal de Che Guevara e a derrota militar do seu grupo de companheiros expôs as feridas profundas e os impasses em que se debatiam organizações de esquerda na América Latina, muitas das quais haviam optado pela tática da luta armada para abrir uma via ao socialismo. Os mineiros não negaram apoio e solidariedade aos guerrilheiros. Mais do que isso, a experiência armada

---

26 A ação da CIA durante o governo Barrientos foi determinante. O cel. Fox, adido militar no país, agiu junto com Barrientos no golpe de 1964. Nos anos seguintes multiplicaram-se missões militares dos Estados Unidos no país e o envolvimento direto no assassinato de Che Guevara. O caso mais notório foi a confissão pública, em 1968, do ministro do interior Antônio Arguedas de que ele era agente da CIA, In: Jorge Gallardo, *La nación postergada*, p. 440-445.

27 BAPTISTA GUMUCIO, Mariano. *op cit*, p. 268.

28 BAPTISTA G., Mariano. *op cit*, p. 270. CORBETT, Charles, *The Latin American Military as a social-political foro: case studies of Bolivia and Angertina*, p. 54.

29 Entrevista com Antônio Peredo, La Paz, 17-07-2001.

38 Everaldo de Oliveira Andrade

não lhes era estranha, mas vinha das milícias organizadas pela COB, e isto os distanciava da tática do foco guerrilheiro isolado nas selvas proposta por Guevara. Todavia, irão utilizar essa dura experiência para resgatar em 1971, durante a Comuna de La Paz, uma ação política independente de auto-organização e democracia direta vinda da revolução de 1952. Entre os setores de juventude das classes médias, no entanto, a recepção das guerrilhas será diferente.[30]

A OFENSIVA POLÍTICA DOS ESTADOS UNIDOS NA AMÉRICA LATINA

A revolução cubana em 1959 e sua posterior radicalização socialista acrescentaram novas tensões ao ambiente político regional. Os Estados Unidos foram levados a mudar sua política para a América Latina e a elaborar uma doutrina específica para este fim. No entanto, desde o final da Segunda Guerra, as diferentes administrações mantiveram políticas de segurança para a região com graus diferenciados de intervenção, pragmatismo e ênfase ideológica no anticomunismo.

As preocupações no período inicial da chamada Guerra Fria concentravam-se em impedir intervenções nacionalistas muito radicais de alguns governos e em sua identificação como adversários comunistas dos Estados Unidos. A política internacional era uma questão de "política interna" dos EUA e a região latino-americana deveria ser objeto de uma preocupação e atenção maior.[31] A administração Eisenhower, a partir de 1953, passara a associar a necessidade de aprimoramento da capacidade de repressão dos Estados latino-americanos com

---

30 Do testemunho do escritor francês Regis Debray, sobrevivente da guerrilha, escrito ainda nas prisões da Bolívia em 1970, pode-se extrair a melhor comprovação de que as guerrilhas eram uma ação apoiada principalmente pelas camadas da pequena burguesia: "é da união da pequena burguesia com as forças populares que depende o futuro da revolução(...) Todas as pessoas concordam que está superada a etapa dos partidos de interesses egoístas de classes(...) É preciso pensar e agir em termos de frente, e não de partidos de classes isolados e menos ainda de seitas"(p. 106-107). Debray depositava as esperanças em uma aliança com o exército e seus setores nacionalistas, segundo ele os verdadeiros representantes da pequena burguesia: "Se o governo aceita e procura conscientemente o contato com as massas, neste caso muito poderá aprender com elas, e as massas a aprenderão a confiar nele e a impulsioná-lo"(p. 96). Debray elegera o nacionalismo militar como nova vanguarda da revolução. Ver: DEBRAY, Regis. "Depois de Guevara", in: *Cadernos don Quixote*, 31, Lisboa, p. 85-115).

31 LAVAUD, Pierre, *op. cit.*, p. 84-85.

Bolívia: Democracia e Revolução   39

a intervenção direta. Uma das características centrais da doutrina de segurança continental, em particular após a vitória da Revolução Cubana em 1959, foi combater não apenas as formas tradicionais de "antiamericanismo", mas também a própria neutralidade de países da América Latina, que passava a ser vista com preocupação. As políticas "nacionalistas" e as teses do nacional-desenvolvimentismo passaram a ser vistas com reservas.

Nos anos em que John Kennedy esteve à frente do governo – no período da Revolução Cubana que ele não consegue esmagar – cresce em importância a América Latina na política externa, enfocada em intervenções de caráter reformista como a Aliança para o Progresso. Reconhecia-se implicitamente o acanhado desenvolvimento econômico da região, com claras tendências de que se aprofundariam os problemas econômicos em função dos desequilíbrios crescentes da economia mundial na década de 1960.

O aumento dos conflitos políticos em toda a América Latina pós-1959 faz o eixo da política externa dos EUA para a região deslocar-se cada vez mais para a ação repressiva e o apoio aos aliados mais confiáveis. Os programas de treinamento de militares sofrem readequações visando atingir novos objetivos ligados à repressão aos inimigos internos e às ações de contrainsurgência. O adestramento em táticas de guerrilha e o reforço dos serviços de segurança são intensificados. Como parte central destas preocupações, o emprego da doutrinação política militar latino-americano ganhou destaque nesta estratégia, como se registrou num debate no Senado dos Estados Unidos realizado em 1962:

> Nossos programas deveriam dar maior ênfase ao treinamento, ajuda técnica e educação do pessoal militar. Os Estados Unidos deveriam encorajar a utilização de recursos militares latino-americanos para o apoio de objetivos econômicos e sociais, tanto quanto possível paralelamente ao desempenho de suas missões de segurança.[32]

Estas ações de aparelhamento e doutrinação das forças armadas latino-americanas sob supervisão dos Estados Unidos, longe de profissionalizar os militares, os tornaram cada vez mais politizados. Isto deu às corporações militares

---

32 Notas apresentadas pelo senador Gruening em 21 de agosto de 1962, *Congressional Record*, p. 14414. Citado por O. IANNI. *Imperialisnmo e Cultura*, p. 88.

40 Everaldo de Oliveira Andrade

vantagens frente a outros tipos de instituições nacionais como coesão, renda relativamente superior às médias nacionais e relações sociais privilegiadas, que preparavam as condições para torná-los em poucos anos forças auxiliares de ocupação militar dos EUA em seus próprios países.

A doutrina de segurança nacional teve um papel importante na condução de grande parte das ditaduras militares da região e na política de intervenção dos Estados Unidos. As ideias de segurança hemisférica defendidas pelos seus ideólogos associavam-se ao combate às ameaças internas da subversão.[33] A totalidade da vida nacional, e não apenas suas fronteiras, ganha grande importância. Busca-se uma síntese entre economia, política e estratégia militar. Segundo Octávio Ianni, precisando esta questão:

> A doutrina de segurança hemisférica implicava interdependência econômica, política e militar. Ou melhor, o caráter da supremacia dos Estados Unidos na América Latina, assim como o caráter dos interesses dos governantes dos países do hemisfério, compreendiam a doutrina da segurança nacional. Implicavam os desenvolvimentos políticos, econômicos e militares das relações de dependência destas nações segundo as razões dos governos dos Estados Unidos.[34]

Com a subida de Johnson à presidência dos EUA em 1963, esta orientação se fortalece. Passa-se agora a privilegiar os interesses globais de combate ao comunismo, em detrimento de uma preferência por regimes democráticos ou ditatoriais. A aliança com setores mais conservadores e autoritários ganha força e favorece uma orientação militarista na região.[35] O exército torna-se de maneira crescente um mecanismo de defesa e um agente dos interesses monopolistas ameaçados, tanto internos como externos, buscando preservar o capitalismo dependente frente à situação de crescente instabilidade política e econômica.[36] Uma primeira onda de golpes militares iniciados entre 1962 e 1966 impôs nove governos militares na região. No começo dos anos 1970 começa uma nova onda que afeta países de tra-

---

33 VICÁRIO, Guido. *Militares e política na América Latina*, p. 26.

34 IANNI, Octávio. *Imperialismo na América Latina*, p. 31.

35 AYERBE, Luis Fernando. *Estados Unidos e América Latina*, p. 117-122.

36 FERNANDES, Florestan. *Circuito Fechado*, p. 105.

dição institucional como Chile e Uruguai.[37] O exército boliviano ocupava um lugar particular nestes novos dispositivos. Tendo sofrido uma humilhante derrota com a revolução de 1952, possuía em certos setores uma motivação específica para agir contra os movimentos operários e populares.

A mobilização revolucionária de abril de 1952 debilitou profundamente o exército boliviano. Os dirigentes da COB propuseram nos anos imediatamente posteriores a 1952 a sua total dissolução e a constituição de um exército popular formado pelas milícias armadas de mineiros e camponeses. A ameaça revolucionária destas milícias obrigou o governo do MNR, ao contrário do que muitos esperavam, a rearticular forças armadas regulares logo nos primeiros meses de 1953. Como meio de mudar as características do exército, de forma a atender mesmo que limitadamente às pressões da ala esquerda do governo, estabeleceu-se como um dos objetivos transformar o perfil social da oficialidade e aproximá-la dos setores populares. Partia-se de um pressuposto, que depois se revelou totalmente falso, de que haveria uma identidade entre a origem social e as atitudes políticas dos militares. Assim, uma das medidas procurava diminuir as barreiras sociais à carreira militar impondo cotas ao ingresso no Colégio Militar (30% para filhos de operários, 20% para filhos de camponeses, 50% para filhos das classes médias ligadas ao MNR).[38]

Outra medida do governo no bojo da reconstrução do exército instituiu a partir de 1961 a "ação civil das forças armadas", destinada a aproximar os militares das populações empobrecidas através da realização de obras e melhorias de infraestrutura pelo país. Porém, esta medida provocou um efeito contrário ao que se esperava. A profissionalização das forças armadas bolivianas não as afastou da vida política nacional como poderia se supor inicialmente. As iniciativas civis dos militares incitaram a participação política destes, permitindo que se criasse uma teia de clientelismo entre os militares e as lideranças camponesas atendidas pela "Ação Cívica". Esse foi o principal fator originário do pacto militar-camponês, que depois ajudará no apoio aos golpistas de 1964.

---

37 LAVAUD, Pierre. *op cit*, p. 352.

38 CORBETT, Charles D. *op cit*, p. 26-28.

42   Everaldo de Oliveira Andrade

O fortalecimento e ampliação das atividades a cargo das forças armadas bolivianas haviam se expandido desde o final da década de 1950. No período de Siles Suazo na presidência (1956-1960), a doutrina sobre o lugar do exército no país sofrera uma importante modificação, passando a dar ênfase ao seu papel como defensor da soberania e dos interesses nacionais. Siles utilizou o exército para derrotar greves de mineiros e também contra milícias camponesas, tornando seu governo cada vez mais dependente dos militares.[39] Uma lei de 1963 modificou novamente as atribuições das forças armadas e passou a permitir que o exército exercesse a função de polícia e segurança interna. Esta medida correspondia, por outro lado, ao grande desgaste dos governos do MNR em relação aos movimentos sociais operários e populares que tradicionalmente os apoiavam. O exército tornava-se, de maneira crescente, o substituto político e social que começava a faltar aos governos do MNR. As eleições presidenciais de 1964 representaram de maneira dramática esta nova situação. Victor Paz Estenssoro candidata-se à presidência incorporando como candidato a vice o general René Barrientos, depois de afastar Juan Lechín – mais importante líder sindical do país – da mesma pretensão. Era o sinal de que as bases sociais do regime haviam mudado de posição.[40]

A ação do exército ganhou novos contornos após a Revolução Cubana de 1959, com a presença cada vez mais incisiva dos Estados Unidos e as diretrizes da Aliança para o Progresso.[41] A doutrina da ação cívica militar proposta pelos EUA era completamente compatível com o papel já dado pelo MNR às forças armadas do país, o que facilitou o incremento das ajudas militares estadunidenses. Estas passam de 100 mil dólares em 1958 para 3,2 milhões em 1964. Incluía-se agora o treinamento de oficiais bolivianos no Fort Bragg.[42]

A presença de missões estrangeiras de instrução na história do exército boliviano não era novidade nos anos 1960. Alemães, franceses e italianos auxiliaram diferentes gerações de militares do país em outros momentos de sua história.

---

39 *Ibidem*, p. 33-34.

40 *Ibidem*, p. 35-39.

41 LUIS F. AYERBE, *op. cit.*, p. 117-8

42 C. Corbett, *op.cit.*, p. 35.

Bolívia: Democracia e Revolução   43

Porém, as influências e auxílios dos Estados Unidos a partir do final da década de 1950 revestiram-se de um novo conteúdo, como já pudemos assinalar. A interferência estadunidense instalou um novo tipo de profissionalismo no exército, favorecendo uma cisão que já se desenvolvia entre grande parte dos oficiais e o MNR. Neste sentido pode-se dizer que não houve uma plena identidade entre a ideologia nacionalista do MNR e as novas doutrinas militares de segurança nacional difundidas. Isso porque a identidade política entre a alta oficialidade do novo exército e as orientações políticas e ideológicas dos governos pós-1952 eram em grande parte aparentes. A tentativa do MNR de constituir um novo corpo militar coeso em torno de um projeto político nacional teve dificuldades para prosperar. Como disse Pierre Lavaud:

> Oficiais de origem popular, ao identificarem-se com os ricos, favorecem uma política econômica liberal, e se mostram repressivos a respeito de seus lugares de origem; enquanto que, ao contrário, se vê oficiais de origem social mais elevada que promovem políticas populistas. Portanto, não há uma relação direta e simples entre as orientações políticas dos oficiais e sua origem social.[43]

De fato, um setor do exército procurou reconstruir a corporação militar tradicional, humilhada e desmoralizada pela revolução, distanciando-se das tentativas de doutrinarismo nacionalista do MNR. As forças armadas não deveriam, por outro lado, serem vistas como instituições impermeáveis às mobilizações sociais e às influências políticas nacionais e internacionais. Grande número de oficiais filiou-se ao MNR no poder como forma de preservar e reforçar a corporação, influenciados pelo nacionalismo.[44]

As forças armadas são, como instituição, o núcleo central do estado controlado pela burguesia e, em última instância, é sob o comando direto desta ou de seus interesses materiais que ele age. Mas, como destacou Pierre Lavaud:

> As forças armadas estão atravessadas por correntes políticas civis e seus chefes se encontram vinculados com os líderes dos partidos e das associações parapolíticas. Associadas durante 18 anos com a administração dos destinos do país, as forças armadas

---

43 LAVAUD, Jean Pierre, *op. cit.*, p. 108.

44 *Ibidem*, p. 93-94.

mesmo parecem um partido político dividido em tendências, à maneira do MNR que combateram e, depois, tiraram do poder em 1964.[45]

E nesta perspectiva é plenamente explicável que o elitismo e a lealdade à instituição militar terminassem por favorecer uma identificação maior dos oficiais, independentemente de sua origem social, com a elite dominante.

A morte inesperada do general René Barrientos, em 27 de abril de 1969, num acidente aéreo, abriu um vazio político no regime militar boliviano instalado em 1964, ocupado provisoriamente pelo vice-presidente civil Siles Salinas. O golpe do general Ovando em 26 de setembro de 1969 busca retomar as linhas gerais do regime, porém realizando uma discreta abertura que busca em última análise deter e controlar uma retomada das mobilizações sociais sufocadas desde 1964.

O GOLPE DE OVANDO

Ovando chega ao poder proclamando o "Mandato Revolucionário das Forças Armadas", documento de conteúdo patriótico que retoma em linhas gerais teses nacionalistas debatidas durante a revolução de 1952. O golpe representava, por um lado, uma tentativa de reacomodar frações do exército ainda muito ligadas às iniciativas nacionalistas da revolução de 1952. Mas também respondia às crescentes pressões do movimento social, a resistência dos setores operários e de outras classes afetadas pelas medidas econômicas do período Barrientos, que começavam a reagir.[46] O mandato almejava buscar uma "terceira via" para o processo político local, retomando o discurso nacionalista:

---

45 *Ibidem*, p. 123.

46 Ovando utilizou-se de filmes de propaganda política para construir uma nova imagem. Precisava preservar a autoridade para os militares e, ao mesmo tempo, demonstrar a disposição de diálogo com os movimentos sociais. Esta preocupação ficou registrada no filme de propaganda *"Todos los dias"* (Cinemateca Nacional Boliviana), no qual o general aparecia brincando com os filhos, assistindo futebol, mas também preocupado com os problemas do país. Cenas mostram-no recebendo dirigentes sindicais e camponeses em sua própria casa. Trata-se de um ensaio populista de pouco fôlego.

O desenvolvimento de um país que, como a Bolívia, pertence às áreas da miséria e da dependência, não pode basear-se num sistema exclusivamente capitalista nem em um sistema excludentemente socialista (...) A opressão nacional afeta todas as classes sociais e deforma o ser nacional. Desta realidade surge a necessidade de uma Aliança Social pela Revolução Nacional, que é a via do desenvolvimento e da independência dos povos pobres do mundo.[47]

A trajetória política de Ovando foi sempre marcada por vivas contradições e ambiguidades. Foi visto por um amplo setor da esquerda boliviana como um autêntico representante da oficialidade antifascista, nacionalista e progressista. Manteve contatos próximos com a Junta Militar peruana comandada pelo general Juan Velasco Alvarado, cuja marca saliente foi o nacionalismo e o anti-imperialismo. Significativamente o Peru foi o primeiro país a reconhecer o governo Ovando em 30 de setembro de 1969. Para Marcos Domich, na época jovem militante do PCB e depois um dos seus dirigentes, Ovando sofreu dos estigmas criados pela direita militar contra o povo. Segundo Domich, o grupo que se articulava em torno do general sofrera influência do general republicano espanhol Vicente Rojo, um exilado que dava aulas no Estado Maior boliviano. Além disso, Ovando teve simpatias pelo PIR[48] e viu com simpatias a ação do Exército Vermelho durante a Segunda Guerra, período em que ele e toda uma geração de oficiais iniciavam sua carreira.[49]

O governo de Ovando não era diretamente uma continuidade de Barrientos. Manteve o regime militar, porém diferenciou-se em relação à orientação das medidas políticas e econômicas. Restabeleceu relações diplomáticas com a URSS e diversos países do Leste Europeu. Nacionalizou a Gulf Oil Co., revogou o Código de Petróleo de 1955 que permitia a exploração de jazidas nacionais por empresas estrangeiras e restabeleceu o monopólio do Banco Mineiro sobre a venda de minérios.

---

47 Mandato Revolucionario de las Fuerzas Armadas de la Nación, La Paz, 26 de setembro de 1969.

48 Partido de la Izquierda Revolucionaria, partido de orientação estalinista surgido na década de 1940 e que detinha a hegemonia do movimento operário até se aliar com o governo fascista de H. Hertzog em 1946. O PCB surgiu de uma cisão em 1950 de sua ala jovem.

49 Todos estes dados sobre Ovando segundo o depoimento de Marcos Domich, La Paz, 27 de janeiro de 1999.

46   Everaldo de Oliveira Andrade

Durante seu governo foi elaborado um documento intitulado "Estratégia Para el Desarrollo Nacional", que buscava um caminho coerente de industrialização do país e de defesa dos recursos naturais. Este documento serviu de referência para os militantes nacionalistas que se agruparam em torno de Ovando e depois do general Juan José Torres.[50] A medida de maior impacto sob esta nova perspectiva foi a nacionalização da empresa petrolífera Gulf Oil, trazendo à tona um escandaloso e obscuro processo de ilegalidades em torno das operações da empresa no país. O general Barrientos fora subornado e ganhou um helicóptero de presente, como foi admitido anos depois pelo próprio presidente da empresa. Isto permitiu que a Gulf Oil Co. fosse autorizada a exercer livremente todas as atividades relacionadas com extração, processamento e comercialização do petróleo explorado a partir de setembro de 1967.[51] Em 1968, a estatal YPFB controlava apenas 10% das reservas de gás e 25% das de petróleo, enquanto a Gulf Oil já era detentora da quase totalidade das jazidas restantes. A produção também era igualmente desfavorável à empresa nacional e estatal da Bolívia. Enquanto a YPFB produzia em 1968 cerca de 497.000 m³ de petróleo bruto, a Gulf Oil chegava 1.883.000 m³; a de gás chegou a 672 milhões de m³ para a Gulf, enquanto a YPFB produziu 253 milhões de m³. O código de petróleo do país não fazia menção à produção de gás, deixando a multinacional de mãos livres para pressionar e subornar os governos sem muitos constrangimentos legais.[52] De fato, o que ocorria em relação aos privilégios concedidos a esta empresa eram apenas uma parte do verdadeiro e firme controle que os organismos financeiros controlados pelos Estados Unidos exerciam sobre o Estado boliviano através de pressões, chantagens e subornos. Muitas vezes estas atividades eram exercidas sob a fachada de ajudas financeiras e técnicas.[53] As medidas nacionalistas, portanto, contrariavam diretamente interesses estadunidenses no país.

Como contrapeso às pressões externas contrárias às suas iniciativas, no campo político Ovando foi obrigado a permitir o retorno de uma série de lideranças

---

50 Entrevista com Andrés Soliz Rada.

51 LAVAUD, Pierre. *op cit*, p. 362.

52 BERNARD, Jean-Pierre, "Situation et perpectives de l'économie bolivienne: problemes et politiques économiques, 1969-1971", p. 69-70.

53 LAVAUD, Pierre, *op. cit.*, p. 366

Bolívia: Democracia e Revolução   47

políticas populares exiladas. Essas novas medidas de Ovando despertaram em importantes setores sindicais uma aberta simpatia.[54]

Essa primeira fase do novo governo, de perfil claramente bonapartista, teve como figura de destaque Marcelo Quiroga Santa Cruz como ministro da mineração e do petróleo, que preparou as bases para a posterior nacionalização da empresa petrolífera Gulf Oil Co. em 17 de outubro de 1969. De fato, o giro levemente progressista de Ovando abrira uma espiral de mobilizações sociais represadas e que não seria mais tão simples conter, despertando os setores mais reacionários para o perigo da irrupção das mobilizações de massas. A COB foi legalizada e pôde realizar sem constrangimentos seu 4º Congresso Nacional em maio de 1970. A FSTMB e diversos outros sindicatos retomaram suas atividades abertamente.

A queda de Santa Cruz por divergir da orientação política geral do governo marca uma segunda fase do governo Ovando e sua reaproximação com os setores mais reacionários do exército, com maior distanciamento de setores do movimento sindical.[55] Este mesmo movimento de realinhamento do governo continuou com o afastamento do general Torres da chefia do Estado Maior das Forças Armadas.[56]

O 14º CONGRESSO DOS MINEIROS

Os mineiros ocupavam um lugar central na reorganização do conjunto do movimento operário boliviano. Há fatores políticos e econômicos que ex-

---

54 TERCEROS, Walter Delgadillo. *op cit*, p. 60-61. Caracteriza o período Ovando como uma espécie de abertura regularmente crescente, critica o que seria o sindicalismo impregnado de independentismo anarquista, que o teria afastado de definições históricas importantes como a participação no governo Ovando. Embora contenha importantes informações sobre o movimento sindical, fornece uma visão do sindicalismo nacionalista, que repercute as posições históricas do MNR.

55 GALLARDO, Jorge. *op cit*, p. 452-458

56 SANDOVAL RODRIGUES, Isaac. *Culminación y ruptura del modelo nacional revolucionario y ruptura del modelo nacional-revolucionario*, p. 58. Juan José Torres, chefe do Estado-maior do novo governo boliviano, era visto como um nacionalista dentro do exército. Redigiu o manifesto inicial do governo Ovando, que afirmava uma clara diretriz nacionalista: "na luta pela justiça social, pela grandeza da pátria e pela autêntica independência nacional"; o manifesto defendia claramente um modelo revolucionário nacionalista.

48 Everaldo de Oliveira Andrade

plicam este lugar privilegiado. Não se tratava apenas da tradição herdada da revolução de 1952. As estruturas econômicas do país dependiam em tal grau da produção de estanho que as greves mineiras eram capazes de quase paralisar a economia nacional. De fato, os valores das exportações de minérios da Bolívia sobre o total das exportações respondiam por 87,23% em 1971.[57] A contribuição do setor mineiro no PIB da Bolívia em 1960 era de 10,3% e, em 1977, foi de 10%. A classe operária mineira constituía 3,2% da PEA (População Economicamente Ativa) da Bolívia em 1970.[58] No entanto, sua ação tinha efeitos imediatos sobre as exportações do país e as receitas do Estado, o que lhes dava um poder de negociação e pressão desproporcional.

A preparação do 14º congresso mineiro no começo de 1970 marca a plena retomada da ação não clandestina do movimento sindical. O congresso, núcleo político que concentra as preocupações das forças políticas que atuavam no movimento sindical, iniciou com maior vigor uma fase de reorganização das forças sociais dispostas a forjar uma alternativa política aos governos militares. Uma das primeiras reuniões de rearticulação do sindicalismo mineiro com representantes dos sindicatos de base, em janeiro em 1970, constatava: "Durante os últimos anos não existiu na prática a maioria das organizações sindicais dos trabalhadores mineiros, como consequência da brutal repressão a que foram submetidos os mineiros durante o governo de Barrientos. A atual situação para o movimento sindical se modificou de maneira favorável".[59] A trajetória de elaboração política que levaria à constituição da Assembleia Popular de 1971 começa efetivamente neste momento. A tradicional unidade

---

57 FMI, *International Finantial Statistics*, janeiro de 1979, citado por: ZAPATA, Francisco. "Mineros y militares en la coyuntura actual de Bolívia, Chile y Peru (1976-1978)", *Revista Mexicana de Sociologia*, n. 42(4), p. 1448

58 *Ibidem*, nº 42(4), p. 1445-1448

59 Convocatoria del Comite ejecutivo de la FSTMB, janeiro de 1970, SIDIS, pasta 42 – congresos de la FSTMB

Bolívia: Democracia e Revolução   49

e solidariedade dos mineiros, sua impetuosidade pareciam novamente abrir o caminho.[60]

A FSTMB possuía nesta época por volta de 50.000 sindicalizados. O coração do movimento era o complexo mineiro de Catavi Siglo xx, que agrupa neste momento mais de 50.000 pessoas nos seus arredores. A história de Siglo xx sempre foi um caso a parte: a mina mais rica de Patiño foi palco de violentos massacres e lutas ao longo do século xx. Foi uma verdadeira escola de quadros para os principais partidos políticos de esquerda e uma permanente tribuna de agitação política do país. Não é sem motivo que Siglo xx foi comparada a Petrogrado revolucionária pelos militantes de esquerda, como disse Filemon Escobar, dirigente mineiro trotskista da mina.

O congresso da FSTMB realizou-se em Siglo xx entre os dias 9 a 14 de abril de 1970. A Federação dos mineiros era uma organização sindical enraizada nas bases, nos dirigentes locais, que souberam conservar o sindicato mesmo em situações de aberta perseguição. A prática de reuniões clandestinas no interior das minas garantiu a sobrevivência da organização sindical mesmo nas piores ditaduras. A capacidade dos mineiros de coesão, solidariedade, combatividade e resistência à repressão devia-se também ao isolamento dos acampamentos, que fortaleciam os laços políticos e sociais e permitiam centralizar todas as reivindicações.[61] A experiência coletiva do local de trabalho, da fábrica e principalmente dos acampamentos mineiros, gerava um universo coletivo de trabalhadores excluídos da participação na vida pública nacional com códigos próprios de comunicação.[62] Os partidos

---

60 June Nash demonstrou que a brutalidade e perigo do trabalho criam laços profundos de solidariedade entre os mineiros – a cooperação e amizade tornam-se questão de sobrevivência no local de trabalho – e tornam também impossível envelhecer na mina, cuja população é sempre jovem. A silicose, tuberculose e outras doenças afastam cedo os mais velhos; 60% têm menos de 31 anos. Citado por LAVAUD, Pierre. *op cit*, p. 200-201.

61 ZAPATA, Francisco. *op cit*, p. 1453.

62 As rádios mineiras transmitiam em três idiomas, informavam, politizavam o povo e constituíam-se neste período nos pontos de apoio para manter a coesão política e social dos mineiros, in: Entrevista com Domitila Chungara, 18 de dezembro de 1996, SIDIS.

políticos de bases operárias eram, além disso, os impulsionadores principais da construção de lideranças e quadros políticos para os sindicatos.[63]

O informe de abertura foi realizado por Irineu Pimentel, que fez um histórico do período recente da repressão, das mortes e prisões de dirigentes e do
cerco aos acampamentos. Nesse período o governo e a COMIBOL negaram sistematicamente à Federação dos mineiros a representação legítima da categoria. A
principal mobilização foi uma greve de fome realizada em dezembro de 1968,
que conseguira a libertação de dirigentes presos. O general Ovando recebera os
mineiros em sua casa em setembro de 1969, retirando as tropas dos acampamentos mineiros e aceitando a reorganização do movimento sindical.[64]

O congresso dos mineiros transcorreu em clima tenso, pois havia uma at-
mosfera de acerto de contas entre as diferentes frações e grupos políticos. Cir-
culam teses, panfletos e documentos. A luta política viva e aberta, a democracia
operária, estava retomando suas velhas tradições. Um movimento de diferentes
setores políticos exigia uma nova direção sindical, como a "juventude mineira
de Siglo xx".[65] Os mineiros de Catavi e Siglo xx liderados por Filemon Escobar
também exigem uma nova direção e atacam os antigos dirigentes da Federação.[66]
O manifesto do POR – Masas questiona a reeleição de velhos dirigentes e lança
Filemon Escobar como dirigente nacional.[67] Juan Lechín, até então na clandestinidade, lança um manifesto onde se concentra em propor uma pauta de reivindicações: restituição dos salários de maio de 1965, controle operário, liberdade

---

63 Pierre Lavaud vê nos vínculos pessoais e familiares a verdadeira força de manutenção dos sindicatos mineiros, destacando um grande peso para os vínculos de caráter clientelistas que existiriam,
mais do que vínculos políticos (Cf. p. 216-217). Lavaud tenta desqualificar o papel das mobilizações
políticas de classe entre os mineiros, destacando a manutenção de redes clientelistas e paternalistas
e influências pessoais: "as redes de clientelismo no interior dos próprios sindicatos, entre as direções e os filiados, são, pois, as mais tenazes" (p. 231).

64 Informe de Irineu Pimentel ao xiv Congresso da FSTMB, 13 de abril de 1970, Archivo SIDIS: pasta
42: Congresos de la FSTMB.

65 Panfleto da "Juventud mineira de Siglo xx", archivo SIDIS, pasta 42.

66 Panfleto de F. Escobar, archivo SIDIS, pasta 42.

67 Panfleto da "Juventud mineira de Siglo xx. "Panfleto de F. Escobar e Manifesto do POR, archivo
SIDIS: pasta 42: Congresos de la FSTMB".

Bolívia: Democracia e Revolução 51

sindical e fim da polícia mineira.[68] Os militantes do PCB alertam para os perigos da variante reformista da burguesia, o paternalismo e o socialismo de camadas não-proletárias, um ataque indireto a grupos com apenas base estudantil.[69] Como documento orientador dos debates, foi aprovada a tese dos mineiros de Siglo xx hegemonizada pelas posições trotskistas do POR-Masas. As teses do PCB, PDC (Partido Democrata Cristão), PCML (Partido Comunista Marxista-Leninista), dos apoiadores do governo e da ISAL (Igreja y Sociedad em America Latina) foram derrotadas pela maioria dos delegados. Uma minoria adversária atacou a tese majoritária como "provocadora" e "aventureira".[70] O documento dos delegados da mina de Siglo xx fazia uma avaliação de que a "revolução nacional" fracassara "como sistema nos reiterados ensaios na América Latina, em outras regiões e particularmente na Bolívia". A tese propõe "que a FSTMB coloque no plano revolucionário a urgência de configurar um socialismo latino-americano".[71] Constata que "toda a revolução que não mobiliza as maiorias nacionais e que não conta com o apoio popular se desvirtua". Como tática para avançar essa proposta a tese continha uma orientação: "(que) a FSTMB proponha a formação de uma frente nacional de trabalhadores, camponeses e forças revolucionárias em torno da COB, que oriente, promova e conduza o processo de libertação do país que exige o povo boliviano".[72] Esta passagem é o núcleo da estratégia política que levará à formação da Assembleia Popular: uma frente política classista em torno da COB.[73]

---

68 Manifiesto de Juan Lechín, archivo SIDIS: pasta 42: Congresos de la FSTMB.

69 Carta de Jorge Kolle ao XIV congresso da FSTMB, 10 de abril de 1970.

70 Carlos Soria, *Con la revolución en las venas*, p. 34.: "Casi de un modo instintivo, los mineros están convencidos del carácter provocador y aventurero de las sectas trotskistas. Lo que no significa, sin embargo, que ya estén libres de su perniciosa influencia. No obstante su insignificancia numérica, estos grupos tuvieron habilidad para introducir sus contrabandos ideológicos en varios de los documentos emitidos por los congresos obreros". Testemunho importante, porém limitado ao destacar-se pelo sectarismo com relação às atividades dos trotskistas entre os mineiros.

71 "Planteamientos que presentan delegados mineros al XIV congreso nacional de la FSTMB". Siglo XX, abril de 1970 (archivo SIDIS, pasta 42).

72 *Ibidem*.

73 *Ibidem*.

A tese desenvolve uma série de propostas de caráter econômico que serão incorporadas pela Federação: fortalecimento das empresas públicas e produtivas do Estado "dando-lhes uma estrutura de caráter socialista" e retomada da mina Matilde. Como um aspecto secundário é sugerido neste documento a cogestão das empresas estatais e privadas, tema que ganhará projeção posteriormente. Outra questão que também mereceu atenção depois foi a proposta de criação de uma universidade operária.[74]

A tese final do congresso teve como base esse documento dos mineiros de Siglo XX. Era cautelosa em relação à abertura democrática de Ovando, caracterizando o momento como um processo democrático limitado:

> O processo de tipo democrático-burguês que estamos vivendo não tem possibilidades de manter-se indefinidamente como tal. Transforma-se em socialista ou (...) os processos democráticos e nacionalistas, que não forem dirigidos pelo proletariado e transformados num processo socialista, concluirão sempre na frustração e derrota.[75]

O documento exige a nacionalização de todos os meios de produção e reafirma a necessidade de se manter a independência de classe: "os trabalhadores mineiros rechaçam qualquer possibilidade de se voltar à experiência negativa do chamado cogoverno, que fechou o caminho da classe operária a conquista de todo o poder."[76] Indica os próprios mineiros como uma vanguarda operária organizada com objetivos sindicais e políticos:

> Proclamamos que nossa missão é a luta pelo socialismo. Proclamamos que os trabalhadores mineiros constituem-se no núcleo revolucionário por excelência dos trabalhadores bolivianos. Assumimos o papel dirigente da revolução, como genuínos representantes dos interesses nacionais.[77]

---

74 *Ibidem.*

75 Tesis do XIV Congresso da FSTMB, Siglo XX, 14 de abril de 1970.

76 *Ibidem.*

77 *Ibidem.*

Certamente era uma elaboração política polêmica, revelando uma influência marcante das concepções do sindicalismo revolucionário entre os trabalhadores bolivianos:

> Estão equivocados aqueles que sustentam que as organizações sindicais devem limitar-se a jogar um papel de sindicatos trade-unionistas, ou seja, circunscritos à luta puramente econômica (...) para cumprir nossa missão histórica, nós trabalhadores contamos com formas próprias de organização: o sindicato, a direção política revolucionária e a frente anti-imperialista. Contamos com nossas próprias bandeiras de luta ideológica e com nossos próprios métodos de combate que conduzem à conquista de nosso próprio governo, que por ser o governo dos operários será o governo mais autenticamente nacional do país.[78]

Em suas linhas finais, a tese dos mineiros dava passos em direção à estratégia da Assembleia Popular, um governo sob a direção operária, através de uma "frente popular anti-imperialista" com a aliança "entre classes não antagônicas":

> Unidade do povo boliviano em torno da COB e da FSTMB pelo estabelecimento do socialismo, ou seja, de um governo da classe operária, apoiado diretamente por nossos irmãos camponeses e pela gente pobre das cidades', e a 'constituição de uma frente revolucionária anti-imperialista.[79]

As organizações sindicais são aqui concebidas como base dos organismos políticos que desenvolverão um futuro governo operário.

O IV CONGRESSO DA COB

O 4º Congresso da COB foi aberto em La Paz em 1º de maio de 1970, em continuidade ao congresso dos mineiros. Permitiu depois de quase sete anos de regime militar reagrupar as forças políticas e sociais oposicionistas até então dis-

---

78 *Ibidem.*

79 *Ibidem.*

persas. A abertura obtida do governo Ovando permitia uma rápida, ainda que frágil, rearticulação e recomposição das forças políticas.[80]

O congresso transcorreu no ambiente politicamente tenso do movimento sindical saído da clandestinidade. Aos esperados conflitos políticos internos acrescentavam-se as relações incertas e ambíguas de alguns dirigentes sindicais com o governo militar. Em diversas ocasiões esteve em pauta a mudança repentina do local do congresso – que se realizava na sede do Legislativo – para a Universidade San Andrés frente à ameaça de intervenção político-militar que pairava sobre os debates.[81]

O congresso teve participação majoritária dos delegados de base e pouca influência direta dos dirigentes sindicais tradicionais. Isto permitiu uma ampla atuação de diversas forças políticas antes sufocadas pelo lugar desfrutado pela antiga burocracia ligada ao MNR. Havia agora menos espaços para manipulações e manobras da direção, permitindo que o congresso ocorresse com plena democracia.[82] O dirigente mineiro Victor Lopez presidiu os trabalhos.

Uma polêmica antecedeu a própria abertura dos trabalhos. No momento de credenciamento dos delegados, os representantes camponeses foram questionados sobre o seu número excessivo de delegados.[83] A relação de apoio e comprometimento da maioria do movimento camponês com os militares era o motivo para o questionamento. Os camponeses reagiram se retirando e alegando que os dirigentes da COB praticavam um "colonialismo ideológico" ao não reconhecerem a maioria camponesa da nação e seu peso no congresso.[84] A fratura entre os sindicalistas da COB e os diferentes grupos de camponeses ainda estava longe de ser solucionada.

O informe do comitê executivo da COB foi lido por Daniel Saravia. O centro dos debates no primeiro dia de discussão esteve relacionado ao balanço das atividades do dirigente mineiro Juan Lechín desde 1952. Andrés Soliz, do sindicato dos jornalistas, cobrou da tribuna do congresso as responsabilidades de Lechín sobre as principais

---

80 LAZARTE, Jorge. *Movimiento obrero y procesos sociales en Bolívia historia de la* COB, 1952-1987, p. 48

81 *Ibidem*, p. 50.

82 STRENGERS, Jeroen. *La Asamblea Popular*, p. 38.

83 *El Diario*, 3 de maio de 1970.

84 *El Diario*, 9 de maio de 1970 .

Bolívia: Democracia e Revolução   55

derrotas do movimento. Parecia que o veterano dirigente sindical terminaria de maneira humilhante sua carreira. Lechín apoiara o golpe de Barrientos em 1964, depois de passar anos à frente de cargos centrais nos governos do MNR. Saído da clandestinidade e buscando reocupar seu lugar, deu uma declaração à imprensa onde propunha a formação de uma frente nacional de esquerda, a nacionalização da mina Matilde e da Gulf Oil, reposição salarial e nivelação dos salários dos mineiros com os dos militares. Lechín, que não participara da abertura do congresso, decidiu comparecer, desafiando Ovando logo depois de ouvir pelo rádio as duras críticas ao seu passado como dirigente sindical. Foi ovacionado por um amplo setor de mineiros e respondeu durante mais de duas horas às críticas. Declarou que o grande erro de sua vida sindical foi não haver tomado o poder para os operários bolivianos e acusou o PCB, o POR-Masas e os ovandistas de tentarem quebrar a unidade dos trabalhadores.[85] Embora tenha sobrevivido, a época do seu controle esmagador sobre a COB terminara. No dia seguinte Ovando decretava a nacionalização da Gulf, buscando impedir que a ação de Lechín se transformasse num fato político maior.[86]

Este congresso foi marcado por deliberações marcadamente políticas, antes que puramente sindicais. A liderança dos mineiros sobre outras categorias consolidou-se, permitindo que suas posições políticas gerais se irradiassem através da COB para os trabalhadores do conjunto do país e importantes setores da classe média. Desde a fundação da COB e seu 1º congresso em 1954, a central sindical ampliara significativamente a influência política operária para além dos setores tradicionais, alcançando setores da pequena burguesia urbana. Como destacou Jorge Lazarte: "talvez nem em 1952 a hegemonia mineira houvesse chegado a tal nível de capacidade de interpelação nacional e polo de aglutinação dos setores subalternos."[87]

O debate mais importante concentrou-se na elaboração da tese política da COB.[88] Do conjunto de oito teses apresentadas ao congresso foi escolhida como

---

85 CAJÍAS, Lupe, *Juan Lechín – historia de una leyenda*, p. 302-303.

86 *Ibidem*, p. 294-295.

87 LAZARTE, Jorge. *op cit*, p. 158 e p. 58.

88 Tesis del 4º Congresso de la COB (maio de 1970), In: LORA, Guillermo (org.), *Documentos políticos de Bolívia*, Também em "Evolución de la lucha política de los trabajadores mineros", *Cuardernos de Capacitación*, 1, La Paz.

56   Everaldo de Oliveira Andrade

tese guia a resolução aprovada pelo congresso dos mineiros.[89] O documento era a síntese dos debates do congresso, propondo como objetivo central a constituição de uma "frente anti-imperialista". A Assembleia Popular que se formaria no ano seguinte possuía vínculos diretos com as ideias que se elaboravam no 4º Congresso da COB, o que abriu o caminho para a unidade e aceleração das mobilizações sociais e políticas contra a ditadura militar de Ovando. Foi em torno desta perspectiva que se articulou a greve geral que levaria o general Juan José Torres ao poder em outubro de 1970.

A tese política da COB está dividida em seis capítulos e uma plataforma de lutas, onde é desenvolvido um programa político que analisa a situação econômica e social do país, as características do regime militar vigente e as iniciativas políticas propostas para o operariado e as camadas populares.

O preâmbulo demarca a orientação política e ideológica revolucionária do sindicalismo boliviano: "nossa missão é a luta pelo socialismo", ou seja, os trabalhadores "assumem o papel dirigente da revolução, como genuínos representantes dos interesses nacionais". O primeiro capítulo analisa os processos democráticos, afirmando que a democracia só poderá ser alcançada quando o proletariado se converter em dono do poder político. O processo democrático vigente com Ovando não poderia se manter como tal. Contraditoriamente, afirma que "a burguesia se encaminha para consumar a transformação democrático-burguesa com a ajuda piedosa do imperialismo", sinalizando uma avaliação favorável a respeito da burguesia boliviana. Porém, algumas linhas abaixo afirma-se que existe: "a impotência de nossa burguesia nacional para tirar-nos do atraso" e que "a dominação do imperialismo sobre as áreas atrasadas determina a impossibilidade do desenvolvimento da caduca burguesia industrial".

A explicação para tais contradições, neste caso a respeito do lugar da burguesia nos processos políticos revolucionários, se explica em parte pela aliança pontual que os trotskistas do POR-Masas realizaram com o PCB estalinista contra Lechín durante o congresso. Ao contrário dos trotskistas alinhados à teoria da revolução permanente, que descarta um papel progressista às burguesias, os estalinistas apoiavam uma visão favorável às alianças com a burguesia.

---

89 *El Diario*, 8 de maio de 1970.

Os governos militares nacionalistas são caracterizados como expressão do fracasso político da burguesia, e o exército, sendo instrumento da classe dominante e das peculiaridades nacionais, teria um papel limitado. Assim, sobre Ovando o documento afirma que: "não existe nenhuma razão de valor para que os trabalhadores e o povo tenham ilusões sobre o atual governo", embora se reconheça as medidas do chamado "novo processo democrático e nacionalista" que se faz à margem do povo. As reivindicações nacionais como as nacionalizações de empresas permaneceriam inconclusas na medida em que os processos democráticos e nacionalistas só poderiam ser vitoriosos quando dirigidos pelo proletariado. As medidas de nacionalização deveriam ter o objetivo de "nacionalizar todos os meios de produção que estão nas mãos do imperialismo".

Expressando um balanço histórico dos governos do MNR, o documento busca cortar os fios que ainda ligam setores do movimento sindical a este partido. E neste esforço político para afastar-se das influências dos setores ainda ligados ao MNR o documento muitas vezes assume características sectárias. A tese da COB descartava um envolvimento com as mobilizações democráticas da pequena burguesia, com o argumento de que se deveria manter a independência de classe do proletariado: "nossa posição frente aos processos democráticos dirigidos pela pequena burguesia não é outra que manter nossa independência de classe, desde o momento em que tais processos não resolvem o problema nacional". A posição descartava as reivindicações democráticas como parte de um mesmo movimento político comum em direção ao socialismo: "a tática da classe operária é uni-los com a estratégia final do socialismo".

O balanço crítico da revolução de 1952 é mais incisivo. No segundo capítulo se analisa a relação entre socialismo e capitalismo de Estado. Critica-se o modelo de capitalismo de Estado nacional, afirmando-se que não existe possibilidade de desenvolvimento econômico integral dentro de uma economia capitalista, seja ela privada ou estatal: "nossa única via de desenvolvimento é o socialismo (...) a estatização dos meios de produção deve ser acompanhada pela planificação da economia". A revolução de 1952 mostrara que não bastava à classe operária lutar pelo poder, mas deveria ter um papel hegemônico nesta luta. Na estratégia para o momento: "o proletariado boliviano deve constituir-se numa poderosa força social e política independente e atuar dentro da abertura nacionalista e democrática para a conquista do poder". Toda tentativa de cogoverno da COB nos moldes de 1952 deveria ser recusada.

O capítulo três concentra-se em analisar as formas em que se dá a opressão imperialista sobre o país. O documento afirma que uma das estratégias do imperialismo seria combinar reformismo político e desenvolvimentismo econômico com a repressão antioperária e antipopular. A política econômica desenvolvimentista teria, segundo a COB, aumentado a dependência do país em relação ao imperialismo: "a tendência geral que apresenta o desenvolvimento parcial com sentido capitalista dependente". Isto se refletiria também nas iniciativas de integração e formação de blocos regionais na região. Na perspectiva do socialismo, tendo como referência a experiência cubana, afirma a perspectiva trotskista da revolução permanente: "entre a fase nacional libertadora e o socialismo não existe nenhuma muralha inseparável".

A conjuntura política nacional é abordada no capítulo quatro, onde se avalia a existência de um "processo democrático limitado" que não esmagara a contrarrevolução. O processo onde se situa o governo Ovando é caracterizado como contraditório e "o proletariado apoia tudo o que é positivo para a emancipação dos trabalhadores". Deve-se lutar para impor novas medidas anti-imperialistas para uma verdadeira revolução, a emancipação nacional e o socialismo. O documento não alimenta ilusões em Ovando, sinalizando um apoio às suas medidas progressistas. A sorte do governo estaria nas mãos do alto comando militar e não nas posições progressistas de setores civis do governo. A conspiração de direita envolveria a grande imprensa, os industriais, banqueiros e a embaixada dos Estados Unidos. Um setor da burguesia industrial não faria parte dos conspiradores segundo o documento da COB.

As intervenções nacionalistas na economia são severamente criticadas, porém em sentido oposto às teses liberais. As nacionalizações da mineração e do petróleo foram caracterizadas como ilusórias aos interesses nacionais, na medida em que estariam sob o controle de grupos privilegiados e burocráticos. Propõe-se a expulsão da "burocracia reacionária" das empresas estatais. É de se notar que neste ponto não se discute a autogestão operária ou cogestão nas empresas estatais, tema que terá importante destaque na Assembleia Popular a partir da intervenção dos mineiros.

Bolívia: Democracia e Revolução   59

O capítulo cinco desenvolve a proposta política formulada pela Federação dos Mineiros para a constituição da unidade anti-imperialista. O texto procura responder – como já se fizera na tese da FSTMB – aos críticos do que seria o sindicalismo revolucionário boliviano, dizendo que as organizações sindicais não devem limitar-se à luta puramente econômica. A independência do movimento operário deveria se dar através de suas próprias formas de organização, das instituições do movimento: o sindicato, a direção política e revolucionária e a constituição da frente anti-imperialista, apontados pelo documento como os meios para a conquista do governo dos trabalhadores:

> Para cumprir nossa missão histórica, contamos com formas próprias de organiza-
> ção: o sindicato, a direção política revolucionária e a frente anti-imperialista. Con-
> tamos com nossas próprias bandeiras de luta ideológica e com nossos próprios
> métodos de combate que conduzem à conquista de nosso próprio governo.[90]

Para que se viabilizasse a independência política do movimento operário a COB deveria ser a propulsora de uma ampla aliança anti-imperialista:

> Para chegar ao socialismo se coloca a necessidade de unir previamente todas
> forças revolucionárias anti-imperialistas. A Revolução Popular anti-imperia-
> lista está ligada à luta pelo socialismo, a Frente Popular anti-imperialista é a
> aliança operário-camponesa e das massas das cidades no plano político. Nela
> confluem todas as correntes sociais e políticas que lutam por uma mudança
> de fundo da situação boliviana, com a substituição das estruturas caducas no
> sentido anti-imperialista e popular. A expulsão do imperialismo e a solução
> das tarefas nacionalistas e democráticas ainda pendentes farão possível a re-
> volução socialista.
> (...)
> A luta de classes em um país atrasado como o nosso não nega a possibilidade
> de aliança entre classes não antagônicas, fato que nada tem a ver com a política
> reformista do colaboracionismo.

---

90 Tesis Politica de la COB, La Paz, 6 de maio de 1970.

60   Everaldo de Oliveira Andrade

A classe operária, para transformar-se em liderança popular, levanta as reivindicações progressistas dos setores majoritários e faz suas as consignas nacionais que dizem respeito a enfrentar a ação subjugadora do imperialismo.[91]

A COB coloca-se aqui claramente como uma organização de características políticas e não apenas sindicais. Deveria ser uma direção e instrumento de aliança social com setores camponeses, artesãos, pequenos comerciantes, intelectuais e universitários. A estratégia da frente anti-imperialista e das alianças sociais em torno da COB preparava o impulso prático para a formulação posterior pela constituição de um parlamento operário-popular em torno dos organismos sindicais existentes. De fato, o período militar concentrou nas mãos da COB a responsabilidade principal pela resistência oposicionista, permitindo agrupar em torno de si as organizações sindicais, democráticas e populares do país.

A COB já ocupara na história política do país um lugar mais amplo como organismo político que o de uma central sindical – nascida da revolução de 1952 –, sendo em certa medida limitadora da projeção e consolidação política dos partidos operários. Ao mesmo tempo e contraditoriamente, ofereceu magnífica arena para os politizados debates das organizações políticas operárias reformistas e revolucionárias. A fragilidade momentânea das organizações políticas perseguidas pelo regime militar colaborou também para fortalecer o papel político da COB.

O internacionalismo proletário, tema abordado no capítulo seis, incorpora contribuições dos mais diversos matizes: destaca o apoio à luta no Vietnã contra o invasor ianque; o sistema socialista "já triunfante em um terço do planeta"; propõe o fortalecimento da unidade dos trabalhadores da América Latina traduzida "na pátria grande que sonharam Martí e Bolívar."

A plataforma de reivindicações que encerrava o documento em verdade constituía-se num programa próprio de desenvolvimento econômico do país. Demarcava diversos aspectos da vida política, econômica, social e cultural com formulações e propostas. Tratava-se de um verdadeiro programa de governo, discutindo a socialização da medicina, a universalização do sistema de segurança

---

91 *Ibidem.*

social, a necessidade de uma revolução industrial na mineração e metalurgia, propostas para a criação de uma escola única e universidades populares.

A tese provocou reações do governo, sendo acusada por vários de seus membros de antinacionalista. O tradicional jornal *El Diario* estampava a manchete: "Ovando disse que a tese operária é antinacional", [porque quando] "às forças armadas insultadas, se vale o termo, não se faz outra coisa que demonstrar o caráter sectário, antinacional que caracterizou este congresso". O ministro do interior, coronel Juan Ayoroa, afirmou: "nem como militar, nem como ministro do governo, tolerarei o chamamento à violência e à subversão, em nenhum setor."[92]

O discurso do general Torres sobre o assunto, que depois terá mais proximidade com a COB, não foi discordante em relação ao de seus companheiros de caserna:

> A extrema esquerda, que se nutre da renda de seus mandos extranacionais, adverte que a revolução nacional tirou influência sobre os trabalhadores e também conspira, abrindo o caminho à direita. Em uma atitude tipicamente provocadora fala da luta armada para estabelecer um governo socialista... (...) Destas circunstâncias o nacionalismo está na obrigação e no dever de defender-se, e por isso, reiteramos o que alguma vez já dissemos de modo enfático, que as forças armadas ao se constituírem em braço de ferro da revolução, cumprirão com seu dever de garantir o futuro pacífico, mas ascendente da revolução.[93]

O futuro aliado de sindicalistas e políticos de esquerda mantinha-se nos marcos da unidade das forças militares e sob a cobertura dos discursos nacionalistas. Esta característica estará sempre presente na trajetória ulterior de Torres.

A luta pela direção da COB fracionou o congresso em suas alas. Os três principais dirigentes mineiros – Filemon Escobar, Victor Lopez e Simon Reyes, conhecidos como a Troika – propuseram uma direção colegiada mas foram derrotados por 223 votos contra 53. Juan Lechín voltava, apesar de todas as acusações, à presidência da COB e com apoio de um conjunto de partidos que incluíam desde o MNR até simpatizantes do futuro MIR (Movimiento de la Izquierda Revolucio-

---

92 *El Diario*, 9 de maio de 1970.

93 *El Diario*, 23 de maio de 1970.

nária) e do ELN (Ejercito de Libertación Nacional). Para conquistar a presidência da COB, apesar de todos os desvios e críticas, formou uma frente heterogênea do seu partido, o PRIN, o PDCR, o PCML, o MNR – Comando Operário e a FSB (Corrente Progressista). O MNR e o PRIN ficaram com mais de 50% do total de membros da nova direção da COB. Lechín foi reeleito presidente com 188 votos, outros 117 votos se distribuíram para outros candidatos. A distribuição da direção entre os partidos políticos foi a seguinte: MNR: 9, PRIN: 8, FSB: 3, PDC: 2, PCML: 2, ANR: 1, e independentes: 4.[94] Os comunistas e trotskistas, que na prática elaboraram as teses políticas e principais resoluções, ficaram de fora da direção, o que a enfraqueceu em autoridade e articulação política.[95] Tratava-se de uma contradição, demonstrando que as relações políticas constituídas no período político anterior ao golpe ainda eram fortes. Os antigos dirigentes do MNR e seus grupos dissidentes, como o PRIN de Lechín, ainda possuíam autoridade política suficiente para se impor sobre um conjunto de delegados que politicamente estavam mais propensos às teses radicais da esquerda revolucionária. Apenas o processo político da revolução poderia corrigir estas distorções. As tradições do sindicalismo

---

94 *El Diario*, 17 de maio de 1970. A nova direção cobista ficou assim composta: Lechín – secretário-executivo; Francisco Mercado (fabril)- secretário-geral; Raul Cerranó (bancário)- finanças; David Quinones (ferroviária) relações; René Higueras (professor) relações; José Leon (construtor)- conflitos; Lúcio Mariscal (ferroviário)- conflitos; Augusto Cegarra (motorista)- organização; José Calle (fabril)- organização; Oscar Pena (petroleiro) – imprensa e propaganda; Hugó Espressa (gráfico)- imprensa e propaganda; Apólinar Caceres (farinheiro)- defesa armada; Raul Abastóflor (mineiro)- defesa armada; Carlos Escalter (saúde)- assistência social; Edmi Alvarez (telecomunicações)- assistência social; Alfredo Maldonado (universitário)- cultura e esportes; Edgar Tapia (trabalhador universitário)- cultura e esportes; Félix Lafuente (sindicalista)- legislação social; Lindo Fernandes (funcionário público)- legislação social; Nicholas Morales (cooperativa kara zapato)- cooperativas; Cassiano Amurrio (cooperativa agropecuária)- cooperativas; Manuel Tapia (construtor)- habitação; Guillermo Delgadillo (COB – Oruro)- habitação; Orestes Alvarado (mineiro rentista)- segurança social; Jorge Zelada (COB – Tarija)- segurança social; José Justiniano (petroleiros)- emprego e desocupação; Jorge Sólogurem (COD – La Paz) – emprego e desocupação; José Luiz Harb (motorista)- transporte e comunicação; Alfredo Garcia (ferroviário)- transporte e comunicação; Dionísio Huanapaco, Miguel Veizaga e Luiz Loayza (assuntos camponeses).

95 STRENGERS, Jeroen. *op cit*, p. 48.

Bolívia: Democracia e Revolução   63

revolucionário neste caso favoreceram os antigos dirigentes sindicais do MNR e obstaculizaram o fortalecimento das organizações de esquerda.

A GUERRILHA DE TEOPONTE

À margem do processo central de rearticulação das organizações do movimento de massas, os remanescentes do ELN se reorganizaram no período do governo Ovando e decidem retomar a iniciativa da luta armada através da guerra de guerrilhas. Tratava-se de um grupo de jovens radicais, em sua maioria universitários, membros da Juventude Democrática Cristã (PDCR) e simpatizantes de grupos de esquerda que se incorporaram ao ELN, herdeiro da iniciativa de Guevara no país. Eles se embrenharam nas selvas do norte da província de La Paz em Teoponte, liderados por Chato Peredo, que já lutara com Che Guevara no começo de 1967.[96] Ao todo o grupo totalizava 75 homens, porém pouco preparados.

A iniciativa, isolada e aventureira, foi logo debelada pelas forças militares. O tratamento aos prisioneiros não deveu nada àquele dado aos sobreviventes de Ñancahuazu. Quase todos os combatentes foram assassinados pelo exército depois de se entregarem. Alguns morreram de inanição e poucos conseguiram escapar.[97] A repercussão política, porém, foi grande. Nas universidades ocorreram atos em homenagem aos guerrilheiros mortos em Teoponte. Ovando havia orientado o exército a não poupar em nenhum caso a vida dos combatentes. Muitos atribuíam esta ordem ao fato de seu filho ter morrido num avião rastreando os guerrilheiros.[98]

O boletim INTI – informativo do ELN – fez posteriormente um balanço da guerrilha de Teoponte como uma etapa dolorosa mas necessária, reafirmando a necessidade de se organizar um exército revolucionário. Sobre as críticas aos seus métodos de luta responderam: "queremos deixar estabelecido que consideramos válidos todos os métodos de luta urbanos e rurais que tendam a dar maior cons-

---

96 GUMUCIO, Mariano B. *op cit*, p. 287-289.

97 CAJÍAS, Lupe. *op cit*, p. 309.

98 STRENGERS, Jeroen. *op cit*, p. 69-70.

64   Everaldo de Oliveira Andrade

ciência ao povo. (...) a estratégia do ELN é a luta armada e o foco guerrilheiro é um método."[99]

Segundo a interpretação de Zavaleta Mercado, apologética em relação à importância destes eventos, as guerrilhas atingiram as camadas médias e a juventude das universidades e colégios, permitindo que se rompesse com o isolamento social do movimento operário.[100] Porém não eram os mineiros e outros setores operários que estavam isolados. Estes, através da FSTMB, ao mesmo tempo em que exigiam que os militantes mortos fossem respeitados e seus corpos devolvidos aos familiares, fixam uma distância do aventureirismo guerrilheiro. O boletim da Federação dos mineiros afirma:

> Nesta luta que em entregaram suas vidas, como no caso dos universitários, resultou de todos os modos uma contribuição à causa emancipadora. (...) merecem respeito ainda que sua ideologia e inteireza não signifiquem, precisamente, o melhor nem um único caminho para superar aquele domínio estrangeiro, exercido pelo capital financeiro e os grupos minoritários que o apoia.[101]

As recentes resoluções dos congressos sindicais da FSTMB e da COB consolidavam um outro caminho para a reorganização e ofensiva do movimento operário e popular, que se distanciava da luta armada inspirada nas guerrilhas, bem como da colaboração institucional com os militares reformistas.[102]

---

99 *El Diario*, 22 de julho de 1971.

100 MERCADO,René Zavaleta. *El poder dual*, p. 239.

101 Fedmineros,12 de agosto de 1970.

102 Já sob o governo do general Torres veremos à frente, em 22 de outubro de 1970, os últimos membros da guerrilha de Teoponte sofrem novas derrotas e vários guerrilheiros são mortos ou capturados. Ocorre a prisão de Chato Peredo, principal e mais conhecida liderança do grupo. Com os últimos 17 sobreviventes presos, Torres envia uma missão para garantir que não fossem executados pelas forças especiais do exército. (Este fato provocou uma reavaliação do ELN, que caracterizou Torres como "um governo que está pelo povo", sinalizando uma aproximação. Depoimento de Antônio Peredo, La Paz, 17-07-2001). Posteriormente o novo governo de Torres, adaptando-se à nova situação, não atacou os combatentes declarando que "garantia a vida dos guerrilheiros" (*El Diario*, 22 e 23 de outubro de 1970). Uma semana depois, no dia 30, Torres criava uma comissão

A guerrilha abriu uma crise política no interior do governo – onde conviviam esquerdistas adeptos da "abertura democrática" com militares linha-dura – o que precipitaria a queda de Ovando. Os últimos meses de seu governo revelam uma nítida opção pelo fechamento dos escassos espaços políticos conquistados pelos movimentos sociais e um distanciamento dos setores políticos democráticos que o apoiavam.

---

para pacificar a guerrilha de Teoponte. Estas ações abriram um canal de colaboração entre o setor militar em torno de Torres e o movimento operário cobista.

2. As jornadas revolucionárias de outubro

As INICIATIVAS POLÍTICAS da classe operária, que retomava pouco a pouco seu lugar ao longo de 1970, provocaram reações nos setores mais reacionários do exército. A instabilidade política se aprofundava após o congresso da COB em maio e o reavivamento da vida sindical. A guerrilha de Teoponte, por outro lado, favorecia um reagrupamento no interior do exército dos elementos mais refratários ao diálogo com o movimento sindical e democrático. Multiplicavam-se acusações contra a suposta excessiva liberalidade do governo com as organizações de esquerda. No dia 2 de agosto de 1970 ocorreu o funeral do cabo Hermógenes Centellos e de oito guerrilheiros da guerrilha de Osvaldo "Chato" Peredo, provocando comoção pública na capital.

Uma crise de governo se abre e pressões e divisões se multiplicam. Em 4 de agosto Ovando apresenta sua renúncia. Os ministros o seguem e apresentam renúncia coletiva às três horas da madrugada. No dia seguinte Ovando tenta formar um novo gabinete ministerial, excluindo o grupo em torno do general Juan José Torres, que mantinha diálogo com os movimentos sociais.

Nos dias 6 e 7 de agosto a crise prossegue. Ovando, cada vez mais isolado dentro do exército, ainda não consegue formar um novo gabinete. No dia 8 ocorre uma reunião dos comandantes militares de La Paz sem a presença do general Torres, que defende outra estratégia. Este pedia uma consulta popular para avaliar o respaldo do governo, afirmando também que o nacionalismo revolucionário seria o último freio ao comunismo. Respalda o ataque à guerrilha

68   Everaldo de Oliveira Andrade

de Teoponte e enaltece o esmagamento de Che Guevara, mas propõe o diálogo com os movimentos sociais.

No dia 11 de agosto Ovando forma finalmente um novo ministério. A opção é por uma coalizão à direita, revelando as divisões ideológicas no interior do exército. O fechamento do jornal *Prensa* é sintomático da nova situação criada. Inicia-se uma reação em cadeia sobre os parcos espaços democráticos permitidos até então.[1] A reação a estas iniciativas ocorre logo. A disputa política interna no exército enfraquece desde o início a capacidade do novo governo e franqueia espaço para retomada das mobilizações sociais. No dia 20 de agosto ocorre em La Paz um sério enfrentamento de estudantes com a polícia. Os estudantes haviam atacado o chefe da força aérea, deixando os comandantes militares furiosos. Estes multiplicam ameaças e a tensão aumenta.[2] O movimento de massas adquire confiança. Sindicatos, partidos, entidades estudantis e populares se reorganizam e ganham espaço. Todos se recusam a recuar.

O provisório rearranjo de governo não resolvera nenhum dos problemas colocados. Pelo contrário, a oposição a Ovando também crescia no interior do exército. Em 26 de agosto uma declaração do general Rogélio Miranda pede a unidade das forças armadas denunciando as organizações políticas que: "amparadas impunemente nas liberdades (…) buscam criar um clima de convulsão e anarquia, através do ódio fratricida sob pretexto da libertação nacional."[3] A declaração tem como endereço o discurso nacionalista de Torres.

Nas ruas crescem manifestações. Em 27 de agosto ocorre em La Paz uma marcha silenciosa de estudantes e familiares dos guerrilheiros caídos em Teoponte. São setores da pequena burguesia urbana expressando o apoio e simpatia aos guerrilheiros. A repercussão política é quase imediata. É um novo desafio à autoridade do regime militar.

No dia 4 de outubro de 1970 o general Rogélio Miranda dá um novo passo. Constatando a fragilidade do governo, inicia um golpe a partir da cidade de Santa Cruz. Dias antes um grupo de antigos militares aposentados, entre

---

1 *El Diario*, 2 a 11 de agosto de 1970.

2 *El Diario*, 21 de agosto de 1970.

3 *El Diario*, 26 de agosto de 1970.

Bolívia: Democracia e Revolução   69

os quais David Toro e Hugo Ballivian – ex-presidentes nas décadas de 1930 e 1940, respectivamente, preparando o terreno – condenam Ovando por ter nacionalizado a Gulf Oil e "desprestigiado o país", propondo a formação de uma junta militar.[4] O golpe porém não consegue a rápida adesão esperada. O exército segue dividido e ocorre uma longa disputa entre diferentes frações militares durante todo o dia 5 de outubro: reuniões, trocas de ameaças e comunicados escritos e até um plebiscito de oficiais de uma guarnição de La Paz. O golpe fracassa sem que Ovando consiga retomar a autoridade. A divisão abre espaço para a iniciativa das massas e suas organizações. O perigo para as forças da ordem torna-se evidente.

No dia 6 os generais Ovando e Miranda acordam em renunciar. Ovando emite uma declaração, apela para o corporativismo militar e a unidade para salvar o regime e recua para abrir caminho a um acordo: "consciente de que um enfrentamento armado entre as unidades militares, além de dividir as forças armadas, pode ocasionar vítimas entre a população civil, abro mão do cargo."[5] Um governo tríplice é então formado por outros três militares – Efraín Ibañez, Fernando Satori e Alberto Albarracín. Ovando aproveita para denunciar a participação direta da CIA na articulação do golpe como represália às suas ações nacionalistas.[6]

O acordo de Ovando com os golpistas porém fracassa, surpreendidos por uma articulação paralela e independente dos militares nacionalistas. Divididos os diferentes setores golpistas e Ovando não puderam impedir o general Juan José Torres de entrar na disputa, aproveitando-se da situação instável. Torres percorre as unidades militares de La Paz, conversa com lideranças camponesas e se apoia na COB para tomar o palácio presidencial no mesmo dia 6 de outubro de 1970.[7] Certamente

---

4 SANDOVAL RODRIGUES, Isaac. *Culminación y ruptura del modelo nacional revolucionario*, p. 63-65.

5 *Ibidem*, p. 66.

6 Em 1978, retornando do exílio, Ovando reafirmará estas acusações publicamente: "Algum dia não muito distante e da mesma maneira que no Chile, se abrirão as páginas da CIA sobre o caso boliviano". *Presencia*, 13 de maio de 1978.

7 SANDOVAL RODRIGUES, Isaac. *Culminación y ruptura del modelo nacional revolucionario*, p. 65-70. O apoio a Torres foi articulado, segundo o autor, pelo POR-Masas. Na noite do dia 5 teriam se reunido secretamente Torres, "o dirigente mineiro Filemon Escobar, o dirigente estudantil Jorge

um dos dias mais singulares da história latino-americana: seis militares foram, por alguma fração de tempo do mesmo dia, 6 de outubro de 1970, presidentes de um país.

O MANDATO DAS FORÇAS POPULARES

No dia 6 de outubro pela manhã ocorre uma reunião ampliada da COB aberta por um informe de Victor Sossa, dirigente estudantil e membro do POR-Masas, que, em nome do Comitê Revolucionário da UMSA (Universidad Mayor de San Andrés), presta contas das negociações com Torres.[8] Esta reunião é concluída com a constituição de um "Comando Político da COB e do Povo", ainda um braço político da central sindical e destinado a dirigir suas ações políticas. É possível acompanhar na gradação das respostas que o movimento operário e popular apresenta à crise política a elaboração viva de uma perspectiva política independente: o congresso da COB no mês de maio propôs a "frente anti-imperialista" como um organismo político; em outubro de 1970 a frente se materializa no "Comando Político da COB e do Povo". O passo seguinte será a formação da própria Assembleia Popular em 1971, como veremos. As linhas gerais desta orientação política incorporavam um balanço da experiência realizada pelo movimento operário boliviano com a revolução de 1952. Tratava-se de constituir um organismo político representativo que, liderado pela classe operária, unificasse a maioria nacional contra o imperialismo com a perspectiva socialista da tomada do poder.

Do Comando Político da COB participam vários partidos políticos agrupados no "Bloco de Partidos Populares", entre os quais o PDCR, o POR-Masas, o MNR (fração anti-Victor Paz), o PCB, o PRIN, o PCML e grupo Espártaco. O bloco emite um documento propondo a ação unitária contra o imperialismo e o fascismo:[9]

Lazarte, ambos do POR, para articular as ações no lado militar e sindical-popular, In: J. STRENGERS, 83-84, citando LAZARTE, Jorge. *op cit*, p. 146.

8 STRENGERS, Jeroen. *op cit*, p. 84.

9 LORA, Guillermo. *Contribuición a la historia política de Bolívia*, vol. 2, p. 462-463.

Bolívia: Democracia e Revolução   71

"Os partidos políticos populares que subscrevem chamam seus quadros partidários, a classe trabalhadora e a cidadania em geral, a manterem-se alertas para lutar contra o fascismo e o imperialismo. (...) A classe trabalhadora deve mobilizar-se para esmagar a tentativa fascista e instaurar um governo popular e anti-imperialista."[10]

A disposição política inicial e majoritária que prevalece no Comando Político da COB é de colaboração com vistas a formação de um governo de unidade nacional com os militares em torno de Torres. Segundo a perspectiva de Juan Lechín, o Comando Político surgiu no momento específico do golpe de Miranda, e decidiu continuar existindo para garantir um "caminho mais operativo para a aliança com Torres."[11] A declaração de 6 de outubro do Comando Político da COB e do Povo confirmava esta posição de Lechín, pois propunha uma composição política de governo com o grupo militar de Torres. Assim a convocação de uma greve geral deveria permitir:

> O estabelecimento de um governo popular, anti-imperialista e revolucionário. O poder político reconquistado passará às mãos de um governo genuíno do povo boliviano, constituído pelo setor de vanguarda das forças armadas, COB, universidades, profissionais e partidos políticos populares, para realizar a libertação nacional (...)
> Os assaltantes do poder, tipicamente fascistas, não tem mais finalidade que destruir as organizações sindicais, populares e políticas nacionalistas de esquerda (...). O oferecimento demagógico e falacioso de constitucionalizar o país, respeitar o movimento sindical, a autonomia universitária e implementar a paz social, não passa de uma máscara que colocam os fascistas em sua tentativa de enganar o povo (...).
> Para o povo se colocou uma alternativa política distinta, quando a oficialidade honesta e progressista, encabeçada pelo general Juan José Torres, levanta as bandeiras da luta nacional contra o fascismo.[12]

À declaração que sinalizava um governo comum da COB com Torres, seguiu-se outro documento que expressava a luta política em andamento no interior da COB para impedir a concretização da aliança. O segundo documento coloca condições

---

10 *Última Hora,* 06 de outubro de 1970, citado por J. STRENGERS, *op cit,* p. 85.

11 Depoimento de Juan Lechín, In: *"Orden, paz y trabajo".*

12 Declaración del Comando Politico de la Clase Trabajadora y del Pueblo, La Paz, 6 de outubro de 1970; Fedmineros:18, 2º sem. out. 1970.

72 Everaldo de Oliveira Andrade

através de um programa mínimo expresso como "Mandato das Forças Populares". A formulação da proposta do "parlamento operário-popular" surge aqui pela primeira vez como tentativa de evitar um compromisso de governo com Torres e de afirmação de independência do movimento operário e popular. A declaração exige:

Reconhecimento do Comando Político da Classe Trabalhadora, universidade, partidos políticos e do Povo na condição de Parlamento Operário Popular;

Expulsão do país dos grupos militares e civis fascistas, assim como das missões e agências imperialistas;

Anistia geral e irrestrita para todos os dirigentes sindicais, universitários e políticos anti-imperialistas...;

Imediata reposição salarial aos mineiros e melhoria do nível de vida de todos os setores profissionais;

Reestatização da mina Matilde...;

Revogação do decreto de indenização da Gulf Oil.;

Reposição do controle operário com direito de veto, ampliando-o a todas as empresas do setor público e estabelecimentos privados;

Manutenção das milícias operárias, para resguardar junto com as forças armadas, os interesses da nação;

Plenas garantias de liberdade sindical irrestrita;

Devolução das rádios operárias...;

Respeito à autonomia universitária e participação das universidades nos planos nacionais...;

Atenção preferencial à educação profissional com vistas à organização de uma Escola Única;

Aprofundamento da reforma agrária;

Desenvolvimento econômico e social em função da independência nacional, com intervenção das organizações do povo;

Controle fiscal das divisas estrangeiras e monopólio estatal do comércio exterior...;

Revolução mineiro-metalúrgica acelerando o estabelecimento de fundições e usinas de refinação de nossos minerais, da petroquímica e da siderurgia em mãos do Estado;

Política internacional independente e estabelecimento de relações com os Estados socialistas;

Moralização da função pública.[13]

---

13 Programa Minimo de Planteamientos (Mandato de las Fuerzas Populares), Fedmineros:17 , 1º sem. out. 1970, La Paz, 7 de outubro de 1970.

Bolívia: Democracia e Revolução   73

O documento que listava as reivindicações do movimento operário e popular era assinado pela COB, FSTMB, CUB (Central Universitária Boliviana), dezenas de sindicatos, além de partidos políticos: PRIN, PCB, POR-Masas, PCML, MNR, PDCR e grupo Espártaco.

A sinalização de Juan Lechín por um cogoverno com Torres provocou uma dura discussão no interior da COB. O POR-Masas, que atuara ativamente para viabilizar a subida de Torres, não consegue unificar suas posições nesta discussão e aparece dividido. Apesar do pequeno peso numérico, o partido desfrutava de autoridade política suficiente para sinalizar o rumo da discussão.

O dirigente trotskista Guillermo Lora e os universitários do POR-Masas, liderados por Victor Sossa e Jorge Lazarte, defendiam que a COB deveria permanecer neutra no conflito militar, pois qualquer compromisso maior comprometeria sua independência política. Em sua *Contribuición a la historia politica de Bolívia*, escreveu anos depois Guillermo Lora: "Claro que não se descartava a conclusão de acordos com os militares contrários ao gorilismo. Um desses acordos foi, por exemplo, a coordenação de esforços para derrotar o triunvirato fascista, sem que importasse uma identificação de objetivos". Para Lora era possível o acordo contra o golpe Miranda e o triunvirato, mas depois da ascensão de Torres, dever-se-ia preservar a independência do movimento operário. A permanência do governo Torres fortaleceria as posições nacionalistas que já estariam esgotadas depois da Revolução Boliviana de 1952. Assim, via como central a luta política contra o nacionalismo, representada naquele momento pelo governo Torres:

> Sua preocupação (de Torres) permanente, desde esse momento, até sua queda, foi o de fechar à classe operária o caminho para o poder. (…) Desde o início, Torres se moveu sob a dupla pressão da poderosa direita das Forças Armadas e a das massas, particularmente do proletariado (…). As piruetas, composições e malabarismos do popularesco general nada puderam frente à extrema debilidade dos setores burgueses e ao enorme desgaste político do nacionalismo.[14]

_____

14 LORA, Guillermo. *Contribuición a la historia política de Bolívia*, vol. 2, p. 465-467.

74   Everaldo de Oliveira Andrade

Por outro lado, Filemon Escobar, dirigente mineiro e também militante do por-Masas na época, centrava sua avaliação na necessidade de combater o fascismo representado pelos militares de direita e, por isso, propunha a greve geral como forma de participação ativa do movimento sindical no desenlace dos conflitos militares e um compromisso maior com Torres. O perigo nacionalista estaria em segundo plano. Para ele, Lora identificava mecanicamente o nacionalismo com a democracia e, com esta posição, abandonava a necessidade das massas defenderem suas conquistas.[15] A questão central para Escobar resumia-se à luta entre as forças em torno da cob e o fascismo em marcha. O governo Torres não possuiria base de sustentação e atuaria apenas como um árbitro na polarização de forças.[16] Fazendo um balanço posterior aos fatos, Filemon Escobar reafirmaria que o erro político principal deste momento residiu no fato do movimento operário não ter se apoiado em Torres, após a greve geral para desarmar e derrotar definitivamente o setor golpista no exército.[17]

O Comando Político da cob votou as duas posições que eram debatidas no interior do por-Masas e que se expressaram em resoluções diferentes: neutralidade ou luta contra o fascismo (greve geral). Por um voto, 20 x 21, ganhou a proposta de greve geral.[18] A ação ganhou rapidamente as ruas e mudou o rumo da situação política, que até então se resolvia no interior dos quartéis. Enfrentamentos armados de trabalhadores e golpistas ocorrem em Oruro com 17 pessoas mortas e mais de 70 feridos. Rádios e jornais começam a ser ocupados por estudantes e sindicalistas em diversas cidades do país.[19] O movimento tem imediata

---

15 ESCOBAR, Filemon. *Testimonio de un militante obrero,* p. 145.

16 Depoimento de Filemon Escobar, in: BARROS, Omar de. *op cit,* p. 105-106.

17 ESCOBAR, Filemon. *op cit,* p. 148.

18 *Ibidem,* p. 142-143.

19 Jeroen Strengers, seguindo as teses do dirigente mirista René Zavaleta, afirmou que estas jornadas revolucionárias foram espontâneas, "não havia um só partido hegemônico que dirigisse os trabalhadores em suas aspirações ao poder: havia vários partidos dependentes do nível de luta das massas. O movimento de esquerda em sua totalidade não era dirigente do movimento de massas, senão seu escravo" (STRENGERS, Jeroen. *op cit,* p. 98). Mas que laços invisíveis articularam reuniões, redigiram

Bolívia: Democracia e Revolução   75

repercussão internacional. O governo ditatorial brasileiro reage negativamente, enquanto no Peru o governo do general nacionalista Juan Velasco Alvarado[20] afirma que há um processo de maturação positiva na Bolívia. A imprensa dos Estados Unidos destaca que a ascensão de Torres revelava um quadro preocupante com a concentração de três regimes de esquerda no Cone Sul, representado por Chile, Peru e Bolívia.[21]

A formação do governo Torres

A greve geral, se por um lado fora decisiva para derrotar o golpe de Miranda, abria o caminho para um governo comum da COB com Torres. A declaração de Torres aceitando o programa mínimo apresentado pelo Mandato das Forças Populares e oferecendo 25% e depois 50% dos ministérios à central sindical, destruía qualquer obstáculo de sua parte para a aliança.

No dia 8 de outubro, o Comando Político da COB reuniu-se para debater a oferta proposta para integrar o governo. Os debates foram longos e acalorados. No centro da discussão estava a própria estratégia traçada pelo último congresso sindical, que propunha a formação de uma frente anti-imperialista baseada na ação independente do movimento operário. A COB atuaria como polo de um movimento político independente ou atuaria como suporte político de um governo militar de traços nacionalistas e democráticos? O dirigente do POR–Masas, Guillermo Lora, avaliando a correlação de forças favorável naquele momento a uma composição com Torres, busca semear armadilhas aos aliancistas. Ele rascunha durante a reunião uma proposta de resolução que diz que nenhum dirigente do Comando da COB poderia ser ministro.[22] A resolução é aprovada, muda o foco dos debates e as acaloradas e apaixonadas discussões sobre quem seria ministro

---

manifestos, prepararam atos e passeatas de massa? A tese do espontaneísmo será retomada em todo o transcurso de preparação e realização da Assembleia Popular como tentativa para desqualificar a capacidade de organização e ação do movimento operário e popular e seus partidos políticos.

20 Ver página 79.

21 SANDOVAL RODRIGUES, Isaac. *Culminación y ruptura del modelo nacional revolucionario*, p. 79

22 Entrevista com Juan Lechín.

76　Everaldo de Oliveira Andrade

perdem intensidade. O dirigente sindical dos motoristas, Domingo Arcenega, anuncia que renunciava a seu posto de dirigente sindical, evidentemente para manter-se candidato a ministro, e é em seguida convidado a abandonar a reunião.[23] Os debates continuavam.

A decisão final da COB era ambígua. Aceitava-se participar do governo mas sem comprometer seus principais dirigentes. Foram fornecidos nomes de dirigentes indicados por organizações populares e sindicais com mandato imperativo, que poderiam ser revogados a qualquer momento.[24] A solução encontrada – a resolução Lora – foi de compromisso e na prática inviabilizava a possibilidade de integração efetiva da COB ao governo. Os dirigentes indicados não possuíam autoridade suficiente para assumir os ministérios propostos. Torres fica furioso e retira sua proposta prevendo uma desmoralização do seu governo. É porém obrigado a alegar oficialmente que havia oposição interna entre os militares ao oferecimento de cargos à COB.

O posicionamento da COB em relação ao governo Torres estava em disputa. Embora o eixo político do seu último congresso propusesse claramente a ação independente, retomava-se a prática abandonada de cogoverno após o fracassado cogoverno com o MNR em 1952. De fato, a COB ficava a meio caminho entre o cogoverno e a independência com Torres, revelando a pluralidade de posições em seu interior. Abria-se espaço para um longo debate e disputas de orientação política entre diferentes posições políticas. Para alguns se tratava de entrar no governo e superar velhos preconceitos e dogmatismos da esquerda sindical, na medida em que Torres buscava criar um caminho entre a anarquia das massas e a ordem militar.[25] Para outros se tratava de superar velhos erros do passado em 1952 e lutar agora diretamente pelo poder político.

O governo Torres expressava um equilíbrio extremo de forças políticas antagônicas, acelerando um reaglutinamento político tanto à esquerda quanto à direita do espectro político boliviano. Assim, ao mesmo tempo em que os partidos de

---

23　Entrevista com René Higueras.

24　LORA, Guillermo. *Contribuición a la historia política de Bolivia*, vol. 2, p. 468-469. Entrevista com René Higueras.

25　DELGADILLO, Walter. *Fabriles en la historia nacional*, p. 61-63.

Bolívia: Democracia e Revolução 77

esquerda, sindicatos e o movimento popular em geral desenvolviam o Comando Político, os militares golpistas derrotados por Torres e os partidos de direita preparavam novas iniciativas. A vitória sobre o golpe de Miranda converteu a COB no eixo central da política nacional durante os meses seguintes. Sua força cresceu paralelamente à polarização crescente do país entre o movimento operário, reforçado pelo apoio dos setores populares e da pequena burguesia, com a oposição dos grupos empresariais amparados no aparato militar e na classe média alta.[26]

O novo governo se constituiu e deu seus primeiros passos em um terreno extremamente instável politicamente. Os militares estavam divididos, expressão das inconsistências de um projeto político coeso da corporação militar que dirigia o país em nome da pálida burguesia boliviana. O posicionamento oficial da COB em relação a Torres ganhava assim importância decisiva para a própria sobrevivência do novo governo. Certamente vivia-se uma situação excepcional de um governo militar desdobrando-se para conseguir apoio e participação do movimento operário. A aliança proposta por Torres – longe de abrir uma via de ruptura como alguns almejavam ver – se constituía em uma alternativa que os setores militares reformistas buscavam com o objetivo de barrar uma ação independente do movimento operário.[27]

---

26 LAZARTE, Jorge. *op cit*, p. 147.

27 Este momento foi particularmente polêmico para alguns autores que se debruçaram sobre a questão e combateram a independência do movimento operário. Zavaleta Mercado, do MIR, não aceitou a tese de que houve independência e descreveu a constituição do governo Torres em 7 de outubro de 1970 como uma aliança entre a classe operária e o nacionalismo militar, mesmo que formalmente assim não fosse vista. Assim, "o ascenso das massas ocorreu sob a permissão militar." Uma combinação excepcional que se potencializava em circunstâncias específicas de divisão do exército e mobilização de massas. Guillermo Bedregal, do MNR, tira as mesmas conclusões da crise de outubro: há uma polarização no interior das forças armadas, as inclinações progressistas de setores militares podem barrar a ação dos setores mais reacionários e criar brechas para a tomada popular do poder político, o dogma da unidade das forças armadas serve aos direitistas. Era preciso criar uma frente anti-imperialista com militares progressistas, uma unidade entre o movimento operário e os militares para que o povo armado realizasse seus objetivos (BEDREGAL, Guillermo. *Los militares en Bolivia: ensayo de interpretación sociológica*, 1971, p. 145-146). Para Filemon Escobar era possível e necessário um governo de transição, "uma espécie de democracia popular sobre o eixo proletário", aproveitando-se da fraqueza do governo Torres. A debilidade do

O general Torres tornava-se o principal expoente do reformismo militar boliviano. Militar de carreira, em sua juventude atuava no partido fascista Falange Socialista Boliviana. Durante o período da revolução de 1952 esteve fora do país como adido e retornou para ser ministro no governo Barrientos em 1964. Com seus discursos nacionalistas ganhou a simpatia de setores políticos de esquerda e no interior da corporação militar, o que o afastava dos setores alinhados mais diretamente a Washington. O historiador inglês James Dunkerley assim o descreveu:

> A força de Torres vinha de sua capacidade de ganhar o afeto pessoal por seu estilo de discurso simples, por seu sorriso sincero e pela consciência de sua extração humilde, tendo subido de nível depois de ter passado sua infância vendendo doces nas portas dos cinemas de Cochabamba.[28]

Sem carisma popular, após a inviabilização do cogoverno com a COB, Torres dá posse a seu ministério no dia 9 de outubro, o que evidentemente fragilizou seu governo desde o princípio, em particular na luta com os setores mais reacionários da própria corporação militar. Além disso, o governo não contava com um apoio político organizado entre os setores civis. Assim, no seu discurso de posse, Torres busca, ao lado do esforço para preservar as forças armadas como instituição, reafirmar a proposta de um pacto com os trabalhadores do país:

> Propiciaremos a aliança das Forças Armadas com o povo boliviano, construiremos a nacionalidade sobre quatro pilares: os trabalhadores, os universitários, os camponeses e os militares. (...) Imporemos um governo Nacionalista Revolucionário, um governo que não seja entreguista, um governo que defenda os recursos naturais. (...) Temos um pacto de honra subscrito com a COB e a Universidade para constituir um governo verdadeiramente boliviano e popular.[29]

Comando Político da COB e do Povo teria sido ignorar o perigo fascista, o que facilitou as manobras para inviabilizar um governo comum com Torres. A COB teria, segundo Escobar, se afastado dos setores da pequena burguesia na luta antifascista (ESCOBAR, Filemon. *op cit*, p. 155).

28 DUNKERLEY, James. *op cit*, p. 156.

29 Juramento ante el pueblo boliviano, La Paz, 7 de outubro de 1970, In: TORRES, Gral. Juan José. *En defensa de mi nación oprimida*, p. 67-69. Também SANDOVAL RODRIGUES, Isaac. *Culminación y ruptura del modelo nacional revolucionario*, p. 77

Neste mesmo discurso Torres fornece também as linhas gerais de sua estratégia econômica centrada na defesa da estatização dos ramos principais da economia: "Os setores estratégicos da economia, como a metalúrgica física e a de fabricação, a petroquímica e a química básica, serão realizações do Estado."[30] Os objetivos gerais do governo previam:

1-criar um pensamento próprio que rompesse a dicotomia entre o sociológico da revolução e o tecnocrata da contrarrevolução

2-romper com o desemprego, através de novas atividades criativas

3-mudar radicalmente a engrenagem antinacional

4-impulsionar atividades produtivas

5-planificação para terminar com a tecnocracia insensível

6-mostrar que a revolução boliviana seria capaz de construir uma nova sociedade

Torres era um rebento tardio do desenvolvimentismo nacionalista. É a partir destas diretrizes que se elabora posteriormente um "Plano Global", que incluía um projeto de desenvolvimento mineiro industrial e agrário. A virada da situação política e econômica internacional – como já abordamos – dava-se no período 1968-1970, anos de grandes transformações estratégicas dos centros econômicos e financeiros capitalistas.

Porém, Torres se opõe ao liberalismo e apoia uma política econômica nacionalista:

> Não podemos compreender a soberania ou o território como o entendiam os cavaleiros medievais da Idade Média ou como assimilaram os nobres senhores do Renascimento. Defesa da nação é também defesa da soberania econômica, ou seja, o direito à livre a irrestrita disposição de nossos recursos naturais. (...) Reestruturemos uma democracia justa e operativa, que afaste toda forma de opressão e servilismo, integrando o povo no exercício do poder público. Abracemos a bandeira da diversificação industrial (...).[31]

---

30 *El Diario*, 10 de outubro de 1971.

31 "Soy esencialmente un soldado", 18 de abril de 1971, In: TORRES, J. J. *op cit*, p. 94-99.

80   Everaldo de Oliveira Andrade

O conteúdo do mandato das forças armadas propunha um modelo de desenvolvimento econômico que combinasse 3 bases: a estatal, a proteção da indústria nacional e a estrangeira quando contribuísse para o desenvolvimento nacional. Segundo a concepção de Torres, nos países semicoloniais só o exército possuiria organicidade para defender o país da exploração imperialista.[32]

O governo trabalhava nessa perspectiva para viabilizar um plano global de industrialização diretamente conduzido pelo Estado que permitisse industrializar no país os metais extraídos. Entre as iniciativas de Torres sob esta orientação destacava-se a nacionalização da mina Matilde e a ampliação do complexo estanífero de Vinto, visando criar um complexo industrial e projetos para criar siderúrgicas de antimônio e estanho. Assim, na região andina cercada pelas minas previa-se a construção de metalúrgicas, e nas regiões do Oriente do país com jazidas de petróleo e gás previa-se a construção de petroquímicas.[33] Todas estas iniciativas buscavam respaldo nas políticas da CEPAL e na busca de integração dos mercados através do Pacto Andino. Como reconheceu posteriormente um dos ministros de Torres, ao se propor uma política econômica independente da órbita estadunidense, o governo entrava em choque com os interesses internos presentes dos empresários já subordinados a esses capitais. A política externa independente em relação aos Estados Unidos abriu acordos comerciais com diversos países do leste europeu como Polônia, Bulgária, Checoslováquia em áreas de cooperação técnica e financiamentos para empreendimentos industriais.[34]

O projeto econômico e político de Torres já era anacrônico para os novos interesses hegemônicos dos Estados Unidos na América Latina e sofre desde o início severa oposição. Ao mesmo tempo o aproxima dos esforços econômicos e ações de Allende no Chile e Velasco Alvarado no Peru. A subida dos socialistas ao poder no Chile em 1970, depois do "cordobazo" de 1969[35] na Argentina e das

---

32 LAVAUD, Pierre. *op cit*, p. 134.

33 SANDOVAL RODRIGUES, Isaac. *Culminación y ruptura del modelo nacional revolucionario*, p. 114-128. Fornece detalhes dos planos de industrialização do governo Torres.

34 *Ibidem*, p. 130-133.

35 Na Argentina ocorre, em maio de 1969, um levante operário popular conhecido como "cordobazo". A partir das reivindicações dos operários da região industrial de Córdoba, questionou-se diretamente a

Bolívia: Democracia e Revolução   81

medidas nacionalistas e concessões democráticas de regimes militares no Peru e Bolívia, refletiam as dificuldades e impasses para se estabilizar um projeto pontual de soberania nacional contra a hegemonia dos Estados Unidos nos regimes da região. A possibilidade de um governo socialista saído da radicalização das forças populares em torno de Torres era vista como um perigoso impulso à radicalização dos regimes do Chile e Peru e fonte de desestabilização para as ditaduras policial-militares do Cone Sul.

Esse projeto de Torres exigia, por outro lado e principalmente, mobilização popular de massas para se viabilizar. Ele tinha consciência de que esta mobilização poderia avançar para a ruptura revolucionária que não desejava, e não dispunha, por outro lado, de controle ou base organizada no movimento social para conter esta possibilidade com tranquilidade.

Torres criou uma Secretaria Política buscando superar esta excessiva dependência política das organizações sindicais e criar uma base política civil de massas. Sob a responsabilidade de Hugo Torres Goitia foi iniciada a organização da APR,[36] projeto que não teve posteriormente condições de prosperar. De fato, Torres depositava suas maiores esperanças na instituição militar, chegando a esboçar uma teoria para o papel político particular dos militares.

Sua liderança era reconhecida entre os militares nos setores jovens dos oficiais, com baixa patente e posições de controle ou em comando de pouca influência.[37] Isso se devia muito provavelmente à sua defesa de uma aguçada politização das forças armadas como vanguardas substitutas dos partidos revolucionários de esquerda. Este aspecto do pensamento do general Torres revelava sua leitura muito particular da situação:

> Os militares, pela abertura produzida no campo civil, vêm intervindo com maior solvência na política dos diferentes países ao extremo de que importantes escritores marxistas admitiram que naqueles povos em que a classe trabalhadora não está solidamente constituída no motor da revolução, poderá ocorrer uma substi-

---

ditadura de Onganía, servindo para o impulso de uma ampla renovação das direções do movimento operário e a abertura de um período de desestabilização do poder político do país.

36 SANDOVAL RODRIGUES, Isaac. *Op. cit.* p. 138-139.

37 CORBETT, Charles. *op cit*, p. 61.

82   Everaldo de Oliveira Andrade

tuição temporária por forças armadas revolucionárias no papel de vanguarda do processo de libertação.[38]

No juramento de Juan José Torres no início de seu governo em outubro de 1970, reafirmava-se este papel em que as forças armadas são vistas como um dos pilares de um governo nacionalista-revolucionário:

(...) O povo se impôs sobre seus verdugos. E se impôs sobre seus verdugos ao lado de seus aliados naturais, as Forças Armadas da nação. Para que nunca mais ocorra uma traição, para que nunca mais a felonia se encarne em nenhuma instituição da pátria, propiciaremos a aliança das Forças Armadas com o povo boliviano, construiremos a nacionalidade sobre quatro pilares: os trabalhadores, os universitários, os camponeses e os militares. (...) Não dividiremos o povo de seu braço armado. Imporemos um Governo Nacionalista Revolucionário, um governo que não seja entreguista, um governo que defenda os recursos naturais. (...)[39]

Tanto os governos de Torres quanto Ovando poderiam ser caracterizados num primeiro momento como governos com perspectivas bonapartistas? A oscilação política destes regimes descreve uma trajetória comum entre, de um lado, uma política nacionalista baseada na busca de apoio político de massas e em organizações sindicais, mas de outro, em ações pró-Estados Unidos baseadas na pressão conservadora ligada aos interesses do grande capital internacional. Ovando nacionaliza empresas como a Gulf Oil, mas também organiza o massacre dos guerrilheiros de Teoponte. Torres percebe que é necessário conviver com o poder operário que surge com o Comando Político da COB e do Povo, depois Assembleia Popular, mas recusa-se a desbaratar os núcleos golpistas nas forças armadas. Apesar das forças políticas favoráveis a uma composição, Torres não logra estabelecer um contrato de poder ou pacto estável com a esquerda nem assegurar bases de massa que lhe

---

38 Citado por SANDOVAL RODRIGUES, Isaac. *Op. cit.*, p. 70.

39 JOSÉ TORRES, Juan. *op cit*, p. 67-68.

Bolívia: Democracia e Revolução   83

permitam viabilizar uma estabilidade acima das classes. Sua sustentação principal continuava sendo, apesar de tudo, o exército dividido.[40]

O governo dos militares nacionalistas peruanos na época possuía uma incidência sobre certos setores militares bolivianos. O general Velasco Alvarado chegou ao poder no Peru a partir de um golpe em 3 de outubro de 1968, instituindo-se o Governo Revolucionário das Forças Armadas e suas primeiras medidas possuíam um claro direcionamento antioligárquico, reformista e nacionalista. Segundo Alvarado, o Peru precisava corrigir sua situação de dependência externa fortalecendo a capacidade industrial do Estado. A exploração de petróleo foi nacionalizada e em junho de 1969 decretou-se uma reforma agrária. O governo peruano procurou ter uma política externa independente da esfera dos Estados Unidos.[41] Esta perspectiva nacionalista, que oferecia uma modernização capitalista aliada ao controle militar da sociedade, fornecia um exemplo coerente ao grupo de militares bolivianos que não desejavam uma ruptura completa como a experiência nacionalista da revolução de 1952.

Jorge Echazú Alvarado, no entanto, contestou corretamente a tese de que existiria uma ala progressista, nacionalista e democrática nos exércitos latino-americanos – e em particular no boliviano – como o "torrismo". Para o autor os militares "converteram-se em classe hegemônica substitutiva já que (…) nenhum agrupamento burguês tem a suficiente força para constituir-se em autêntica clas-

---

40 Florestan Fernandes analisou com precisão as características gerais dos regimes militares deste período e fornece subsídios para uma abordagem dos regimes militares de Ovando e Torres: "A impregnação tecnocrático-militar do Estado e o funcionamento do governo militarizado são altamente similares em todos os quatro casos (Brasil, Argentina, Bolívia e Peru). O que varia são as funções históricas dos Estados e as identificações políticas do governo militarizado – pois em um plano se configura, em toda a plenitude, a ditadura militar polarizada através da reação e da contrarevolução burguesas; e, no outro, a ditadura militar pretende configurar-se como uma espécie de bonapartismo acima das classes, polarizando-se através de um nacionalismo revolucionário oscilante (embora, concretamente, tenha tentado medidas exclusivas de 'revolução dentro da ordem', e de 'revolução contra a ordem'). FERNANDES, Florestan. *Circuito fechado*, p. 100.

41 COTLER, Julio. *op cit*, p. 207-232 . Ver do mesmo autor Peru: classes, Estado e Nação, Funag: Brasília, 2006

se hegemônica do bloco dominante."[42] As medidas nacionalistas de Ovando por exemplo se explicariam pela demagogia – que buscava mascarar o golpe com uma linguagem progressista – e pelas contradições no seio da classe dominante. Assim "não existem dois militarismos: um reacionário e outro progressista, senão, propriamente dois aspectos de um mesmo fenômeno.[43] Para basear a tese, afirma o autor que Ovando fez parte do mesmo governo que com Barrientos mandou executar Che Guevara e, depois, foi Ovando quem reprimiu a guerrilha de Teoponte em 1970, "quando todos os militares tiveram a mesma reação."[44] Torres igualmente estava comprometido e elogiara estas ações publicamente. A única forma de abordar as contradições no interior das forças armadas seria, segundo Echazú Alvarado, sob o critério das contradições de classe.[45]

De fato, as propostas de caráter nacionalista e aberturas democráticas dos governos militares correspondem a momentos de rearticulação e ofensiva política do movimento operário e popular. Se Barrientos estava totalmente disposto para a colaboração com os Estados Unidos e à ampla abertura econômica aos capitais estrangeiros, Ovando e Torres realizam tentativas de diversificação das relações econômicas com outros países fora da esfera de dominação estadunidense sem, no entanto, abrirem mão da hegemonia militar no comando do estado. É neste sentido somente que se evidenciam diferenças entre as duas alas do exército, quanto à política exterior como em relação às liberdades democráticas. De fato, correspondem a oscilações de um mesmo regime que responde à capacidade ofensiva de ação política dos movimentos sociais dirigidos pelos núcleos operários.

---

42 ECHAZÚ ALVARADO, Jorge. *El militarismo boliviano*, p. 343.

43 *Ibidem*, p. 311-319.

44 *Ibidem*, p. 311-319.

45 *Ibidem*, p. 335-338.

3. A proclamação da Assembleia Popular

As JORNADAS DE OUTUBRO prorrogaram, sem qualquer decisão, a polarização política crescente da sociedade nacional. No dia 8 de janeiro de 1971 surgem indícios e alertas na imprensa: "Santa Cruz pode se tornar um campo de batalha capaz de afetar todo o país, com objetivos separatistas como o comitê de defesa dos povos orientais."[1] Era um novo golpe em pleno andamento e com o qual Torres buscará contemporizar. No dia 11 de janeiro o setor que se agrupara anteriormente em torno do general Miranda, agora sob a liderança do coronel Hugo Banzer, retomou a iniciativa e, com grande liberdade de ação, desfechou um novo ataque que visava antes de tudo anular a ação do movimento operário e popular.

O golpe provocou uma vigorosa resposta das massas populares e suas organizações, que contrastou com a ambígua paralisia de Torres. Dezenas e dezenas de caminhões com mineiros armados de dinamites e fuzis se deslocaram dos centros de mineiração para a capital do país. Colunas de mineiros desfilaram por La Paz armadas. A grande passeata composta de milhares de trabalhadores se dirigiu para uma concentração em frente ao Palácio presidencial aos gritos de "Socialismo, socialismo". Estudantes e trabalhadores com faixas pediam "armas para o povo", "mina Matilde para o Estado", "Pa-

---

1 *El Diario*, 08 de janeiro de 1971.

86   Everaldo de Oliveira Andrade

redão para os inimigos do povo", "Morra o imperialismo norte-americano": "Socialismo", "Os operários no poder", "Morte aos fascistas."[2] A polarização e radicalização política cresciam. Comunicados de partidos e entidades também pediam armas para o povo enfrentar os golpistas. Do comitê central da Universidade Maior de San Andrés denunciava-se que um militar brasileiro estaria envolvido no golpe de Banzer.[3] Denúncias deste teor se sucederão nos meses seguintes. Uma declaração da COD (Central Obrera Departamental) de La Paz era emblemática:

> Estamos dispostos a empunhar as armas para derrotar de uma vez por todas o gorilismo imperialista, a reação interna e a burguesia exploradora, para constituir uma vez por todas um governo da classe trabalhadora em um sistema socialista.[4]

Torres procurava, de um lado, apaziguar os setores militares golpistas e, de outro, estabelecer limites às iniciativas e mobilizações do movimento sindical e partidos de esquerda que ele, como declarou, desqualificava:

> A revolução deve manter-se vigilante, enérgica, decidida, mas deve ser generosa, paciente, criadora e responsável. Não retrocederemos, mas tampouco nos permitirá a alienação do processo revolucionário pela esquerda infantil ou sua derrota nas mãos da direita inoperante e entreguista.(...)[5]

Embora a rápida mobilização dos mineiros e a greve geral decretada pelo Comando Político tivessem derrotado o golpe, Torres seguiu tentando cumprir sua função de árbitro político. Discursa e dialoga na praça Murillo frente à grande manifestação de mineiros e outros setores mobilizados do dia 11, recebe o aplauso de milhares de mineiros que levantam palavras de ordem como "Matilde" e "armas a los obreros". Promete que "erradicará de uma vez por todas o fascismo das forças armadas" e pede

---

2   *El Diario*, 12 de janeiro de 1971, *La Jornada*, 11 de janeiro de 1971.

3   *El Diario*, 11 de janeiro de 1971.

4   *La Jornada*, 11 de janeiro de 1971.

5   TORRES, J. J. *op cit*, p. 87.

Bolívia: Democracia e Revolução   87

aos trabalhadores que retornem aos centros de produção.[6] A massa mobilizada era um perigo muito evidente para seu governo. Ao mesmo tempo não condena severamente os golpistas, permitindo que continuem articulados e em ação.

No mesmo dia 11 de janeiro ocorre uma reunião de emergência do Comando Político da COB. A resposta política às tentativas de golpe, à paralisia do governo e às manifestações de massa é ousada: propõe-se a constituição de uma Assembleia Popular como órgão de poder dos trabalhadores. O comunicado saído desta reunião critica Torres porque este "conduz o governo com critério vacilante e contemplativo frente à reação gorila-civil", que seria o motivo para que esses grupos buscassem "um regime de violência armada contra o povo". O documento exige "o reconhecimento oficial da primeira Assembleia Popular dos trabalhadores e do povo constituída por decisão própria e soberana no dia de hoje. Devendo esta Assembleia contar com a faculdade de iniciativa e fiscalização dos atos do governo". O documento pede "armas aos trabalhadores" e o cumprimento do programa do Comando Político por Torres.[7]

Torres busca reagir às pressões. No dia 12 de janeiro ocorre uma pequena depuração no exército com a baixa de dezesseis oficiais, entre os quais o coronel Hugo Banzer.[8] Outras 150 pessoas são presas incluindo o cel. Edmundo Valencia em Cochabamba.[9] O general brasileiro Hugo Bethlem é expulso do país nesta ocasião sob acusação de conspirar com os golpistas.

A ação golpista revelava que sua articulação – o núcleo da contrarrevolução – possuía fortes tentáculos regionalistas concentrados em Santa Cruz. Medidas como a nacionalização da Gulf Oil por Ovando e depois, em dezembro de 1970, a criação da Empresa Nacional de Açúcar por Torres e que preparava a nacionalização da indústria açucareira,[10] desencadeiam mobilizações furiosas da bur-

---

6   *La Jornada*, 12 de janeiro de 1971.

7   Comunicado del Comando Político de los Trabajadores y del Pueblo, in: *La Jornada*, 11 de janeiro de 1971 . O documento é revelador, por outro lado, das posições contraditórias presentes no debate que se iniciava sobre o caráter que deveria ter a Assembleia, assim proclama a decisão soberana mas pede "reconhecimento oficial" ao governo.

8   *El Diario*, 12 de janeiro de 1971.

9   *La Jornada*, 11 de janeiro de 1971.

10   LAVAUD.Pierre, *op. cit.*, p. 296.

88   Everaldo de Oliveira Andrade

guesia de Santa Cruz. Torres ainda coloca em pauta a proposta de criação de um sistema bancário unificado e uma empresa que controle todo o comércio exterior. Estas medidas empurram a oligarquia regional a abraçar entusiasticamente o golpe como saída para evitar seu colapso econômico e uma ameaça concreta à própria sobrevivência de suas regalias. Não retratava, portanto, apenas um movimento militar. É assim que Banzer articula golpes a partir de Santa Cruz com o apoio político e financeiro do empresariado local, aos quais depois se agregam o MNR de Victor Paz e a FSB.[11] Esse vínculo político do exército com grupos políticos civis é uma herança do período dos governos do MNR de 1952 a 1964,[12] mas principalmente dos laços econômicos que os unem.[13] O Comitê Cívico de Santa Cruz, como outros no país, surgiu no período entre 1967 e 1971, e nesta região agrupa a elite empresarial ligada ao setor agroexportador e aos ganhos da indústria petrolífera.[14] Esta elite, uma burguesia que expande negócios particulares com amplo financiamento de recursos públicos, consolida-se como um setor social parasitário do Estado.[15] As ameaças de maior controle e dirigismo estatal via uma política nacionalista são suficientes para mobilizá-los em torno de Banzer

---

11   *Ibidem*, p. 297-298.

12   *Ibidem*, p. 122.

13   Estudando a dinâmica dos golpes militares na Bolívia, Jean-Pierre Lavaud chegou a destacar algumas variáveis que em geral dirigem os golpes. Os líderes na sua maior parte são oficiais destacados, ligados às unidades mais numerosas. O êxito do golpe sempre depende do controle de La Paz, onde se travam as batalhas decisivas, onde se localizam as unidades militares mais preparadas e treinadas e que, portanto, tem um peso decisivo. A dinâmica inclui uma cuidadosa preparação da opinião pública através de propaganda, atentados e atos de provocação para justificar depois a popularidade dos golpistas como aqueles que visam restabelecer a ordem. Outra característica é a dissimulação das intenções ou uma "estética da traição", como preferiu nomear Jean-Pierre Lavaud, que sempre buscaria preservar a unidade da corporação do espectro de 1952. LAVAUD, Pierre. *op cit*, p. 126-127.

14   *Ibidem*, p. 272-274.

15   *Ibidem*, p. 282-283,. O autor fornece detalhes sobre os financiamentos e os escassos retornos em termos de produtividade e dívidas não pagas ao Estado. Como assinala Lavaud: "O domínio do país por uma neo-oligarquia predadora e especulativa, de duvidosa ética, impede que esta se constitua em uma verdadeira classe dirigente", p. 349.

contra Torres. Este detém o poder de governo mas não desarticula os núcleos golpistas dentro do exército, que seguem agindo por uma dinâmica própria.

O novo golpe aprofundava o movimento de outubro no sentido de uma maior radicalização política a esquerda. O Comando Político da COB e do Povo foi levado a propor a Assembleia Popular e, de fato, o problema do poder.[16] O ritmo e o grau de mobilização do movimento operário e popular crescia como contraponto frente às provocações direitistas. O golpe de outubro de 1970 fora respondido, do ponto de vista do movimento operário, com a constituição do Comando Político da COB e do Povo. Agora, frente à nova investida das frações reacionárias do exército comandadas por Hugo Banzer, respondia com um novo passo – a Assembleia Popular – que propunha uma mudança qualitativa na relação das forças políticas e sociais do país.

A proposta da Assembleia Popular era uma tentativa de se romper com a tradicional saída boliviana dos "cogovernos", na verdade, pactos do movimento sindical com frações nacionalistas da burguesia que ocorriam desde os anos da década de 1940 e que fechavam as portas para a classe operária possivelmente liderar movimentos anti-imperialistas no país. Por outro lado, esta proposta de cogoverno nunca deixará de ser colocada como alternativa por setores do próprio movimento, inclusive posteriormente sob a fórmula cogoverno Torres-Assembleia Popular.

Durante as intensas discussões preparatórias no Comando Político da COB, o POR-Masas propõe chamar o novo organismo de Parlamento Operário. O PCB alega que este nome poderia alarmar os setores políticos mais moderados e sugere o nome de Assembleia Popular. Para o PCB qualquer alusão que se aproximasse ou aludisse a soviete serviria muito mais como contrapropaganda para a direita.[17] Esta posição termina por prevalecer.

No dia 13 de janeiro realiza-se uma nova reunião na sede da COB que constitui uma Comissão Preparatória à Assembleia Popular, composta pelas confederações nacionais, federações de departamentos, entidades profissionais e universitárias e os partidos presentes: MNR, PRIN, PDC, PCB, POR-M, PCML e o grupo

---

16 LAZARTE, Jorge. *op cit*, p. 147.

17 Entrevista com Marcos Domich.

90   Everaldo de Oliveira Andrade

Espártaco.[18] A FSTMB elege Victor Lopez como seu representante na comissão e propõe que a representação dos trabalhadores alcance 60% da Assembleia.[19] A proposta da Assembleia Popular ganha rapidamente destaque nos debates políticos do país. Multiplicam-se opiniões, especulações e alertas em reuniões e artigos nos jornais.[20] No dia 22 de janeiro o líder mineiro Filemon Escobar ataca publicamente o MNR e o PRIN, afirmando que estariam boicotando a constituição da Assembleia Popular depois de não ter ocorrido a primeira reunião preparatória.[21] O PRIN é obrigado num comunicado público a reafirmar sua participação no comando da COB.[22] O comitê político da COB, por outro lado, suspende a participação do PDCR (Partido Democrata Cristão Revolucionário) e da Falange Socialista Boliviana de esquerda, enquanto estes não explicassem seus apoios ao golpe do general Miranda em outubro de 1970.[23]

O projeto "Bases para la Constituición de la Asamblea Popula"[24] constitui-se no primeiro documento, ainda preliminar, discutido no Comando para a organização prática da Assembleia Popular. Estabelece um programa político que deveria nortear a eleição das representações e ainda um quadro das prováveis delegações dos sindicatos e partidos que poderiam participar. O texto definitivo foi posteriormente discutido e aprovado nos trabalhos da Assembleia Popular em junho de 1971. A As-

---

18 El Diario, 14 de janeiro de 1971.

19 Fedmineros, 31-32.

20 Ver entre outros artigo de Guido Capra Jemio, El Diario, 9 de fevereiro de 1971.

21 El Diario, 22 de janeiro de 1971. Entrevista com o dirigente do PDCR, Jorge Rios, no jornal El Diario.

22 El Diario, 23 de janeiro de 1971.

23 SANDOVAL RODRIGUES, Isaac. op cit, p. 155. A proposta da Assembleia Popular não era consenso nas forças políticas de esquerda. À parte ainda da preparação da Assembleia Popular, os maoístas do PCML desenvolviam outra orientação política e se opõem inicialmente à proposta. No dia 9 de fevereiro de 1971, por exemplo, guerrilheiros maoístas são capturados ao norte de Potosí, entre eles o conhecido comandante Rolando (Oscar Zamora). A posição dos maoístas irá mudar meses depois, frente ao avanço da Assembleia Popular, de suas dissidências internas e dos próprios fracassos das ações armadas do partido. Jornal El Diario, 9 de fevereiro de 1971.

24 Bases constitutivas de la Asamblea Popular, Fevereiro de 1971, in: LORA, Guillermo (organizador), Documentos políticos de Bolívia.

Bolívia: Democracia e Revolução   91

sembleia Popular, criticada por seus adversários por sua pouca duração e suposto artificialismo, era desde o princípio um projeto consistente.

O documento inicial representa uma tentativa consciente de impulsionar a auto-organização e a constituição de um poder operário e popular a partir das mobilizações antigolpistas. A estrutura que se projeta é de um organismo híbrido, com representações políticas e sindicais: delegações nacionais de sindicatos, partidos, federações, entidades estudantis, camponesas, assembleias regionais e comitês revolucionários de base. O organismo sindical da COB deveria incorporar-se como estrutura para a constituição do parlamento operário. No entanto, a Assembleia Popular seria uma instituição superior, autônoma e com funcionamento próprio em relação às organizações sindicais, políticas e populares. A proposta era tributária direta da tradição de democracia operária e do movimento dos conselhos, presentes difusamente na memória e tradição de alguns partidos de esquerda e que o POR-Masas desenvolvia como orientação central. Buscava-se entrelaçar no seu desenvolvimento às tradições locais de democracia direta das organizações operárias e camponesas com aquelas dos movimentos revolucionários internacionais. A memória histórica da experiência de 1952 é retomada:

> O funcionamento da COB como Assembleia Popular depois de 9 de abril (de 1952), nos fatos se erigiu em um poder real e não legal. Obrigou o governo a ditar medidas reclamadas pelas massas populares. O poder da classe operária e das organizações profissionais e políticas representaram neste breve período a força concentrada do proletariado, cuja primazia sobre os demais setores se manifestou na ação executiva própria, sem condicionar-se ao governo da nação. Portanto, a Assembleia Popular deve expressar, no fundamental, os interesses do povo dirigido pela classe operária.[25]

O Comando Político estabeleceu um rígido critério de eleição das delegações, que incorporava a proposta dos mineiros de que 60% dos delegados seriam operários. As delegações deveriam ser eleitas majoritariamente em assembleias gerais. Foram estabelecidos três critérios para a adesão de novos partidos aos já incorporados: organização nacional, identificação com a linha política da Assembleia – a tese política da COB de abril de 1970 – e aprovação de dois terços dos

---

25 *Ibidem.*

delegados da Assembleia Popular. A questão da participação ou não dos partidos foi tratada também com rígidos critérios e, por exemplo, uma reunião específica do Comando Político foi realizada para tratar exclusivamente da adesão do MNR e sua posição em relação a tese política da COB.[26]

O PROJETO DE ESTATUTOS DA ASSEMBLEIA POPULAR

Os Estatutos da Assembleia Popular foram longamente discutidos nos meses que antecederam sua inauguração formal no maio de 1971. Tratava-se do projeto proposto por uma comissão do Comando Político para ser submetido à Assembleia Popular constituída.[27]

O projeto apresentado por esta comissão continha oito capítulos: organização e sede da Assembleia Popular, fins, reunião ordinária, ampliado da Assembleia, da direção, as comissões, atribuições da direção e admissão de novas organizações.[28] Em relação aos delegados estabelecia-se que deviam ser independentes economicamente, sustentados por suas organizações e passíveis de revogação do mandato. Estabelecem-se formas de eleição dos delegados, mas limita-se previamente seu número por organizações. Cada organização, sindicatos e partidos, tem autonomia para escolher seus representantes. Na forma de eleição dos delegados estabeleciam-se dois critérios: uma parte dos escolhidos pela direção da entidade e o restante entre assembleias gerais proporcionalmente ao número de filiados.

A discussão da proposta provocou uma importante modificação sobre o caráter político da Assembleia Popular. O texto original a caracterizava como uma "frente revolucionária e anti-imperialista dirigida pela classe operária que se agrupara na COB". O que de fato apenas reproduzia as resoluções dos congressos mineiros e da COB do ano anterior. A situação, no entanto, modificara-se e a proposta de Assembleia Popular ocupava agora um lugar político muito maior, frente à instabilidade e fragilidades do governo Torres. Houve, nesta medida, modificações em relação a esta questão buscando justificar e amplificar a sua abrangência política e social para além dos setores organizados: "(...) a Assem-

---

26 *Ultima Hora*, 5 de abril de 1971.

27 *Ultima Hora*, 19 de abril de 1971.

28 Estatutos de la Asamblea Popular, in: jornal *Ultima Hora*, 20 de abril de 1971.

Bolívia: Democracia e Revolução   93

bleia Popular será a voz do povo, expressão revolucionária a serviço de todo o povo, que confia e que merece um destino melhor."[29] Havia a intenção de sinalizar a perspectiva de permanência institucional e ampliação da soberania política muito mais que da singular existência de um organismo político provisório. Assim, outra proposta significativa que sofreu modificações foi em relação ao período de duração da Assembleia de dois meses para um ano.[30]

O PROCESSO DE ORGANIZAÇÃO DA ASSEMBLEIA POPULAR

A constituição da Assembleia, apesar do momento de abertura política favorável para a ação das organizações sindicais e populares, dependia de um árduo trabalho dos organizadores. Desde 1964 os sindicatos, organizações estudantis e camponesas, partidos políticos e entidades democráticas foram sistematicamente desmantelados e seus membros perseguidos. O esforço para viabilizar a Assembleia Popular com representação nacional era, por si só, uma retomada do movimento social em seu conjunto, agora na perspectiva de construir um novo poder.

Obstáculos de ordem política como divergências entre os organizadores, até dificuldades financeiras e organizativas de última hora, tiveram que ser superados nos meses que antecediam o 1º de maio de 1971, data prevista para sua inauguração. Poucas semanas antes da abertura dos trabalhos, apenas 30% dos delegados previstos estavam eleitos. Juan Lechín chegou a afirmar que existia um descuido de alguns setores da COB com a preparação da Assembleia Popular.[31] Esta situação se dava ao lado de crescentes mobilizações sociais que necessitavam de um polo político, a própria Assembleia, para se aglutinarem.

O período entre o golpe de janeiro e o 1º de maio foi marcado por uma crescente mobilização, com ocupações de rádios, jornais e mesmo de órgãos da polícia por setores ligados ao movimento sindical e estudantil. Constituíam-se

---

29 Fedmineros: 44, maio 1971.

30 *Ultima Hora* ,23 de abril de 1971.

31 *El Diario*, 20 de fevereiro de 1971.

94   Everaldo de Oliveira Andrade

em ações diretas que desmoralizavam o governo e fortaleciam a confiança dos militantes políticos. Em fevereiro grupos de mineiros e estudantes tomaram os escritórios policiais do DIC (Departamento de Información Criminal) em Oruro, Potosí e Sucre. Em Oruro as instalações da Fundação Patiño, ligada ao grande grupo mineiro, foram tomadas por estudantes, sendo fundado um Centro de Cultura Popular no local. Em Cochabamba e Santa Cruz, propriedades da família de Barrientos também foram ocupadas.[32]

Os setores de direita também não deixaram de agir. Entre os dias 2 e 4 de março, uma nova tentativa golpista inicia-se em Santa Cruz, ainda pouco articulada, a partir de iniciativa da FSB e da Federação de Camponeses dirigida por setores ligados anteriormente ao gal. Barrientos. Os camponeses exibiram armamento moderno e em grande quantidade. Mas o movimento golpista foi rapidamente debelado. A COB ficou em estado de alerta e preparou-se para decretar uma greve geral. Dirigentes universitários da CUB também fizeram denúncias de que os regimentos Rangers, sob instrução da CIA, teriam estado diretamente envolvidos na preparação do golpe e em casos de tortura de membros dos movimentos sociais locais.[33]

As pressões sobre Torres vinham de todos os lados. O jornal *La Jornada* denunciava, após as novas tentativas golpistas em Santa Cruz, a incapacidade e inércia do governo Torres em desarticular estes setores no exército, que assim continuavam de mãos livres para agir. A publicação chamava as forças populares à iniciativa: "Por isso a mais urgente tarefa do momento é que a Assembleia Popular estabeleça antes de tudo sua própria política frente ao iminente assalto fascista."[34] Era também noticiado no jornal *Los Tiempos* de Cochabamba um manifesto de uma organização chamada "Forças Armadas leais à Pátria e à Constituição", alertando que estava organizada clandestinamente para "dar fim aos inocentes úteis que se constituem em cavalo de Troia da conspiração vermelha."[35]

O jornal *La Jornada* retomava a carga contra Torres, acusando-o de abrigar golpistas: "o governo se vê impotente para deter definitivamente o avanço fas-

---

32   DUNKERLEY, James. *op cit*, p. 161-162.

33   *La Jornada*, 3 de março de 1971.

34   *La Jornada*, 11 de março de 1971.

35   *La Jornada*, 10 de março de 1971.

Bolívia: Democracia e Revolução   95

cista pelo simples fato de contar, entre seus próprios homens, com elementos estreitamente ligados ao golpismo. Isso impede naturalmente uma reação decidida". Escrevendo abertamente em defesa da Assembleia Popular, o periódico exigia uma ação do Comando Político da COB e do Povo: "o Comando Político tem o dever revolucionário de aprovar agora mesmo uma greve geral operária, com mobilização armada (...) é necessário esclarecer que a medida não será em defesa do governo Torres, que poderia conciliar com os golpistas, senão em defesa do povo mesmo, do movimento operário, em suma, da revolução."[36] Os alertas não eram infundados. A direita se reagrupava e tensionará ainda mais a situação como o lançamento do manifesto da FSB e do Pacto de Lima do MNR em 2 de abril de 1971, que sinalizavam uma aberta e sólida conspiração em andamento para derrubar o governo.

TORRES E A ASSEMBLEIA POPULAR

A estudada ambiguidade de Torres em relação à Assembleia Popular e ao exército pontuou os desenvolvimentos posteriores do processo político. Segundo o dirigente do MIR René Zavaleta Mercado, a Assembleia Popular pôde existir porque Torres não possuía forças para impedi-la: "Torres era o empate entre o exército e a classe operária."[37] Assim o principal problema da Assembleia seria lutar pela sua autonomia e capacidade de dominação na medida em que "a verdadeira contradição se dava entre o poder operário da Assembleia e o poder burguês do exército."[38] Esta constatação, embora real, não encerrava todos os elementos de análise da situação, na medida em que Torres buscava uma via própria nos primeiros meses de 1971, para agir e romper a crescente paralisia do seu governo pela via do bonapartismo.

As posições de Torres em relação às iniciativas do movimento operário irão comprovar as fragilidades do seu governo para fazer frente tanto às ameaças da direita golpista quanto da própria Assembleia Popular. Procurava um terreno

---

36 *La Jornada*, 31 de março de 1971.

37 ZAVALETA MERCADO. *El poder dual*, p. 196-197.

38 *Ibidem*, p. 129-130.

96   Everaldo de Oliveira Andrade

próprio de apoio entre as massas para sustentar seu governo com medidas de caráter anti-imperialista. As cúpulas militares, por outro lado, em geral o despre-zavam por suas amizades e negociações com os partidos de esquerda, na mesma medida em que estes o desprezavam por sua farda e sua insistência em defender a unidade dos militares.

Torres buscou não se chocar diretamente com a proposta da Assembleia Po-pular lançada logo após o golpe de janeiro de 1971. Visava mais a frente associar a Assembleia Popular ao seu governo. As possibilidades de que esta orientação se desenvolvesse não estavam de todo descartadas como veremos à frente. As simpatias e declarações lançadas por Juan Lechín em outubro de 1970 por uma colaboração estreita com Torres revelavam uma disposição favorável de outros setores sindicais. Afirmou que a iniciativa seria uma consequência do ascenso das massas populares, representando uma etapa superior de organização que se-ria própria do processo revolucionário que vivia o país.

Era preciso para Torres dar resposta que ao mesmo tempo sinalizasse a institucionalização do regime militar e fornecesse uma saída plausível para que a esquerda mais moderada pudesse compor com seu governo. Foi com estas intenções que no dia 14 de janeiro, respondendo aos golpistas e principalmen-te ao movimento de massas organizado e sua proposta de formação de uma Assembleia Popular, que Torres assina um decreto em que cria uma comissão para apresentar um projeto de Nova Constituição no prazo de cinco meses. Era uma mensagem às organizações de esquerda, uma nova iniciativa política, como o general declarou:

> A conscientização das tarefas que nos toca realizar servirá também para a defesa contra os extremismos, contra as provocações que os agentes do caos internacional preten-dem criar na Bolívia. (...) A nova Constituição, que deve ser redigida pela comissão criada há alguns dias, abre caminho para a afirmação política da revolução.[39]

A proposta de uma Assembleia Constituinte, como veremos, será em grande medida ofuscada pela própria Assembleia Popular. Na exposição de motivos da

---

39 "El brazo armado de la revolución", Cochabamba, 3 de fevereiro de 1971, In: TORRES, J. J. *op cit*, p. 71-79.

Bolívia: Democracia e Revolução   97

proposta afirma-se que: "é necessário adotar medidas direcionadas a evitar que se detenha o processo revolucionário, promovendo mudanças não só nas estruturas, senão também do aparato jurídico e político". A nova carta constitucional deveria garantir a soberania popular, na medida em que a vigente mantinha "uma democracia declarativa e formal".[40] Um referendo popular estava previsto para se realizar em 1º de junho de 1971 para aprovar a nova constituição e preparar a realização de eleições.[41] O projeto de Constituinte de Torres buscava consolidar-se como contraponto legal e institucional à ameaça da Assembleia Popular, embora estas intenções não fossem declaradas explicitamente. Ter a Assembleia ao lado do governo seria uma opção muito mais vantajosa, todavia desde o princípio esta posição foi combatida no interior do movimento operário pelos setores trotskistas que defendiam a autonomia em relação a Torres.

A posição oficial do governo em janeiro, após a declaração de constituição da Assembleia, foi expressa pela declaração do ministro Hugo Goitia, e era clara no sentido de desejar associar-se à Assembleia Popular:

> (...)A esperança radica no fato de que o governo revolucionário atual não tem interesse em sufocar ou desviar a Assembleia Popular, como fez o MNR com a COB, porque o governo revolucionário não se considera um polo distinto da revolução e, nesse sentido, nem sequer consideraria a situação como de dualidade de poderes, senão como um esforço sincero e comum de resolver junto com a Assembleia Popular o problema prático da revolução (...). Governo revolucionário e Assembleia Popular, saídos de uma origem comum, teremos que buscar arduamente nossa legitimação revolucionária e seremos, nesse sentido, legitimados.[42]

A proposta conciliatória pouco prosperou nas semanas seguintes. A consciência do impasse e debilidade do governo seria constantemente relembrada pelo próprio general Torres, que fazia uma clara identificação do que seriam seus dois adversários principais. Em discurso de 1º de abril, na Escola Superior do Exército,

---

40 Decreto Supremo 09542, *Gaceta Oficial de Bolivia*, 541, 15 de janeiro 1971.

41 *El Diario*, 20 de janeiro de 1971.

42 *El Diario*, 20 de fevereiro de 1971.

98   Everaldo de Oliveira Andrade

atacou a "esquerda infantil" e a "direita entreguista" e reafirmou a necessidade de uma aliança dos militares com os operários, camponeses e intelectuais.[43]

No dia 23 de abril, Torres faz uma declaração mais específica sobre a Assembleia Popular, relançando a proposta de realização de uma Assembleia Nacional com caráter constituinte. Retomava a intenção – agora mais nítida – de sufocar a Assembleia Popular no processo constituinte. A Assembleia Popular deveria para ele tornar-se em instrumento fiscalizador do governo e preparar a Assembleia Constituinte. A clareza com que expôs suas ideias a respeito merece uma ampla citação, pois revela a importância que adquiria o tema da Assembleia Popular para a própria sobrevida do governo militar:

> As boas relações que o governo sustenta com todas as organizações trabalhistas, camponesas, universitárias e políticas, determinam por lógica consequência o tipo de relação que teremos que manter com a Assembleia Popular do povo.
> A Assembleia Popular é uma organização popular que, pela sua origem, não tem atribuições constitucionais, portanto, não se pode dizer que exercerá uma tarefa legislativa ou de controle, na expressão jurídica destes termos, ainda que correspondam um trabalho fiscalizador, como corresponde a todas as instituições e a todos os bolivianos, dentro desse caráter essencialmente democrático e popular que temos dado ao governo da revolução.[44]

Afirmou em seguida que não poderia haver relação de poder entre o governo e a Assembleia Popular na medida em que esta não estava conformada na Constituição, porém reconheceria seu papel fiscalizador como o de qualquer cidadão. Via a Assembleia Popular como uma antecipação da Assembleia Nacional convocada para elaborar uma nova Constituição:

> Ainda que não conheça o projeto da nova constituição, creio que existirá uma Assembleia Nacional que tenha, de certa forma, a conformação da Assembleia Popular. O futuro destino da Assembleia Popular será determinado pelos organismos que a componham.

---

43 "Significado de la revolución nacional", 1 de abril de 1971, in: TORRES, J. J. *op cit*, p. 81-87.

44 *Ultima Hora*, 24 de mai de 1971, *La Jornada*, 24 de abril de 1971.

Bolívia: Democracia e Revolução   99

Dadas as cordiais relações que existem entre o governo revolucionário e os setores populares representativos: operários, camponeses, intelectuais, forças armadas,
escutarei e tomarei em conta as sugestões que me apresente a Assembleia Popular,
desde que sejam adotadas e considerando os supremos interesses da nação. Contu-
do, como não se trata de um organismo constitucional, não podem existir relações
de poder entre o governo e a Assembleia Popular. Será a Assembleia Nacional que
deve constituir-se depois de aprovada a constituição política do Estado, a que terá
faculdades e atribuições para legislar e fiscalizar os atos do poder legislativo. [sic]
A Assembleia Popular é um organismo popular que vemos com simpatia e cujas e
iniciativas escutaremos com toda a atenção.

A Assembleia Popular não será outra coisa que uma espécie de antecipação da Assembleia Nacional que pretendemos convocar depois de aprovada a constituição
política do Estado. A Assembleia Nacional, ao contrário da Assembleia Popular, se
constituirá mediante delegados de todas as categorias do povo boliviano: operários,
camponeses, estudantes, militares, profissionais, empresários, e também representantes das circunscrições territoriais do país, que atenderam especialmente às demandas específicas de cada uma das unidades políticas da nação.[45]

O convite de Torres, ao buscar submeter a Assembleia Popular às suas iniciativas de governo, não foi recebido de forma favorável pelas organizações operárias.
O Comando Político responsável pela organização da Assembleia Popular respondeu às palavras de Torres com uma declaração: "La Asamblea y el poder ejecutivo",
buscando delimitar claramente a iniciativa de formação da Assembleia Popular
das propostas do governo, de quem insistiram em demarcar completa independência. A imediata resposta semeou mais obstáculos às pretensões de Torres:

A Assembleia Popular não tem nada em comum com a projetada Assembleia Nacional e para seguir não precisa da bênção constitucional nem da presidencial.
(...)
"É decisão da Assembleia Popular atuar como verdadeiro órgão de poder das massas
e do proletariado, ou melhor, que deixa de ser parlamento para converter-se em autoridade capaz de resolver os problemas e, ao mesmo tempo, executar suas decisões
através dos métodos próprios da classe operária.[46]

---

45 *Ibidem.*

46 La Asamblea y el poder ejecutivo, 26 de abril de 1971, La Paz.

Dias depois, num gesto conciliador, que de maneira evidente revelava as debilidades de seu governo, Torres concordou em abrir a sede do Congresso para a realização da Assembleia Popular e pediu que as forças armadas fossem convidadas a participar. Porém, reafirmou que a Assembleia Popular não seria em nenhum caso de caráter executivo até que se concretizasse a Assembleia Nacional.[47] As semanas que antecederam a abertura da Assembleia Popular demonstraram todavia outra situação. A relação em certo momento respeitosa e favorável de Torres com a Assembleia Popular explica-se em parte pelas suas relações crescentemente deterioradas com o exército e a dificuldade de viabilizar uma base de apoio político própria. Foram estes elementos que deram as linhas do seu governo: marcado pelo empenho em reformar e preservar a instituição militar, o que assegurou o ambiente no qual prosperou o golpe de Hugo Banzer, sendo obrigado ao mesmo tempo a tolerar a liberdade de ação do movimento operário.[48]

Até que ponto seria possível uma aliança pontual com Torres a partir de reivindicações concretas, preservando a independência da Assembleia Popular? Sob o fio desta navalha provavelmente passasse um dos caminhos para a vitória do movimento revolucionário. Havia com certa regularidade reuniões semanais de Torres com dirigentes da COB para discutir os problemas nacionais, o que mantinha um canal aberto de aproximação entre o governo e a Assembleia. Um setor conciliador, embora minoritário no interior da Assembleia, favorecia e incentivava estas aproximações. Torres se apoiava principalmente em elementos como o PRIN de Juan Lechín, que defendiam a Assembleia Popular mais como um fórum de apoio e sugestões ao governo, para ganhar uma sobrevida política e avançar o projeto para institucionalizar seu regime através da futura e cada vez mais distante

---

47 *Ultima Hora*, 28 de abril de 1971.

48 Segundo Zavaleta Mercado, a Assembleia foi "uma concessão" de Torres, que teria ameaçado instalar outra Assembleia Popular com camponeses, ameaça que pairava nas primeiras reuniões; Torres teria aceitado negociar quando percebeu que a Assembleia era inofensiva para ele, ZAVALETA MERCADO, R. *El poder dual*, p. 202.

Assembleia Constituinte. É desta perspectiva também que, sob a ótica dos membros do governo, estaria se constituindo um caminho viável.[49] Seria equivocado descartar o papel político do torrismo. Na ânsia de fechar o caminho aos conciliadores e à possibilidade de ver Torres sob uma ótica nacionalista e progressista, dirigentes da esquerda boliviana ignoravam o general como uma força política real, embora crescentemente fragilizada, que intervinha concretamente na situação política do país e no interior da própria Assembleia Popular para inviabilizá-la como poder político.[50] Torres agia na perspectiva de viabilizar um regime bonapartista. Fala-se aqui em bonapartismo como expressão de um modelo de regime político que oscila da democracia burguesa à ditadura policial-militar, conceito que busca realçar o caráter oscilatório sob dois polos do regime político entre as pressões sociais das massas populares e do imperialismo. O bonapartismo depende de uma base de massas pouco organizada e combate ferozmente as iniciativas e a independência das organizações populares, sindicais e partidárias. Torres buscava viabilizar esse regime, mas a ação da COB fechou o seu caminho ao defender através da Assembleia Popular a independência política. Um regime bonapartista pode tanto oscilar para um governo autoritário sob a forma de uma ditadura policial-militar (sob pressão imperialista), como para um governo democrático (sob pressão do movimento operário) e, neste caso, buscará apoio dos camponeses e camadas médias para disciplinar o movimento operário. O bonapartismo sui generis é um regime político que não deve ser confundido com as características de um governo em particular. Relaciona-se a uma fase particular de desenvolvimento dos países latino-americanos, às características inconclusas de formação das instituições nacionais e democráticas da região, ao papel secundário, frágil e submisso das burguesias locais contraposto a um lugar ativo ocupado pelo movimento

---

49 SANDOVAL RODRIGUES, Isaac. *Culminación y ruptura del modelo nacional-revolucionario*, p. 165.

50 Como destacou equivocadamente Guillermo Lora: "o regime torrista, particularmente nos últimos meses, não foi outra coisa que a personificação da ausência de um verdadeiro poder. (...) Não pode se chamar de Bonaparte quem foi tirado do governo quando assim determinaram os generais. (...) Se tratava de um presidente da República sem autoridade e retrocedendo constantemente frente ao empuxo dos explorados e não de um amo indiscutível das massas". LORA, Guilhermo. "De la Asamblea Popular al golpe fascista", In: *Obras Completas*, t. 28, p. 208-209.

102   Everaldo de Oliveira Andrade

operário e popular. A instabilidade torna-se, portanto, uma marca dos regimes bonapartistas, e a democracia, uma pendência histórica, como a soberania nacional, que não podem ser alcançadas sob a direção das burguesias locais.[51] Apesar das aparências, Torres já não podia governar sem manter uma relação com as forças da Assembleia Popular da qual dependia. A polarização política crescia com a consolidação da proposta de uma Assembleia Popular. O seu avanço político, ao fortalecer sua legitimidade, criava uma alternativa ao poder político vigente. Declarações contrárias a Torres e favoráveis à Assembleia Popular eram temáticas constantes em diferentes fóruns do país. Os resultados de uma mesa redonda realizada na Universidad de San Andrés, entre abril e maio de 1971, para debater as linhas mestras da Nova Constituição Política proposta por Torres, forneciam indícios do isolamento do governo e de como a proposta da Assembleia Popular ganhava adesões:

> A mesa redonda rechaça a ideia de uma Nova Constituição, rechaça a ideia de um Referendum, apoia a constituição da Assembleia Popular. (...) Pretender institucionalizar o momento atual mediante uma carta constitucional é tentar pôr freio a esta transformação que se dá pelo impulso dos trabalhadores. (...) o país requererá uma Nova Constituição quando tenha culminado o trânsito do poder para as mãos dos trabalhadores.[52]

---

51   O conceito foi desenvolvido de maneira original por Trotski como uma característica específica dos regimes latino-americanos na década de 1930, entre os quais destacou o de Cárdenas no México. Numa passagem célebre, Trotsky abordou as características peculiares dos regimes políticos na América Latina, tendo o cuidado de especificar suas características particulares em função das especificidades históricas: "Estamos no período em que a burguesia nacional busca obter um pouco mais de independência frente aos imperialismos estrangeiros. A burguesia nacional está obrigada a coquetear com os operários, com os camponeses. Se a burguesia nacional está obrigada a abandonar a luta contra os capitalistas estrangeiros e trabalhar sob sua tutela direta, teremos um regime fascista, como no Brasil, por exemplo. Mas ali a burguesia é absolutamente incapaz de constituir sua dominação democrática, porque, por um lado, tem o capital imperialista, e por outro, tem medo do proletariado porque a história, ali, saltou uma etapa e porque o proletariado se tornou um fator importante antes que haja sido realizada a organização democrática da sociedade. Inclusive nestes governos semibonapartistas democráticos, o Estado necessita do apoio dos camponeses e é graças a seu peso que disciplina os operários". Entrevista em 4 de novembro de 1938, in: *Escritos latino-americanos*, p. 114.

52   *La Jornada*, 15 de maio de 1971.

Bolívia: Democracia e Revolução   103

A autoridade política da Assembleia Popular se alastrava. Uma carta da Federação Nacional dos Jornalistas dava uma dimensão das expectativas de amplos setores do movimento sindical em relação à Assembleia:

> Enquanto o governo busca a institucionalização de um parlamento burguês, mediante a redação de uma Nova Constituição Política, os setores oprimidos constituíram a Assembleia Popular (...) A Federação dos Trabalhadores da Imprensa da Bolívia a considera o verdadeiro órgão de poder das massas.

O documento continha uma constatação que se tornaria nas semanas seguintes cada vez mais palpável:

> A constituição da Assembleia Popular estabelece a dualidade de poderes...[53]

No começo de junho, às vésperas da inauguração da Assembleia, um ministro do gabinete lança uma proposta de acordo entre a iniciativa da Assembleia Nacional, que neste momento estava paralisada, e da Assembleia Popular em plena constituição. A proposta representava um claro recuo em relação à iniciativa original do governo. As duas casas deveriam compor um único poder legislativo, ou, como destacou o editorial de *Los Tiempos*:

> Se deduz que o país contará com duas corporações legisladoras. O engenhoso experimento deve despertar naturalmente grande expectativa dentro e fora de nossas fronteiras, já que no futuro nossas leis sairão à luz depois de um colóquio às vezes cordial e, outras vezes, renhido.[54]

A palidez do governo Torres tornava-se patente. O editorial do jornal *Ultima Hora* de 3 de julho constatava a situação, ao relatar que a proposta da Assembleia Popular surgia à margem do Estado, sem que a nova constituição proposta originalmente pelo governo Torres fosse desenvolvida.[55]

---

53 "La Paz", 19 de junho de 1971, In: *La Jornada* 21 de junho de 1971.

54 Editorial do jornal *Los Tiempos* de 12 de junho de 1971: "Asamblea nacional y Asamblea del Pueblo".

55 *Ultima Hora*, 3 de julho de 1971.

A Constituinte de Torres tentava manipular uma saída democrática para o regime militar, mas poderia ter sido utilizada pela esquerda para isolar os setores golpistas? A convocação de uma Assembleia Constituinte Soberana certamente colocaria em risco os dispositivos de dominação que o aparelho de Estado, sob controle militar direto, dispunha. Era provavelmente uma fragilidade das organizações patrocinadoras da Assembleia Popular ignorarem o efeito político da mensagem, a bandeira democrática da Assembleia Constituinte, na medida em que levada até o fim, essa perspectiva daria uma inegável autoridade política à própria Assembleia Popular em relação a setores sociais a ela refratários. Estava ausente – é preciso reconhecer – uma perspectiva capaz de combinar – na medida em que neste momento necessariamente não havia oposição entre as duas iniciativas – uma bandeira democrática ampla socialmente como a reconquista da democracia, a constituinte soberana, com a ação independente de organização da classe operária e setores populares através da Assembleia Popular. Essa perspectiva poderia ter significado uma aliança parcial ou pontual com Torres contra os golpistas.

Concretamente havia uma situação de dualidade de poderes em desenvolvimento, com a abertura da Assembleia Popular e que colocava em questão o regime. A dualidade de poderes produzida pela Assembleia Popular não se opunha ao governo Torres diretamente, mas ao conjunto do regime militar do qual ele tomava parte. A Assembleia Popular, como órgão de poder numa situação de dualidade de poderes, não significava, por outro lado, que a tomada do poder estivesse imediatamente na ordem do dia. Mesmo que essa se convertesse em organização de apoio e colaboração com Torres – uma possibilidade não descartada – não perderia seus traços soviéticos e haveria disputas políticas internas pelo seu rumo político. Certamente apenas a mobilização em torno de reivindicações concretas daria as condições para a tomada do poder pelo movimento operário.[56] Na medida em que a Assembleia Popular se consolidasse como ameaça real, a tendência do governo torrista seria de oscilar para um governo de características policial-militares, como se verificara sob o governo de Ovando, ou ser simplesmente derrubado por outro golpe.

---

56 LORA, G. "De la Asamblea Popular al golpe fascista", In: *Obras Completas*, t. 28, p. 84.

4. O 1º de maio de 1971

AS ATIVIDADES DO 1º de maio de 1971 foram um termômetro da crescente organização e atividades dos setores que se agregavam em torno da organização da Assembleia Popular. Buscando preparar um terreno favorável ao governo para o 1º de maio de 1971, alguns dias antes Torres decreta o restabelecimento dos salários dos mineiros da COMIBOL nos valores de maio de 1965, ou seja, os valores antes da redução salarial imposta por Barrientos. Além disso, cria também uma comissão para estudar uma proposta de cogestão operária na COMIBOL defendida pelos sindicatos. Havia muitos anos as manifestações políticas estavam proibidas. Mas a conjuntura política havia mudado. Todas as expectativas positivas em relação a este momento foram confirmadas, demonstrando que o movimento de massas que realizara as Jornadas de Outubro e depois debelara o golpe de janeiro estava em pleno fortalecimento. Um manifesto lançado pela Federação dos Mineiros ilustra as esperanças que contaminavam os setores mais organizados do movimento operário boliviano:

> (...) Estamos hoje nesse 1º de maio, há 85 anos do glorioso 1º de maio de 1886, nesta possibilidade aberta de nos fazermos donos de nosso destino como bolivianos, como operários e como revolucionários, graças ao fruto da ação da força operária, que é unificadora. Estamos em marcha e ninguém nem nada poderá nos deter.
> Se faltasse uma prova deste processo revolucionário em que nos encontramos com vontade e coragem, temos agora à vista o resultado da maturidade do proletariado revolucionário bolivianos que é a constituição da Assembleia Popular onde, ao lado

da maioria dos trabalhadores bolivianos, os setores revolucionários terão como meta conseguir que se examinem os problemas do povo, as medidas para sua solução, que sejam estudadas e entendidas por todos, em estreita unidade que, até agora, conseguiu também a compreensão do governo do general Torres, cedendo um local para as reuniões que hoje começarão com a inauguração. (...) A Assembleia Popular será a voz do povo, expressada revolucionariamente para serviço de todo o povo, que confia e merece um destino melhor.[1]

Em La Paz mais de 50.000 pessoas desfilaram pelas ruas numa manifestação apoteótica que durou mais de cinco horas. A manifestação começou com uma concentração e discursos do dirigente universitário Oscar Eid e do líder mineiro Victor Lopez na praça Venezuela. No caminho surgiram retratos de Juan Lechín, do general Torres, de Karl Marx e de Che Guevara. Um incidente durante a marcha ilustrou porém que o 1º de maio era objeto de disputa entre os dirigentes da COB e o governo Torres não apenas com retratos e palavras de ordem.

A passeata saiu da sede da Federação dos Mineiros e seguiu pela praça Perez Velasco, de onde pretendia entrar pela rua do Comércio, que terminava em frente ao Parlamento. Quando já estava na rua Comércio, Torres aparece com seu gabinete ministerial e uma banda de música e se coloca à frente da manifestação. A manifestação que vinha sendo encabeçada pelo comitê executivo da COB decide marcar passo e deixar que Torres se isolasse da manifestação um quarteirão à frente. Torres pensou que a distância dada pelo comitê executivo era para dar tempo a ele de subir ao Palácio e ficar em frente ao balcão deste para saldar de cima a manifestação. Porém os dirigentes da COB desviaram a passeata da praça Murillo, onde se localizam o palácio presidencial e a sede do Parlamento, descendo pela rua Socabaya em direção à sede da COB. A enorme passeata terminou por volta das duas da tarde quando começaram os discursos. Foi anunciado então que ocorreria uma nova passeata às três horas para a sede do parlamento onde ocorreria então o ato de abertura da Assembleia Popular. Todo este arranjo foi improvisado para impedir qualquer associação do movimento com o governo Torres e a inauguração da Assembleia Popular.

Às 3 horas grande parte dos manifestantes se dispersara. Os dirigentes da COB levantaram a hipótese de que fosse sabotagem do governo ou de algum setor

---

1 Fedmineros: 44, maio 1971.

Bolívia: Democracia e Revolução   107

adversário da Assembleia Popular, já que as pessoas não voltavam para a nova manifestação. Por volta das três e meia o comitê executivo da COB decide iniciar a manifestação com quem estivesse presente. Animada por palavras de ordem, a nova manifestação seguiu para a praça Murillo com um número reduzido de pessoas. Torres objetivamente impedira que a grande manifestação do 1º de maio se encerrasse com um Ato Político de inauguração da Assembleia Popular como fora previsto. Este foi o preço pago pelo Comando Político para não permitir uma identificação do movimento com o governo Torres, que este ansiava por fazer. Quando a manifestação chegou em frente ao Parlamento as portas estavam fechadas. Os manifestantes forçaram a abertura do prédio e iniciaram o ato inaugural da Assembleia Popular.[2]

Os setores favoráveis a Torres como o jornal *La Jornada* interpretaram a participação do general no 1º de maio e, logo após a nacionalização da mina Matilde, como expressão da disposição à esquerda do governo. Isto colocaria na ordem do dia a "constituição de um cogoverno Torres com a Assembleia Popular", reflexo da radicalização um "setor nacionalista do exército" e da juventude universitária.[3] Para Isaac Sandoval, ex-ministro do Trabalho na época, Torres encabeçara a marcha a convite da COB e isto teria sido uma prova do apoio político que recebia da população. A participação ostensiva do governo seria uma prova da unidade indissolúvel do governo Torres com a classe operária e do seu compromisso com mudanças estruturais da sociedade boliviana.[4] A firme decisão da direção da COB, porém, cortou esse desejo do governo de abraçar o movimento de massas, que ele não organizava, para dirigi-lo.

Em outras cidades do país, o 1º de maio comprovou um ascenso das mobilizações políticas de massa. Havia muitos anos não ocorriam manifestações com caráter abertamente politizado e militante, que agora se davam em pleno governo militar. A mudança da situação política tornara-se evidente e aceleraria os acontecimentos. Em Sucre cerca de 3.000 manifestantes, principalmente operários, participaram de uma marcha portando cartazes de Che Guevara e palavras de

---

2 Entrevista com René Higueras.

3 *La Jornada*, 03 de maio de 1971.

4 SANDOVAL RODRIGUES, I. *op cit*, p. 152.

108 Everaldo de Oliveira Andrade

ordem socialistas.[5] Em Oruro e Santa Cruz, partidários do ELN desfilaram com suas bandeiras desfraldadas,[6] revelando um clima político de euforia militante e liberdade política que estava ainda longe de se consolidar. Para semear um clima de medo pelas camadas sociais conservadoras da burguesia e das classes médias, partidos e setores de direita trataram de criar ações e boatos provocativos. Um deles dizia que o governo Torres se declarara socialista, que os colégios particulares seriam ocupados e as casas se transformariam em escolas.[7]

A Assembleia Popular foi aberta num ambiente de grande euforia revolucionária. Sua mobilização relembrou os momentos de grande participação após a revolução de abril de 1952, quando os acontecimentos históricos mais importantes eram protagonizados por milhares de homens e mulheres mobilizados. Os delegados presentes representavam diversas organizações políticas, sindicais e populares do país. Na direção dos trabalhos instalou-se o histórico líder dos mineiros bolivianos Juan Lechín.[8] René Higueras, pelo comitê executivo da COB, presidiu o ato de abertura.

Entre os dirigentes do Comando Político existiam divergências em relação ao funcionamento da Assembleia, refletindo posições e orientações políticas contraditórias no interior do Comando Político. Estavam já delineadas pelo menos duas posições: fazer da Assembleia Popular um novo poder ou constituí-la como um instrumento coadjuvante e auxiliar do governo Torres. As intervenções dos principais dirigentes no ato de abertura fornecem um painel mais próximo destas posições.

O primeiro orador do ato foi David Quiñonez, dirigente ferroviário, que apresentou as bases constitutivas e objetivos da Assembleia Popular e o quadro da representação das delegações. O rígido esquema de divisão das delegações foi mantido apesar dos protestos de vários setores. René Higueras, dirigente do sindicato dos professores, em seguida tomou a palavra e fez um histórico dos caminhos que levaram à proclamação da Assembleia. Relembrou os últimos meses de embates com os setores golpistas, das dificuldades organizativas e dos novos desafios que se apresentavam.

---

5 *Presencia*, 3 de maio de 1971.

6 CAJÍAS, L. *op cit*, p. 328.

7 *La Jornada*, 03 de maio de 1971.

8 *Ultima Hora*, 10 de maio de 1971.

Bolívia: Democracia e Revolução   109

Simon Reyes falou em nome da delegação dos mineiros afirmando:

> A Assembleia Popular não possuía precedentes na história da Bolívia, banhada em sangue proletário durante a longa luta pela libertação nacional. Os trabalhadores mineiros nos sentimos com o direito de participar desse triunfo, porque temos demonstrado capacidade para luta e profundas convicções revolucionárias. Não só devemos participar da Assembleia, mas também devemos lutar mais, nas trincheiras, nas barricadas para enfrentar os inimigos da classe trabalhadora.[9]

Guillermo Lora retomou em sua intervenção oral a história do movimento e em particular de 1952, para alertar da necessidade de superar os erros do passado:

> O antecedente mais imediato (da Assembleia Popular) é o que a COB viveu em grande parte de 1952 e que personifica a dualidade de poderes da revolução boliviana. Todos sabem que essa dualidade se resolveu em favor do MNR, isto porque a onda revolucionária entrou num período de repressão.[10]

A subida de Victor Lopez à tribuna impactou o plenário. Secretário-geral da Federação dos Mineiros e orador de grandes dotes, possuía nervos sensíveis ao trabalho político entre as multidões nos acampamentos mineiros:

> Estamos plenamente convencidos, trabalhadores organizados, que o velho parlamentarismo não trouxe benefícios para nossa classe nem para o país. Só foi uma caricatura da chamada democracia formal; ademais era custoso, inoperante e quase sempre a serviço do sistema presidencialista e dos partidos no poder. O poder do povo deve expressar-se através de sua participação plena na Assembleia Popular, organizada de tal modo que se faça presente em todos os lugares do país. E no nível econômico, industrial, mineral, agrário, (...) a Assembleia Popular não só constituirá o braço político da COB, senão de todo o povo.[11]

---

9   SANDOVAL RODRIGUES, Isaac. *Culminación y ruptura del modelo nacional-revolucionario*, p. 156.

10   *Presencia*, 10 de maio de 1971.

11   *Ibidem.*

110   Everaldo de Oliveira Andrade

Outros oradores se seguiram. O jovem dirigente Antônio Araníbar, do PDCR e futuro dirigente do MIR, falou representando os partidos na Assembleia Popular. Disse que os partidos deveriam responder com lealdade à classe operária e que se deveria organizar política e militarmente as massas para a tomada do poder.[12] Juan Lechín fechou o ato. Rechaçou uma nova constituição ou referendo como propunha Torres e disse que o fuzil no ombro do operário seria a única garantia de libertação.[13] Relembrando a memória de Ernesto Che Guevara, de Inti Peredo e dos universitários mortos na guerrilha de Teoponte, condenou o imperialismo dos Estados Unidos que pretendia subjugar o país e defendeu a expulsão das missões militares ianques.[14]

A Assembleia Popular ainda não podia começar de fato, pois não havia documentos, propostas e preparação política suficiente. Muitos delegados presentes não estavam ainda qualificados e confirmados por suas organizações e em muitos sindicatos e partidos havia ainda disputas por delegação. René Higueras propôs então que o Comando Político da COB continuasse funcionando até a realização da primeira sessão, que foi fixada para iniciar-se no dia 23 de junho em memória ao massacre dos mineiros de San Juan.[15]

A declaração final da Assembleia Popular no ato do 1º de maio afirmava que esta se definia como o "órgão de poder da classe operária e das massas bolivianas". Mais do que isso, se constituía numa "frente anti-imperialista revolucionária dirigida pela classe operária", com o objetivo de garantir "o triunfo da revolução boliviana e seu entroncamento no socialismo e na materialização da libertação nacional". Procurando reafirmar sua independência, destacava que sua existência não era resultado de concessões do governo. Após definir-se ideologicamente pelo socialismo, apela aos nacionalistas: "todos os patriotas têm o alto dever de fortalecer a Assembleia Popular."[16]

---

12   *Ultima Hora*, 10 de maio de 1971.

13   *Ibidem*.

14   SANDOVAL RODRIGUES, Isaac. *Culminación y ruptura del modelo nacional-revolucionario*, p. 155-157.

15   Entrevista com René Higueras.

16   Declaración de la Asamblea Popular, 1º de maio de 1971.

Bolívia: Democracia e Revolução   111

A inauguração foi muito mais um ato de propaganda e reafirmação política, necessário para reforçar a decisão do Comando Político da COB de acelerar a preparação da Assembleia Popular e consumar um marco político aos recalcitrantes. As preocupações eram pertinentes, como se demonstrou nas semanas posteriores.

As semanas seguintes ao 1º de maio foram marcadas por uma crescente mobilização social, obrigando Torres a decretar estado de sítio frente a novas tentativas golpistas de um lado e mobilizações em torno da Assembleia Popular de outro. Os efeitos desta decisão foram ignorados na prática e tiveram pouquíssima repercussão. A autoridade governamental ruía. Por outro lado, a Assembleia Popular precisava de tempo para se estruturar. O longo interregno entre o 1º de maio e a data prevista para início dos trabalhos, numa situação política instável, facilitava um estado de insegurança que não favorecia a mobilização organizada, mas a dispersão. A situação revolucionária, por outro lado, revigorava as organizações de massa como órgãos de democracia direta e ação política. Os camponeses da UCAPO[17] tomaram uma nova fazenda em Santa Cruz. Foi declarada a organização do Exército Tupac Catari por um setor de camponeses do altiplano e os universitários seguiam ocupando prédios e sedes de organismos ligados aos Estados Unidos. No entanto, a comissão do governo que preparava a proposta de Constituição estava sem iniciativa. A preparação da Assembleia Popular era aguardada, em contrapartida, com crescente expectativa, como refletia, incomodado com os ritmos, o jornal *La Jornada*: "Só algo anda e é a Assembleia Popular, mas por inércia."[18]

Uma atividade política com repercussões não esperadas se amplificou por toda a capital do país. Ocorreu neste mesmo período a Semana Anti-Imperialista em La Paz,[19] repercutindo na juventude o clima de militância política que preparava a própria Assembleia Popular. Atos e apresentações musicais ocorreram atraindo grande número de participantes. A Semana Anti-Imperialista se solidarizou com os povos do Vietnã, Camboja e Laos. Os atos foram finalizados com uma passeata que queimou bandeiras dos Estados Unidos em frente à em-

---

17 UCAPO (Unión de los Campesinos Pobres), organização camponesa independente do governo e da Federação Camponesa Nacional. Vinculada aos maoístas do PCML.

18 *La Jornada*, 15 de junho de 1971.

19 CAJÍAS, Lupe. *op cit*, p. 328.

112 Everaldo de Oliveira Andrade

baixada e outra em frente à sede do jornal *El Nacional* – ligado ao governo Torres – com gritos contra a imprensa antinacional.[20] Outra ação que ganhou importância após a Semana Anti-Imperialista foi a que exigia a expulsão do Corpo de Paz dos Estados Unidos do país. Vários sindicalistas e mesmo setores das classes médias receberam com grande repulsa a informação de que os Estados Unidos estavam implementando via Corpo de Paz uma política de controle da natalidade na população boliviana. Um filme do cineasta Jorge Sanjinés, *Yawar Mallku* (*Sangue de Condor*), retratou esta situação e provocou grande comoção. Em fins de maio de 1971, Torres é obrigado a exigir a retirada dos voluntários do Corpo de Paz. Mas as pressões e tomadas de posição anti-Estados Unidos não se limitavam a isto. Era questionada também a presença de um "Centro de Transmissões Estratégicas", na verdade uma base dos Estados Unidos, próxima a La Paz, somente acessível aos membros da embaixada estadunidense. A base já era chamada popularmente de "Guantanamito" em referência ao enclave dos Estados Unidos em Cuba. A ORIT, central sindical continental ligada ao governo dos EUA, também foi expulsa neste mesmo período.[21]

Nos primeiros dias de junho a crise política ganha outra configuração com informações de que a reação e organizações políticas direitistas preparavam novas ações contra Torres. A COB decreta estado de alerta frente às ameaças e convoca a mobilização geral dos sindicatos. A COD de La Paz decreta o "alerta armado" e se dirige à COB e ao Comando Político da Assembleia para que tomassem medidas contra os golpistas, que estariam dirigidas principalmente para impedir a abertura da Assembleia Popular. O governo é novamente taxado de vacilante e conciliador com a direita reacionária pelos grupos de esquerda.[22]

AS ORGANIZAÇÕES POLÍTICAS EXTERIORES À ASSEMBLEIA POPULAR

O processo político de crescente polarização social agiu sobre o conjunto das organizações, inclusive daquelas mais distanciadas das mobilizações sociais e

---

20 *La Jornada*, 26 e 29 de maio de 1971.

21 SANDOVAL RODRIGUES, Isaac. *Culminación y ruptura del modelo nacional-revolucionario*, p. 106-107.

22 *El Diario*, 16 de junho de 1971.

Bolívia: Democracia e Revolução   113

das articulações em torno da Assembleia Popular. Foi possível distinguir mesmo entre os partidos conservadores, e ainda mais entre os partidos de esquerda não envolvidos com a constituição do parlamento operário-popular, a necessidade de se posicionarem politicamente. Estes realinhamentos, divisões e reagrupamentos partidários eram resultado direto da intensa luta de classes que se desenrolava na sociedade.

Três forças políticas de esquerda agiram à margem da Assembleia Popular, o Partido Socialista, o ELN e o POR–González.

A fundação do Partido Socialista às vésperas da Assembleia Popular pode ser considerada um dos subprodutos mais expressivos da crise política que se desenvolvia e que reagrupava e reordenava as forças políticas em todas as camadas sociais. O seu congresso de fundação foi realizado de 28 de abril a 1º de maio de 1971,[23] da fusão da FARO (Frente de Acción Revolucionaria Obrera) composta por dissidentes do PRIN dirigidos por Guillerme Aponte Burela e Orlando Capriles,[24] da UNIR (União Nacional Da Esquerda Revolucionária) de Marcelo Quiroga Santa Cruz; da FLIN (Frente de Libertación Nacional), com ex-membros da esquerda do MNR dirigidos por Mario Miranda Pacheco, da APB (Acción Popular Boliviana) liderada por Alberto Bayley Gutierrez e do Grupo Revolucionario Antawara de Gonzalo Cárdenas e Victor Villegas. O Partido Socialista começou a agir efetivamente em outubro com Miranda Pacheco na direção.[25] Decidiu-se que as estruturas organizativas do partido deveriam reger-se pelos princípios do centralismo democrático leninista, com disciplina interna, células e comitês departamentais e central.[26]

A declaração de princípios do Partido Socialista afirmava que para se chegar ao socialismo seria necessária uma etapa prévia sobre a base de um governo po-

---

23 Íntegra da tese e declaração de princípios do Partido Socialista, In: jornal *El Diario*, 05 de junho de 1971, e *Presencia*, 08 de junho de 1971.

24 A FARO, de Aponte Burela, esteve presente no governo Torres com um ministério e outros cargos. *La Jornada*, 19 de fevereiro de 1971.

25 SANDOVAL RODRIGUES, I. *Culminación y ruptura del modelo nacional-revolucionario*, p. 140.

26 ROLON ANAYA, Mario, *Los partidos politicos en Bolivia*, p. 161-162.

114   Everaldo de Oliveira Andrade

pular, combinando a libertação nacional e o início da construção do socialismo.

Houve também uma tomada de posição sobre a Assembleia Popular:

> O Partido Socialista apoia a Assembleia Popular porque é uma manifestação da decisão que a classe trabalhadora tomou de reformular o poder legislativo tradicional, que é uma forma residual de instituição conservadora e expressão anacrônica da superestrutura jurídica, conformada pelos grupos dominantes para a preservação de uma ordem interna oligárquica e uma condição nacional dependente. A Assembleia Popular é um modo de organização espontânea que as massas trabalhadoras adotam para iniciar, desde baixo até acima, a tarefa de mudança revolucionária e estrutural; é o modo com que o proletariado elegeu para passar do caráter de simples fator de pressão social à condição de protagonista do poder político efetivo. Contudo, o Partido Socialista combate toda tentativa de utilização da Assembleia Popular por grupos políticos ou direções radicais burocratizadas, como carta de negociação personalista (...) de grupos com o governo, na oferta de apoio que anula a independência classista. Movimento operário, ou como fator social de apoio à aventura golpista contrarrevolucionária. Lutará contra toda tentativa de apropriação política sectária do movimento operário, dentro da Assembleia Popular. (...)
>
> "A instauração da Assembleia Popular como órgão de poder da classe trabalhadora culmina uma etapa decisiva do ascenso um revolucionário do movimento operário. Este fato altera a relação de forças e transforma a aliança conjuntural entre a classe trabalhadora e o governo em uma luta entre a prolongação natural do regime militar declinante e o poder popular das massas em ascenso.[27]

O PS propunha como ação imediata na COB uma greve geral até a instauração da Assembleia Popular. A avaliação do partido era de que a reação subversiva pretenderia frear o processo revolucionário e a iminência da Assembleia Popular. A classe operária deveria ter a iniciativa de desbaratar o golpe fascista.[28]

O ELN foi o herdeiro das atividades guerrilheiras de Che Guevara na Bolívia. Embora formalmente fora da Assembleia Popular, participou ativamente dos seus trabalhos. A organização possuía ligações com o MIR e influenciava uma parcela dos delegados. Pelas circunstâncias políticas criadas, não pôde ignorar

---

27 *El Diario*, 18 de junho de 1971.

28 ROLON ANAYA, Mario. *Politica y partidos en Bolivia*, Op. cit., p. 592-593.

Bolívia: Democracia e Revolução   115

a Assembleia Popular, embora continuasse agindo à margem do movimento de massas que se agrupava no Parlamento.[29] O ELN foi pouco além de se limitar a escrever manifestos propagandísticos e incendiários. Seus documentos eram declarações de intenções, exortando a ofensiva contra a reação, "atacando seus nervos vitais" através da organização armada. Nas cidades, o povo deveria se organizar militarmente e armar-se com todos os meios ao seu alcance, patrulhar e controlar as cidades mediante esquadrões armados de operários e estudantes, prender os golpistas, expropriar sem indenização os representantes das empresas privadas comprometidos com o fascismo. Dever-se-ia assumir os meios de comunicação, expulsar a missão dos Estados Unidos e expropriar as empresas em mãos dos monopólios como a South American Placers, Hansa, Toyota, Sidec, Phillips, casas comerciais e bancos estrangeiros.[30] Na sua perspectiva de buscar desenvolver ações armadas diretas, procurou agir para influir na conjuntura do país. Porém, isolou-se do processo em que a maioria das organizações políticas do país buscava se agrupar. Sua atuação foi marginal e, nas semanas em que se realizavam os debates da Assembleia Popular, seguiu defendendo a via militarista praticamente às costas do movimento organizado.

O POR-González era produto de uma cisão do POR produzida logo após a revolução de 1952. Internacionalmente este grupo era ligado ao Secretariado Unificado da IV Internacional, organização liderada por Ernest Mandel e que defendia nesse período como tática para a América Latina a luta armada e se distanciara, revisando as proposições originais do trotskismo.[31] A linha geral do partido foi marcada pelo apoio aos movimentos guerrilheiros de inspiração cubana. Desde 1966 o partido mantinha relações políticas e colaboração com o ELN,[32] o que se

---

29 Segundo entrevista com Antonio Peredo, membros do ELN utilizaram o MIR como fachada durante a Assembleia Popular e chegaram a ter cerca de quinze membros clandestinos na Assembleia. Loyda Sanchez, por exemplo, delegada universitária da UMSA, representava esta situação. Oscar Eid em depoimento (*Entrevista*, La Paz, julho de 2001) confirmou que membros do MIR aderiram à luta armada de maneira individual.

30 Comunicado do ELN, *Presencia*, 1 de julho de 1971.

31 Ver: MARIE, Jean-Jacques. *Os quinze primeiros anos da IV Internacional*.

32 PERICÁS, Luiz. *Che e a luta revolucionária na Bolívia*, p. 211.

ampliou depois no período da Assembleia. Após o primeiro golpe de Banzer em janeiro de 1971, o partido propôs "ganhar as ruas para liquidar os agentes do imperialismo". Dessas ações deveria surgir um exército popular garantidor do processo revolucionário. A cidadela militar de Miraflores em La Paz deveria ser ocupada pelas forças populares para acabar com foco imperialista. O POR– González tornouse de fato um apêndice do ELN, de quem pediu auxílio para treinamento militar de seus militantes. Buscou formar um grupo armado próprio, em concordância com o ELN sobre a forma de ação política no momento.[33] A sua estratégia destacava a necessidade de uma guerrilha rural como eixo de atuação.

Segundo o POR-Gonzáles, deveria ser formado um "Comando Político Revolucionário" apoiado no polo armado para derrotar a contrarrevolução e um governo operário camponês como única garantia de paz e progresso. (No período da Assembleia Popular estavam concentrados em preparar e colocar de pé um "Comando Revolucionário" e um "Exército Revolucionário Operário Camponês"). A Assembleia foi vista como uma iniciativa limitada e de caráter parlamentar, embora tenha pedido o direito de participar com uma delegação.[34]

Entre as forças conservadoras, como o MNR, o PDC e a Falange, as divisões e debates produzidos com a Assembleia Popular foram muitas vezes mais traumáticas, contrariando um senso comum de que a esquerda possui uma dinâmica exclusiva de fragmentação sectária.

O MNR se dividiu em vários partidos durante o processo posterior à revolução de 1952. Em 1964 com o golpe de Barrientos, Guevara Arce e Juan Lechín – entre seus mais conhecidos líderes – o apoiam e Siles Suazo e Paz Estenssoro se opõem. Lechín atua desde 1964 através do seu PRIN, como veremos à frente, mas mantendo grande influência nas bases operárias do MNR e em suas dissidências.

Uma nova cisão do MNR surge ainda antes da Assembleia Popular com o nome de MNR-I (MNR de Izquierda), que aglutina setores em torno do ex-presidente Hernan Siles Suazo. O rompimento com Victor Paz dá-se em 1964, quando Siles encabeça uma greve de fome apoiada por outros partidos de esquerda contra a reeleição de Paz Estenssoro. A convenção que funda o MNR-I ocorreu

---

33 Depoimento de Antonio Peredo.

34 LORA, G. *Contribuición a la historia política de Bolivia*, vol. 2, p. 488-489.

Bolívia: Democracia e Revolução   117

durante o governo Ovando, presidida por Hernan Poppe, e teve a presença de diversos dirigentes sindicais e políticos.[35] O governo Torres foi caracterizado como populista e de caráter nacionalista. A Assembleia seria um braço político dos trabalhadores e seus sindicatos. A força política dos movimentos populares como a COB obrigava os militares a oferecer propostas políticas e se comprometer com as demandas populares para aspirarem ao poder.[36] O MNR-I – como ficou conhecido o setor do MNR chefiado por Hernan Siles – participou do Comando Político e da formação da Assembleia Popular. Porém, no exterior, Siles firmará um pacto de unidade com Paz Estenssoro[37] buscando reunificar setores do MNR e MNRI e que desembocaria no golpe de Banzer em agosto de 1971.[38] A este pacto se agregou a antiga inimiga FSB e setores militares contrários a Torres.

Entre os cristãos, uma ala de militantes leigos estava representada pelo Partido Democrata Cristão, mas não devemos excluir aqueles vinculados diretamente à Igreja católica e que, por influência crescente da teologia da libertação, também tiveram uma atuação política destacada. O PDC participou do governo do general Barrientos, integrando seu ministério. Esta posição provocou uma cisão de sua ala jovem, que irá integrar o MIR.

A conferência nacional do Partido Democrata Cristão realizada em Cochabamba, em 17 e 18 de julho de 1971, decidiu apoiar a Assembleia Popular porque significaria uma resposta do povo a "governos indefinidos" e a reafirmação da soberania popular. Mas questionava a posição de grupos sectários. Os militantes do partido deveriam apoiar moral e materialmente a Assembleia Popular para que servisse no processo de libertação.[39]

A cisão do Partido Democrata Cristão, integrada basicamente por sua juventude, formará o PDCR, fazendo parte do movimento que originará o MIR.[40] Entre os principais dirigentes do PDCR destacam-se Antônio Araníbar, Jorge Luiz Rocca,

---

35 Entrevista com Hernan Poppe.

36 *Ibidem.*

37 *La Jornada*, 06 de julho de 1971.

38 BAPTISTA GUMUCIO, Mariano. *op cit*, p. 297.

39 *Presencia*, 24 de julho de 1971.

40 BAPTISTA GUMUCIO, Mariano. *op cit*, p. 297.

118   Everaldo de Oliveira Andrade

que fora ministro de Ovando, Jorge Rios e Adalberto Kuajara. Uma outra parte do
PDCR se integrará ao ELN na guerrilha de Teoponte. Embora criticassem o foquismo, segundo Araníbar, aceitavam a necessidade de "medidas audazes."[41] Assim, o
partido colocava na ordem do dia a tomada do poder pela classe trabalhadora
em aliança com as classes exploradas para instaurar um regime anti-imperialista.[42] Avaliava-se que a grande tarefa seria impulsionar um processo para agregar
mais forças políticas. Esta posição prepara o caminho para o surgimento do MIR,
que foi um dos resultados das rearticulações à esquerda do espectro político.[43] O
PDCR mantinha militância basicamente na juventude, mas também participou de
ações no movimento camponês.

Uma vertente não partidária dos militantes cristãos atuou de forma paralela
e incisiva através do clero envolvido com o sindicalismo. Nos anos da década de
1960 ocorre uma renovação teológica na Igreja católica, surgindo críticas ao capitalismo, contra a conciliação capital-trabalho e em favor da organização das classes oprimidas. Estas posições terão impacto sobre os partidos democrata-cris-
tãos e o sindicalismo cristão latino-americano organizado na CLAT (Congresso
Latino-Americano de Trabalhadores). Em seu congresso de 1966, a CLAT propõe
o "sindicalismo de libertação" em oposição ao "sindicalismo de conciliação."[44] O
impacto sobre a igreja na Bolívia é rápido.

As rádios religiosas, em particular a rádio San Gabriel e a rádio Mendez
de La Paz, até então utilizadas como instrumento para combater as influências
marxistas nos centros mineiros e nas populações no campo, reorientaram-se e
buscam aderir a uma postura de apelo às causas populares.[45] Durante as mobilizações dos mineiros e frente às perseguições que sofriam, destaca-se a ação da
Rádio Pio XII nos acampamentos mineiros, que passa a se solidarizar e incentiva

---

41 Entrevista com Antonio Araníbar.

42 *Ibidem.*

43 *Ibidem.*

44 GODIO, Julio. *Historia del movimiento obrero latino-americano,* vol.3, p. 224-226.

45 MENDIETA PARADA, Pilar. "La influencia de la radio en el movimiento katarista", In: *Historia,* p. 62.

o surgimento do movimento dos "sacerdotes mineiros", que desenvolveu grande colaboração com os trabalhadores.[46]

O envolvimento dos sacerdotes com o movimento operário cresceu a ponto de o 10º congresso dos sacerdotes das minas, ocorrido no distrito mineiro de San José em novembro de 1970, propor a socialização dos meios de produção e a supressão de algumas propriedades da Igreja para os pobres.[47]

Um exemplo desses contatos da Igreja com os mineiros foi a resolução 7 do Congresso da FSTMB de abril de 1970, apresentada pela ISAL (Igreja y Sociedad en América Latina). Ela pedia que as igrejas da Bolívia deixassem sua aliança com a classe burguesa e os governos opressores, colocando os seus serviços a favor dos trabalhadores. Exigia que o jornal *Presencia*, controlado pelos bispos, se convertesse em um porta-voz dos interesses dos trabalhadores.[48] Em setembro de 1970, quando a repressão se abateu sobre este setor da Igreja, a FSTMB saiu em defesa deles considerando-os parte integrante do movimento sindical e de suas aspirações.[49]

A Falange Socialista Boliviana era o agrupamento de direita mais tradicional do país. Surgiu na década de 1940 sob inspiração das falanges de Franco durante a guerra civil espanhola, defendendo um programa fascista. Durante a revolução de 1952 combateu e foi a principal adversária à direita do MNR. Porém, dias depois do golpe de janeiro de 1971, o realinhamento à esquerda das forças políticas chegou a lugares até então inesperados. Uma divisão do tradicional partido conservador do país, na situação política convulsiva, fez surgir a FSB de esquerda, que depois pedirá adesão à Assembleia Popular.[50] No momento da Assembleia, todavia, os setores mais à direita se reagruparam em torno da liderança de Mário Gutierrez, que se envolveu diretamente com os diversos ensaios golpistas contra Torres e o movimento operário e popular.

---

46 GALVARRO T., Carlos Soria. *Con la revolución en las venas*, p. 29. SANDOVAL RODRIGUES, Isaac. *Culminación y ruptura del modelo nacional-revolucionario*, p. 147.

47 SANDOVAL RODRIGUES, Isaac. *Culminacion y ruptura del modelo nacional-revolucionario*, p. 147.

48 Resolução 7 do congreso de la FSTMB, SIDIS.

49 Fedmineros, 14 de setembro de 1970.

50 *El Diario*, 18 de janeiro de 1971.

Os torristas

Outro processo de rearticulação política se desenvolvia em torno do governo Torres, que agia para estruturar uma base de massas própria capaz de viabilizar seu regime. Algumas organizações políticas envolveram-se diretamente com o apoio ao seu governo e desenvolveram posições críticas em relação à Assembleia Popular.

A tentativa mais saliente de Torres na via de organizar uma base social e política de apoio ao seu governo foi a construção da APR (Aliança Popular Revolucionária), uma iniciativa que partiu diretamente do gabinete ministerial, através da Secretaria Política sob a direção de Hugo Torres Goitia. A proposta objetivava criar um verdadeiro partido político. Existia a avaliação de que as forças políticas representadas pelos partidos de esquerda principalmente representavam uma tal diversidade de ideias e posições que impediam um entendimento com o governo e não estariam preenchendo o vazio político deixado pelos partidos das oligarquias.[51] Sua intenção real, no entanto, era combater as forças revolucionárias. A APR tentou se desenvolver nas regiões marginais de atuação da esquerda boliviana. Além de Santa Cruz, a APR foi organizada em junho de 1971 nas províncias de Benin e Pando.[52]

A "Frente Revolucionaria de Esquerda Nacional", ligada à iniciativa da APR, desde Santa Cruz havia declarado que se identificava com a linha do governo Torres e do movimento operário e camponês. O documento afirmava que a libertação nacional deveria estar baseada "na instalação de indústrias e respeito à propriedade privada", e que "a exploração de nossos recursos energéticos devem estar integralmente nas mãos do Estado."[53] Em Santa Cruz a APR tornou-se um grupo opositor ao movimento sindical. Em meados de agosto uma conferência de imprensa organizada por sindicalistas de Santa Cruz denunciava que tanto a APR como a Frente eram articulações que partiam do Ministério do Interior para buscar dividir a classe trabalhadora da região.[54]

---

51 SANDOVAL RODRIGUES, Isaac. *Culminacion y ruptura del modelo nacional-revolucionario*, p. 139.

52 *El Diario*, 15 de junho de 1971.

53 *El Diario*, 05 de julho de 1971.

54 *El Diario*, 14 de agosto de 1971.

Não dispondo de delegados no interior da Assembleia para defender Torres, o governo buscava externamente agir sob outras formas além da APR. Dois pequenos partidos, o Grupo Revolucionário Outubro, do jornalista Andrés Soliz Rada, e o POR-Vargas, uma outra dissidência do trotskismo, além do jornal *La Jornada*, tornaram-se os meios políticos mais atuantes na defesa do governo desde fora da Assembleia. A FARO, uma dissidência do PRIN, que depois integraria o Partido Socialista, também se somou às forças torristas.

Muito atuante foi o Grupo Revolucionário Outubro, fundado nos últimos meses do governo Barrientos por Adolfo Perelman e Andrés Soliz Rada. Inicialmente como um grupo de estudos, estes militantes desenvolveram um conjunto de teses nacionalistas que depois os aproximou dos militares nacionalistas. Caracterizaram a Bolívia como um país semicolonial. A contradição central seria entre países oprimidos e opressores. Defendiam a necessidade de um movimento nacional que englobasse todos os setores sociais dispostos a enfrentar a opressão externa. A nacionalização da Gulf Oil foi vista como uma continuação da revolução nacional de 1952. Outra medida fundamental teria sido a criação dos fornos de fundição de estanho em Vinto decretada por Torres. Segundo avaliação de Andrés Soliz, com a revolução de 1952 surgiram duas tendências do nacionalismo, uma progressista e outra reacionária, que continuaram se enfrentando no exército. Ovando representaria a ala da nacionalização das minas e por isso teria sido uma aliança muito interessante entre Ovando e Marcelo Quiroga Santa Cruz. Esta unidade teria se dado entre um setor das forças armadas e os setores populares, como um ator social muito importante do movimento operário. A revolução não poderia se fazer neste momento nem contra nem a favor do exército, mas com uma fração dele, por isso o grupo apoiara Ovando. As forças armadas supririam o papel de uma burguesia nacional.[55] Outubro esteve ligado diretamente ao governo Torres e criticava os chamados "ultraesquerdistas" que teriam impedido que a COB nomeasse cinco ministros para o gabinete de Torres e a formação de uma frente única anti-imperialista: "deve-se considerar que o governo Torres é um aliado da classe operária, mas não é seu próprio governo."[56] Para Andrés Soliz, Torres se enfraqueceu por desconhecer que o mandato das forças armadas e

---

55 Entrevista com Andres Soliz.

56 Documento do grupo Octubre, *El Diario*, 17 de junho de 1971.

122   Everaldo de Oliveira Andrade

que a Assembleia Popular era uma posição sectária que servia como pretexto para o golpe militar de direita.

Em um documento de polêmica com o MIR publicado nos jornais da época, é possível conhecer um pouco mais das posições do grupo e suas avaliações sobre a esquerda:

Grupo Revolucionario Outubro considera que a contradição principal atua entre o imperialismo e a nação oprimida. No momento presente parece estar fora de discussão a proposição sectária do POR (Lora) para o qual essa mesma contradição se coloca entre o imperialismo e a classe operária. Obviamente com essa colocação a classe operária fica só e sem aliados.[57]

O POR-Vargas surgiu de uma divisão do POR-González e internacionalmente se solidarizava com o dirigente político argentino J. Posadas. Esse partido deu apoio crítico ao governo Torres, baseado na análise de que a agonia do capitalismo expressava-se através da desagregação das forças do sistema como a igreja e o exército, que passavam para o lado da revolução.[58] Distanciando-se das organizações operárias e populares, o partido depositava seus esforços na ala militar torrista. Uma declaração do POR–Vargas, logo após o primeiro golpe de Banzer em janeiro de 1971, afirmava:

No governo Torres: assegurar que a sua composição social se faça com a participação dos trabalhadores, nacionalistas e anti-imperialistas do exército; visando estruturar um verdadeiro governo popular. Deve-se estruturar uma frente única com a tendência militar nacionalista de Torres, para isso deve-se aprofundar o programa anti-imperialista, reestruturar o exército sob domínio progressista e anti-imperialista; com milícias populares em complemento e não com oposição ao exército".[59]

Propunham ainda a eliminação da hierarquia através de um funcionamento democrático, formando comitês de quartéis que trabalhassem como direção

---

57 "EL MIR y la contradiccion fundamental", Nivardo Antezana y Enrique Estenssoro, celula universitária del grupo revolucionario Octubre, 7-14 de julho de 1971, In: *La Jornada*, 08 de junho 1971.

58 SANDOVAL RODRIGUES, I. *Los partidos politicos en Bolivia*, p. 144.

59 *El Diario*, 11 de janeiro de 1971.

Bolívia: Democracia e Revolução   123

política e militar: "chamamos o companheiro Torres a apoiar-se no clima de mobilização destes momentos e chamar uma grande mobilização anti-imperialista, (...) formar uma frente única anti-imperialista com o programa da COB."[60]

O POR-Vargas manteve atividades coordenadas com o Grupo Revolucionário Outubro, embora os outubristas os vissem como muito ortodoxos. O partido chegou a ter alguns espaços do periódico *El Nacional* e havia uma colaboração tática com o grupo Outubro na divulgação de materiais políticos.[61] O alinhamento do POR-Vargas com Torres afastou e isolou o partido da Assembleia Popular. Quando os dirigentes do Comando Político da COB e do Povo lançaram o apelo pela Assembleia Popular em fevereiro de 1971, o POR-Vargas atacou os sindicalistas, classificando-os como cinco burocratas isolados da classe operária. Denunciou a presença do MNR na "farsa" da Assembleia Popular e como alternativa propôs: a realização de uma "Assembleia Nacional Anti-Imperialista, com delegados eleitos democraticamente em cada lugar de trabalho, estudo, quartel, para organizar a defesa da revolução boliviana e a aplicação do programa anti-imperialista."[62] Meses depois este partido, cedendo do sectarismo que o colocava à margem do movimento de massas, solicitou adesão à Assembleia. A Comissão de Poderes qualificou o partido de "governista" e sem estrutura nacional , vetando sua participação.[63]

O jornal *La Jornada* agiu na maior parte do período como agente político em favor de uma aliança do governo Torres com a Assembleia Popular, disputando com as próprias organizações sindicais e partidárias sua orientação ideológica:

> Onde os próprios partidos não conseguem uma organicidade verdadeira ou já a perderam, aqui mesmo as massas escreveram as que são quiçá as mais brilhantes páginas populares da América Latina. Neste sentido, a Assembleia Popular não faz senão expressar e organizar um movimento de massas preexistente a ela.[64]

---

60 *El Diario*, 13 de janeiro de 1971.

61 Entrevista com Andres Soliz Rada.

62 *El Diario*, 20 de fevereiro de 1971.

63 *La Jornada*, 07 de julho de 1971.

64 *La Jornada*, 07 de julho de 1971.

Torres deveria ter seu papel reconhecido na constituição da Assembleia e vigência do poder operário:

> A Torres lhe corresponde o enorme mérito de permitir a organização do poder operário, através da Assembleia Popular. (...) agora podemos estar frente à primeira experiência de existência orgânica do poder operário como poder de Estado.[65]

Para defender o caráter de instrumento de união nacional da Assembleia Popular, *La Jornada* realçava as raízes históricas e nacionais da Assembleia e buscava afastar os vínculos com as tradições históricas de ação independente do movimento operário:

> Se diz que a Assembleia cumprirá o mesmo papel que a Comuna de Paris, que o Soviete de Petrogrado, que a Frente Antifascista de 1946, e que o Comando Político do Povo de 1964. Isto revela um nervoso exame das coisas. A Assembleia se funda num fato imediato, que é o ato de massas antifascista de 7 de outubro e, remotamente, no poder dual que existiu em 1952. O soviete de Petrogrado foi resultado da história da Rússia e a Assembleia Popular é o resultado da história da Bolívia. (...) É o anticomunismo da direita empresarial que supõe que com a Assembleia estamos já frente a um soviete de Petrogrado.[66]

A arena real da História, porém, não se situava nas páginas dos jornais, mas nas ruas e nos acalorados debates do parlamento operário-popular em formação.

---

65 "Dia historico: Bolivia tiene un nuevo Estado", *La Jornada*, 22 de junho de 1971.

66 "Asamblea Popular es fruto de la historia de Bolivia", *La Jornada*, 25 de junho de 1971.

5. A sessão nacional

A ABERTURA DA ASSEMBLEIA POPULAR, se de um lado causava cada vez mais insegurança nos setores conservadores, por outro, despertava uma indisfarçável esperança e otimismo para as camadas populares e o movimento operário. Nas colunas do jornal *El Diario* – que se tornou um dos principais porta-vozes da Assembleia após a ocupação pelo sindicato dos jornalistas – podia-se ler:

> Esta Assembleia pode ser o instrumento de expressão daquela criatividade que tem o povo, que tem o oprimido, que tem o trabalhador e o camponês, que nos leva a detectar quais são para nós os caminhos da libertação. Esta Assembleia com maioria operária e camponesa, pode ser o oportuno instrumento que assinale a caducidade das estruturas e formas de produção na sociedade que nos deixaram nossos dominadores. Esta Assembleia pode ser o cérebro revolucionário que destruirá aquilo que hoje possuímos como valores legados do passado, e criadora das novas tarefas e novas estruturas que devem suprir tudo aquilo que tenhamos que despojar da velha sociedade (...).[1]

A Assembleia Popular não era somente um assunto nacional, tendo despertado vivo interesse da imprensa internacional. Vários repórteres do exterior foram enviados para acompanhar diretamente os debates.[2] Em relação a estas

---

1 *El Diario*, 18 de junho de 1971, artigo de José Prats: "La Asamblea Popular".

2 *Los Tiempos*, 16 de maio de 1971.

126   Everaldo de Oliveira Andrade

repercussões no contexto boliviano e internacional, o historiador inglês James Dunkerley foi muito preciso ao afirmar que:

(...)Ainda que as deliberações da Assembleia fossem breves e em alguns sentidos inconclusas, era evidente que provocavam um movimento nacional de grande ímpeto e representavam uma ameaça direta não só para um governo sumamente frágil, senão para todo o sistema social do país. O grande número de correspondentes estrangeiros que havia chegado a La Paz para cobrir a notícia sobre a Assembleia transmitiu uma versão similar à imprensa estrangeira.[3]

Muitos no seu espanto ou talvez entusiasmos exagerados provavelmente tenham tirado conclusões apressadas, como um diplomata brasileiro, que afirmou tratar-se do "primeiro soviete da América Latina", ou jornalistas franceses que comparam esquematicamente a Assembleia Popular à sua emblemática Comuna de Paris.[4] O jornal francês *L'Express* chegou a noticiar que a Bolívia estava na ponta do fuzil com ocupações revolucionárias, o que não poderia de fato ser totalmente desmentido. Por outro lado, o jornal mexicano *Excelsior* afirmava: "a instituição da Assembleia reflete uma profunda e antiga preparação política, do tipo que se forja na clandestinidade e no enfrentamento de adversidades de muitos anos."[5] A história, porém, segue inesperada. Um processo vivo e democrático tomava conta das principais organizações do país. A eleição dos delegados cobria desse os subsolos lamacentos das minas às salas intelectualizadas das universidades.

A Assembleia Popular era de fato um Conselho Operário em constituição, que, numa conjuntura particular de reorganização do movimento operário e popular, baseava-se nestas mesmas estruturas para erguer-se como um poder político alternativo, de autossoberania popular, ainda impreciso, mas para onde afluíam as massas e suas organizações. Reatava-se esta história com o longo fio de continuidade dos movimentos dos conselhos operários e com as próprias tradições locais de democracia direta. Um brilho de esperança alimentava os líderes operários: o

---

3   DUNKERLEY, James. *op cit*, p. 168-169.

4   CAJÍAS, Lupe. *op cit*, p. 329-332.

5   *Presencia*, 29 de julho de 1971.

Bolívia: Democracia e Revolução   127

de que a poderosa liderança mineira e a autoridade da Assembleia Popular se imporiam de forma inconteste e quase naturalmente nos meses seguintes.

Entre as exigências para a eleição dos delegados estava o reconhecimento dos documentos básicos da Assembleia: a tese política do 4º congresso da COB e as Bases Constitutivas da Assembleia de fevereiro de 1971. Segundo este documento, o direito de voto não era universal nas eleições para a Assembleia Popular. As classes proprietárias não possuíam direitos políticos. Os organizadores referenciavam-se muito provavelmente no princípio eleitoral soviético aplicado na revolução russa de 1917: a maioria qualificada da classe operária nos órgãos de deliberação.[6] No documento "Bases Constitutivas da Assembleia Popular" esta proposta era justificada sob um argumento político perigoso. Para evitar frustrações com uma política não revolucionária, a classe operária deveria ter obrigatoriamente pelo menos 60% dos delegados presentes em todas as reuniões e em todos os níveis, uma forma de afirmar uma predestinação ideológica revolucionária dos operários. Os críticos afirmaram tratar-se de um critério corporativo por categorias profissionais, antidemocrático e restritivo.[7] Era, no entanto, um mecanicismo novo que buscava retomar, provavelmente mecanicamente, as tradições revolucionárias e democráticas do proletariado mundial. O cálculo que dividira as delegações, embora transparecesse um viés estritamente aritmético, possuía um claro cálculo político e social. Como afirmou posteriormente Filemon Escobar, medidas como a maioria propor-

---

6   O direito de voto nos sovietes russos de 1917 não era nem universal nem igualitário. Partia-se do princípio de que, sendo uma ditadura do proletariado, deveria ser exercida pelos proletários. A desigualdade política também se aplicou em relação ao camponês, para os quais defendeu-se o princípio da desigualdade política como forma de assegurar a maioria operária num país majoritariamente camponês. O voto universal permitiria à burguesia russa envolver e manipular a massa camponesa dividida e despolitizada contra o movimento operário. Tratava-se de uma medida que buscava responder à composição social específica da Rússia – majoritariamente camponesa –, que neste aspecto guardava semelhanças com a Bolívia de 1971. Cf. ANWEILLER, Oscar. *Les sovietes en Russie (1905-1921)*, p. 20.

7   Entrevista com Oscar Eid trinta anos depois, que defendeu este ponto de vista. Entre os críticos encontra-se o historiador estadunidense Herbert Klein, para quem os delegados não teriam obtido a legitimidade do voto popular para legislar no lugar da velha legislatura parlamentar. O autor atacou as atividades da Assembleia Popular como geradora de distúrbios e agitações, só resolvidas com o golpe posterior de Hugo Banzer em agosto de 1971. KLEIN, Herbert. *Bolivia*: the evolution of a multi-ethnic society (2ª ed., Nova York: Oxford Univ. Press, 1992), p. 353-354.

cional dos operários e o marco socialista da tese da COB não foram suficientes para dotar a Assembleia Popular de uma direção revolucionária que fosse hegemônica na classe operária como se esperava.[8] Havia certamente um fetichismo em relação à maioria operária da Assembleia, da qual mesmo os partidos mais sólidos nas tradições revolucionárias como o POR-Masas e o PCB não conseguiram se desvencilhar. De maneira geral, os partidos políticos de esquerda na Bolívia de 1971 possuíam um de seus olhos voltados para a Rússia de 1905 e 1917, principalmente. Foram estas experiências, muitas vezes analisadas precária e rapidamente, que moldaram as iniciativas centrais debatidas na Assembleia Popular.[9] O risco de um esquematismo político muito mais que uma análise do processo político boliviano poderia criar um quadro de expectativas superdimensionadas.

A composição das delegações foi precisamente definida levando em conta os critérios políticos acima descritos, e não diferiu do projeto inicial lançado em fevereiro:

DELEGAÇÕES DAS ORGANIZAÇÕES OPERÁRIAS

COB (Comissão Executiva Nacional e Centrais Departamentais	19 delegados
Federação dos Trabalhadores Mineiros (FSTMB)	38 delegados
Confederação dos Trabalhadores de Fábricas	24 delegados
Confederação dos Trabalhadores em Transportes	17 delegados
Confederação de Trabalhadores da Construção	13 delegados

8 ESCOBAR, Filemón. *op cit*, p. 17.

9 Filemon Escobar nos deu um testemunho de como grande parte dos debates ocorridos no interior da Assembleia Popular estavam marcados, muitas vezes literalmente, por textos e interpretações relacionados à revolução russa de 1917. Citações de dirigentes da revolução russa e alusões constantes à Comuna de Paris de 1871 eram constantemente utilizadas como memória viva da classe operária. Os adversários da Assembleia Popular mais de uma vez utilizaram estas referências para ridicularizar esta experiência que ousou utilizar abertamente a história para iluminar seu próprio caminho.

Confederação de Trabalhadores Farinheiros	4 delegados
Federação Nacional de Gráficos	5 delegados
Federação Nacional de Petroleiros	12 delegados

DELEGADOS DAS ORGANIZAÇÕES DE CLASSE MÉDIA

Confederação Nacional de Bancários	3 delegados
Federação Nacional de Professores Urbanos	4 delegados
Federação Nacional de Professores Rurais	3 delegados
Federação Nacional de Trabalhadores da Imprensa	2 delegados
Confederação de Trabalhadores das Telecomunicações	1 delegado
Federação Nacional de Empregados Sanitários	1 delegado
Confederação Universitária Boliviana (CUB)	5 delegados
Federação de Trabalhadores das Universidades	1 delegado
Confederação de Gremiais (Trabalhadores Informais)	3 delegados
Federação de Trabalhadores do Estado	1 delegado
Federação de Trabalhadores do Comércio	1 delegado
Federação de Trabalhadores da Alimentação	1 delegado
Federação dos Empregados de Rádio e Televisão	2 delegados
Federação de Institutos Profissionais	1 delegado
Federação de Artistas e Escritores	1 delegado
Federação de Trabalhadores Municipais	1 delegado
Federação Nacional de Pequenos Comerciantes	1 delegado

130   Everaldo de Oliveira Andrade

Federação Nacional de Cinematografistas	1 delegado
Confederação Nacional de Profissionais	2 delegados
Delegação do Comitê Revolucionário da UMSA	4 delegados
Confederação Nacional de Motoristas	8 delegados
Confederação de Cooperativas Mineiras	4 delegados
Confederação Nacional de Estudantes Secundaristas	1 delegado

DELEGADOS DAS ORGANIZAÇÕES CAMPONESAS

Confederação Independente de Camponeses da Bolívia	18 delegados
Federação Nacional de Seringueiros	1 delegado
Federação Nacional de Cooperativas Agrícolas	3 delegados
Federação Nacional de Cooperativas de Colonizadores	1 delegado

DELEGADOS DOS PARTIDOS POLÍTICOS

Movimiento Nacionalista Revolucionário (MNR) (depois revogado)	2 delegados
Partido Revolucionário de Izquierda Nacional (PRIN)	2 delegados
Partido Comunista de Bolivia (PCB)	2 delegados
Partido Comunista de Bolivia Marxista-Leninista (PCB-ML)	2 delegados
Partido Obrero Revolucionário (POR-Masas)	2 delegados
Partido Democrata Cristão Revolucionário (PDCR)	2 delegados
Movimiento Revolucionário Espártaco	1 delegado

Bolívia: Democracia e Revolução   131

A abertura dos trabalhos da Assembleia representava do ponto de vista organizativo um profundo esforço de rearticulação não apenas do movimento sindical, mas do conjunto de partidos operários e populares, organizações da juventude e setores importantes do movimento camponês. Era preciso na verdade superar um certo estado de embriaguez política com os atos militantes recentes que não se refletiam em organização política efetiva. Este era o esforço real representado pela Assembleia Popular.

As dificuldades eram grandes para escolha dos representantes e arrecadação de fundos para os delegados das entidades, sindicatos e partidos que comporiam a futura Assembleia Popular. Os delegados deveriam ser sustentados pelas suas entidades e manter absoluta independência financeira em relação ao governo. O Comando buscou criar os meios para a realização das eleições e a vinda dos delegados. Uma resolução pedia que cada trabalhador desse B$1,00 para ajudar. Outra ação era para que cada setor sindical pagasse o quanto antes sua cota à Assembleia. Aproveitando-se desta situação de penúria, um membro do MNR, Lindo Fernandez Chile, ofereceu – dentro da tradição clientelística e corrupta que marcara o MNR no poder – a quantia de B$5.000,00 para participar da Assembleia Popular, o que foi recusado com indignação. O PCB, por outro lado, ofereceu uma contribuição militante de US$1.000,00.[10] Os graves problemas de recursos financeiros e obstáculos de arrecadação tiveram um reflexo político: impediram a presença de delegações de cidades distantes, principalmente do interior do país.

Muitas organizações de base da Assembleia elegiam seus delegados num ritmo que não correspondia às necessidades urgentes do movimento operário e popular, que era o de fazer frente às ameaças golpistas dos setores conservadores. Várias organizações de classe média e partidos políticos ainda esperavam, às vésperas da abertura, que seus congressos se realizassem para eleger seus representantes,[11] e a uma semana do início, apenas 18 das 44 organizações previstas para participar da Assembleia haviam elegido seus delegados.[12] Além dis-

---

10 Entrevista com René Higueras.

11 *Ultima Hora*, 17 de junho de 1971

12 *Ultima Hora*, 18 de junho de 1971. *Presencia*, 02 de junho de 1971.

so, mesmo as comissões preparatórias ainda não haviam realizado seus projetos de informe, impondo ao Comando Político a necessidade de trabalhar contra o tempo para processar uma série de materiais e documentos preparatórios.[13] Este conjunto de dificuldades colocou em estado de alerta os dirigentes encarregados de impulsionar politicamente a abertura dos trabalhos, em particular o presidente da comissão de organização da Assembleia Popular, Oscar Pantoja. Este emitiu declarações afirmando que os trabalhos não ocorriam no ritmo esperado. Era preciso para ele mais impulsão política.[14]

Entre as inúmeras delegações que chegavam a La Paz, a delegação dos mineiros era a mais significativa e numerosa e estava formada por 52 trabalhadores de base e seis da Federação. Os delegados haviam sido eleitos em assembleias gerais nos diferentes acampamentos pelo país, que aprovaram como parte dos mandatos dos delegados as propostas de defesa da universidade única e da cogestão operária da mineração para serem levadas à Assembleia Popular.[15] Outro projeto da delegação referia-se a nacionalização e integração das empresas mineradoras e de fundição, que contara com a colaboração do POR-Masas e do PCB na sua elaboração.[16] A Federação dos mineiros saudava a abertura da Assembleia Popular destacando que existiam muitos adversários dispostos a dividir os seus trabalhos, entre os quais membros da classe média acostumada às dádivas dos ministérios, em alusão a membros do governo que buscavam interferir em seus trabalhos. O documento da FSTMB também dizia que esperava que se inaugurasse um período revolucionário com a Assembleia na via do socialismo.[17]

Os ferroviários emitiram um pronunciamento apoiando a Assembleia Popular e seu significado para a derrota do imperialismo e decretaram mobilização dos trabalhadores das redes ferroviárias e a disposição de se somarem na organização das milícias armadas do povo.[18] A delegação dos trabalhadores ferroviá-

---

13 *Ibidem.*

14 *La Jornada*, 22 de junho de 1971.

15 *Presencia*, 16 de junho 1971.

16 *La Jornada*, 22 de junho de 1971.

17 Fedmineros: 50-51, jun. 1971.

18 *La Jornada*, 22 de junho de 1971.

Bolívia: Democracia e Revolução   133

rios, liderada pelo dirigente Casanova, preparava uma proposta de reorganização da rede nacional de ferrovias do país para ser apresentada.[19]

A Universidad Mayor de San Andrés, o mais importante centro de estudos do país, através do seu Conselho Superior, não deixara de designar como delegado o engenheiro Raul Tapia Zabala até que se realizassem eleições gerais.[20]

O Bloco Independente Camponês realizou no dia 22 de junho de 1971 uma conferência nacional em Catavi para eleger seus delegados,[21] que ratificaram o pacto operário-camponês-universitário e rechaçaram o pacto militar-camponês. Os delegados eleitos foram os membros da comissão nacional, entre os quais o destacado dirigente de Cochabamba, Cassiano Amurrio, depois dirigente da Assembleia Popular.

A formação efetiva da Assembleia através da eleição dos delegados não foi um processo uniforme e tranquilo. Dependia de vontade política. Muitas entidades e organizações que há apenas um ano nem sequer podiam existir, depois de anos de perseguições políticas, estavam se rearticulando em suas bases e recompondo seus quadros e militantes.

O fato da ampla maioria dos delegados expressarem mandatos sindicais e populares não diluiu a presença dos partidos e sua influência ultrapassava as delegações partidárias e nominais. Esta constatação dava uma característica híbrida e original, nascida de uma experiência política muito concreta, às estruturas democráticas da Assembleia. Num primeiro momento o plenário da Assembleia Popular poderia assemelhar-se muito mais aos congressos sindicais da COB, mas a presença de delegações estudantis, camponesas e partidárias e principalmente o conteúdo dos debates afastavam estas impressões. A presença reconhecida dos partidos foi marcante e decisiva nas discussões, embora nem sempre explícita. O único levantamento de que dispomos, uma enquete jornalística realizada junto aos delegados da Assembleia, revelava provavelmente mais as simpatias partidárias do que o efetivo peso e capacidade de elaboração política de alguns partidos:

---

19 *La Jornada*, 22 de junho de 1971.

20 *La Jornada*, 24 de junho de 1971.

21 *Los Tiempos*, 16 de maio de 1971.

MNR	53 militantes
PRIN	28 militantes
PCB	26 militantes
PCML	17 militantes
Partido Socialista	13 militantes
MIR (Espártaco e PDCR)	13 militantes
FSB	8 militantes
POR-Masas	8 militantes
Independentes (não declararam militância em partidos)	46 delegados
Total	212 delegados[22]

O MNR, apesar de proibido de eleger delegados à Assembleia Popular, contava com a participação e apoio do seu Comando Trabalhista, ocupando 20% das delegações com 53 militantes. O Comando Nacional Trabalhista do MNR firmara uma clara posição favorável à Assembleia Popular – que explica em parte sua presença –, posição que estava em aberta ruptura com os dirigentes máximos do MNR que neste momento alinhavam-se com o coronel Hugo Banzer na preparação do golpe, como afirmava um documento deste grupo:

> O Comando Nacional Trabalhista do MNR (…) estabelece com clareza sua plena identificação com a Tese do IV Congresso Nacional da COB e – como partido majoritário sem lugar para nenhuma dúvida – como militantes da COB, do Ampliado Nacional de Trabalhadores da Bolívia e da Assembleia Popular, atuarão juntamente com o povo boliviano em sua luta pela libertação nacional…[23]

---

22 *Los Tiempos*, 4 de julho de 1971.

23 *La Jornada*, 17 de agosto de 1971.

Bolívia: Democracia e Revolução   135

A FSB estava presente com oito delegados sindicais provavelmente ligados à dissidência de esquerda surgida no período da Assembleia. O POR-Masas, apesar do lugar político que ocupavam seus principais militantes como Guillermo Lora, o mineiro Filemon Escobar e dirigente estudantil Jorge Lazarte, numericamente era uma apenas uma minoria. Apenas 21,7% do total de delegados da Assembleia Popular não se orientavam ou mantinham referências partidárias. Não havia nenhum delegado alinhado abertamente à defesa do governo Torres, embora tenha se configurado no decorrer dos debates um setor minoritário que não estava disposto a fazer da Assembleia um órgão opositor a Torres.

As mobilizações de massa que impuseram a greve geral de outubro de 1970 eram apenas um pequeno traço de um movimento de maior profundidade e maturidade que tinha uma de suas expressões na recomposição dos partidos. A estrutura política em torno da Assembleia Popular permitiu a algumas dessas organizações contornarem suas debilidades organizativas para agir no interior das estruturas sindicais. No entanto, esta constatação não poderia ser identificada, como fez o dirigente mirista Zavaleta Mercado, como uma diluição dos partidos no espontaneísmo sindical.[24] Ao contrário, revelou a notável capacidade de elaboração das organizações políticas de esquerda e seu papel fundamental como amálgama do movimento de massas que ganhava forças contra o regime militar. A realização da Assembleia Popular obrigou o conjunto dessas forças políticas, mesmo as mais distantes da opção pela mobilização de massas e da construção do duplo poder, a se posicionarem e buscarem por todos os meios participar da Assembleia. Apesar da presença majoritária de delegações de caráter sindical, a Assembleia funcionou de fato como uma verdadeira convenção política, ao reunir as principais organizações que atuavam no interior do movimento operário, camponês e da juventude do país. Durante a Assembleia algumas organizações políticas tiveram uma intervenção decisiva, embora com diferentes gradações e posicionamentos. Entre essas estavam o MIR, o PCML, o PCB, o POR-Masas e o PRIN.

---

24 ZAVALETA MERCADO, R. *El poder dual*, p. 132.

136 Everaldo de Oliveira Andrade

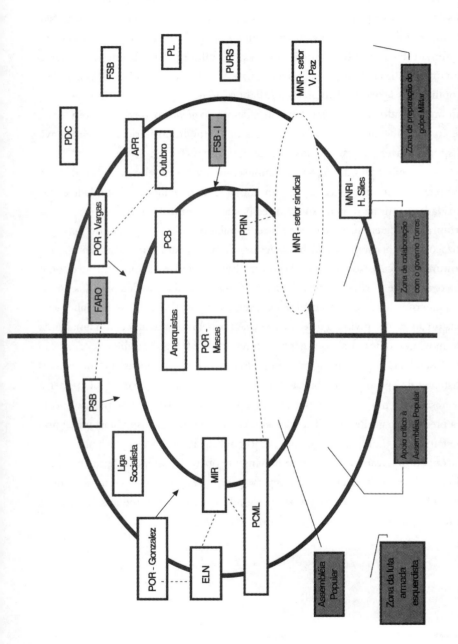

Gráfico das forças políticas

O MIR

O MIR (Movimiento de Izquierda Revolucionária) compôs o setor esquerdista da Assembleia Popular, defendendo uma posição ambígua entre as possibilidades da Assembleia Popular como alternativa de poder e a via da luta armada direta contra o regime militar.

O MIR surgiu sob o impacto das guerrilhas de Che Guevara e de Teoponte organizadas pelo ELN. O Comitê de Integración Revolucionaria del MIR formou-se em 27 de maio de 1971. Neste período de formação foi editado o jornal *Vanguardia* – entre maio e agosto de 1971 – sob a direção de René Zavaleta Mercado.[25] Embora sua primeira direção tenha sido eleita em 7 de setembro de 1971, após a queda da Assembleia Popular, o partido já atua e amadurece no desenrolar deste processo político. Entre seus principais dirigentes destacaram-se Antônio Aranibar, Adalberto Kuajara, Oscar Eid Franco, René Zavaleta e Jaime Paz Zamora.

Formado pela união de três grupos, tornou-se conhecido pela predominância inicial de militantes universitários. Os grupos originários eram a juventude do PDC (Partido da Democracia Cristã) que antes do MIR é conhecida como PDCR (Partido Democrata Cristão Revolucionário) e controlava a central universitária boliviana (CUB); um grupo de marxistas independentes e o grupo Espártaco originado de professores universitários e dissidentes militantes da juventude do MNR dos anos 60, como Jaime Paz Zamora e René Zavaleta Mercado.[26]

Não faltaram críticas às origens heterogêneas do MIR, como a de que entre seus grupos originários estavam ex-ministros do MNR como Zavaleta Mercado e oportunistas políticos como Jaime Paz Zamora, além de partidários e apoiadores do governo Barrientos como os ex-membros do PDC.[27] Por outro lado, existiam versões de seu apoio velado ao ELN. De fato havia uma zona de sombra nas rela-

---

25 *Ibidem.*

26 Este ingressou no MIR acusando seu antigo partido de assumir posições pró-imperialistas. Numa longa carta afirma que depois do Pacto de Lima – manifesto de 2 de abril lançado por Paz Estenssoro – o MNR se alinhou claramente com uma política pró-imperialista e anticomunista, com setores fascistas do exército e a embaixada dos Estados Unidos. *El Diario*, 02 de junho de 1971; *La Jornada*, 02 de junho de 1971.

27 Carta de um militante do Partido Socialista, *La Jornada*, 17 de junho de 1971.

138   Everaldo de Oliveira Andrade

ções de militantes miristas com o ELN que não foram negadas por seus dirigentes.[28] A heterogeneidade inicial dos grupos que compuseram o MIR refletiu-se no
seu programa político, em grande parte uma tentativa de simbiose do marxismo
com o chamado nacionalismo revolucionário do MNR:

> Desde o ponto de vista da origem teórica encontramos nossa filiação no socialismo
> científico e desde o ponto de vista da origem histórica, no processo gerado pelo nacio-
> nalismo revolucionário: origem, filiação e raízes teóricas no socialismo científico; ori-
> gem, filiação e raízes históricas no nacionalismo revolucionário, como produto direto
> da Revolução Nacional da Bolívia, social e econômica, posterior a 1951.[29]

Nessa perspectiva, a estratégia de tomada do poder do MIR previa uma aliança da classe operária com o campesinato e as classes médias num Bloco Social
Revolucionário cujo objetivo seria construir e levar ao poder uma verdadeira esquerda nacional.[30] O MIR – se é possível buscar uma síntese – constituía a média
do nacionalismo de esquerda do MNR, setores da esquerda católica, com setores
marxistas moderados ligados aos meios universitários.

As contradições do partido, mesmo entre os dirigentes, tornaram-se evi-
dentes ao longo dos meses da Assembleia Popular. Segundo o dirigente Adalberto Kuajara, por exemplo, o MIR deveria trabalhar em comum com a UCAPO,
dirigida pelos maoístas, porque "o campesinato é o fator principal da revolução
socialista".[31] As opiniões de Zavaleta Mercado também refletiam grande parte
das opiniões do partido na época, procurando justificar o porquê de a pequena
burguesia dar mais importância à questão militar que ao mundo operário: "para
um pequeno burguês é mais fácil entender uma questão militar, desde um ponto
de vista técnico, do que quem está no mundo operário, o que implica toda uma

---

28 Entrevistas com Antonio Araníbar, Oscar Eid e Antonio Peredo.

29 "Fundamentos de la teoria y de la acción de la revolución boliviana", In: ROLON ANAYA, Mario.
    Política y partidos en Bolivia, p. 614.

30 SANDOVAL RODRIGUES, Isaac. Los partidos políticos en Bolivia, p. 171-173.

31 Presencia, 12 e 18 de junho de 1971.

Bolívia: Democracia e Revolução   139

mutação global de sua imagem das coisas."[32] O tema da organização militar da
Assembleia tornou-se o problema fundamental da intervenção do partido.

O PCML

O PCML surgiu em abril de 1965 de uma dissidência do PCB. Entre seus dirigentes iniciais destacou-se o líder mineiro Frederico Escobar, assassinado meses
depois pela ditadura barrientista. Oscar Zamora e Ruiz Gonzáles também inte-
gravam o plano maior do partido. Os maoístas possuíam uma posição ambígua
em relação à viabilidade política da Assembleia Popular. Nos primeiros meses de
1971 atacaram a proposta e depois oscilaram entre a participação na Assembleia
e a luta armada no campo.

O partido caracterizava em seus documentos o governo Torres como representante da burguesia internacional e a luta armada como a única forma de
derrotar o imperialismo e resolver a contradição entre o polo independente e o
poder colonialista.[33] Caetano Llobet, delegado maoísta na Assembleia Popular
Nacional, chegou a declarar, num dos momentos de euforia militante, que não
bastava a Torres fechar a base de Guantanamito, o governo deveria tomar a embaixada dos Estados Unidos.[34] A opinião comum entre os maoístas era de que a
Assembleia Popular, ao invés de se preparar para o golpe de Banzer, estava envolvida em problemas menores, em discussões bizantinas. Obscurecia o momento
político com uma aparência de poder operário e desviava a luta que deveria ser
praticada no plano militar.[35]

Em janeiro de 1971, Raul Ruiz Gonzáles afirma que o partido opunha-se à
formação da Assembleia Popular, afirmando ser necessário prioritariamente realizar ações revolucionárias na cidade e no campo. Por isso propunha uma "frente
revolucionária do povo" em oposição à Assembleia Popular com direção operária e independente do governo Torres. A prioridade seria preparar as massas

---

32 ZAVALETA MERCADO, R. *El poder dual*, p. 221.

33 SANDOVAL RODRIGUES, Isaac. *Culminación y ruptura del modelo nacional-revolucionario*, p. 145.

34 Entrevista com Edgard Ramirez.

35 Entrevista com Jorge Echazú.

para se armarem e formarem comitês revolucionários armados, núcleos de um futuro exército popular. Este comunicado, de 20 de janeiro de 1971, era assinado por Oscar Zamora, Cassiano Amurrio e Raul Ruiz Gonzáles.[36]

No final de junho de 1971, porém, Oscar Zamora deu uma conferência de imprensa que demonstrava um giro tático e uma nova disposição do partido em relação à Assembleia Popular que avança e se consolida. Segundo ele, a Assembleia Popular deveria constituir-se numa frente das classes populares, sob a vanguarda dos operários para tomar o poder político, um instrumento para a busca de objetivos estratégicos e não táticos: "a Assembleia Popular deve primeiro aglutinar todas as forças revolucionárias, sob a direção operária, que permita a tomada do poder político. Segundo, preparar ideológica e militarmente estas forças para a conquista do poder". Denunciava que dentro da Assembleia Popular existiriam forças dispostas a convertê-la em instrumento de um cogoverno como o PCB e o POR-Masas, porque "tentam obstruir a preparação militar e ideológica da classe trabalhadora, atacando os partidos que propõem a luta armada, argumentando que esta atitude é provocativa." A Assembleia Popular deveria ainda proclamar a liquidação do latifúndio como medida de ação direta das massas.[37] Esta posição relacionava-se à tática do partido, que, paralelamente à Assembleia Popular, impulsionava a UCAPO, instrumento para viabilizar a tática maoísta da guerra popular no campo.[38]

---

36 *El Diario*, 24 de janeiro de 1971.

37 *El Diario*, 30 de junho de 1971.

38 Para Echazú, a UCAPO liderada por Oscar Zamora foi em grande parte um organização fantasma, que realizou atividades para dissimular suas traições. Foi, segundo Echazú, uma criação para justificar o dinheiro enviado pelos chineses. (In: Entrevista com Jorge Echazú). Nesse período Zamora e Echazú se combatiam em uma luta fracional que atingiu grande imprensa. As duas alas concordavam no essencial sobre a tática em relação à Assembleia Popular. E isto pode ser comprovado por uma carta do militante Jorge Echazú Alvarado, que contestava a liderança de Oscar Zamora: "Nosso grande partido comunista, que nasceu vigoroso em Siglo XX, sob a condução do imortal líder Federico Escobar, foi completamente destruído por você e sua camarilha. Personalista, ignora as instâncias do partido (...). Repito, não utilize esta nota como uma renúncia minha à causa do marxismo-leninismo, porque como lhe disse, nem você nem o revisionista confesso e vergonhoso

Bolívia: Democracia e Revolução   141

A participação do partido na Assembleia Popular foi um passo obrigado e em grande medida secundário taticamente. Os principais representantes do partido na Assembleia Popular foram Ruiz Gonzáles e Caetano Llobbet,[39] que em texto escrito posteriormente, somou-se à tese de Zavaleta de que a Assembleia fora "obreirista":

> Quase antipartidária (todos os termos imprecisos e provisórios) das delegações operárias na dita Assembleia. Não se tratava de uma atitude circunstancial, como não era casual que uma boa parte dos delegados na Assembleia Popular se sentisse ainda identificada com um partido não marxista como o MNR.[40]

Incomodava aos "partidos universitários" PCML e MIR – como eram chamados pelos mineiros – a pouca influência que desfrutavam entre os operários. A liderança política dos mineiros, a existência da Assembleia Popular e suas delegações, eram obstáculos palpáveis à luta armada à margem das organizações de massa como maoístas e miristas defendiam. Havia partidos com real inserção social nas camadas operárias. Restava tentar desqualificar o parlamento operário-popular.

O PCB

O Partido Comunista da Bolívia foi fundado em 1950 de uma cisão da ala jovem do PIR (Partido de la Izquierda Revolucionária), baseando sua estrutura e orientações políticas nas diretrizes do regime stalinista da URSS. Em 1964 o PCB dividiu-se em duas alas, uma ligada a Moscou e que manterá a sigla partidária, e outra ligada a Pequim e conhecida como PCML (Partido Comunista da Bolívia – Marxista-Leninista).[41] As diretrizes do PCUS (Partido Comunista da União So-

---

Ruiz Gonzales, nem o grande burguês e companhia, são em absoluto marxistas e leninistas". (*El Diario*, 9 de fevereiro de 1971).

39 Entrevista com Jorge Echazú.

40 LLOBET, Cayetano. "Apuntes para una história del movimiento obrero en Bolivia", In: GONZÁLES CASANOVA, Pablo (org.)". *Historia del movimiento obrero en América Latina*, p. 311. Também STRENGERS, J. *op cit*, p. 230-231.

41 SANDOVAL RODRIGUES, I. *Los partidos politicos en Bolivia*, p. 159-161.

142   Everaldo de Oliveira Andrade

viética) para a América Latina nesta época, seguidas pelo PCB, tinham como perspectiva política a construção do Estado Nacional Democrático como defensor das forças progressistas da nação. A política de colaboração de classes do stalinismo constituía-se em complemento da coexistência pacífica acordada entre URSS e EUA. O PC chileno, por exemplo, neste momento envolvido com o governo de Salvador Allende, defendia as "frentes amplas" para a conquista pacífica do socialismo.[42]

O 3º congresso nacional do partido, realizado em 13 de junho de 1971 em La Paz, atualizou suas posições. Estiveram presentes cerca de 500 delegados, e Jorge Kolle foi eleito primeiro secretário.[43] As resoluções se concentraram em atacar o foquismo guerrilheiro e propor uma frente comum para lutar contra o fascismo.[44] O PCB avaliava o momento internacional como de abertura democrática e favorável à possibilidade de constituição de uma frente popular, numa visão reformista que passava pelo apoio aos processos eleitorais.[45] A Assembleia Popular deveria ser vista como uma escola revolucionária, lugar da democracia operária e cenário da derrota do populismo.[46] O governo Torres foi qualificado como democrático, progressista e antifascista.[47] Nessa medida, a Assembleia deveria visar a construção de uma frente revolucionária como apoio ao governo Torres e nos moldes da unidade popular do Chile de Allende.[48] O informe do congresso sobre a Assembleia Popular afirmava:

> A melhor garantia para o curso consequente da ofensiva anti-imperialista se fará na ativação e no impulso que cobre a Assembleia Popular como o instrumento de aprendizagem da gestão política e organizativa das direções operárias e dos líderes

---

42 AGGIO, A. *Democracia e socialismo: a experiência chilena*, p. 106.

43 *El Diario*, 14 de junho de 1971.

44 Informe del 3º congreso, *El Diario*, 20 de junho de 1971.

45 Entrevista com Edgard Ramirez.

46 ZAVALETA MERCADO, R. *El poder dual*, p. 212-213.

47 Entrevista com Marcos Domich.

48 Esta opinião é expressa também por SANDOVAL RODRIGUES, Isaac. *Culminación y ruptura del modelo nacional-revolucionario*, p. 143, na época ministro do Trabalho do governo Torres.

Bolívia: Democracia e Revolução   143

populares. A Assembleia Popular pode ser a melhor escola que forje os futuros quadros do governo popular. A Assembleia Popular é e pode ser, objetivamente, o grande unificador, a força organizativa das massas, seu instrumento ao qual se alia a equipe militar que compreenda as necessidades do povo. Só podem temê-la o imperialismo, os reacionários e quem, colocando o interesse pessoal acima dos interesses populares, sintam a firmeza de sua gestão.[49]

Durante os trabalhos da Assembleia Popular Nacional, Jorge Kolle, Marcos Domich e Simon Reyes se destacam como dirigentes.[50] Sob a orientação das resoluções do congresso do partido, buscarão desenvolver uma aproximação com Torres. O Partido Comunista Boliviano manteve sólidas posições entre os trabalhadores mineiros mesmo após as cisões de maoístas e guevaristas. O setor mineiro opôs resistência à política de colaboração de classes.

O POR-MASAS

O POR (Partido Obrero Revolucionario) foi fundado em 1935 no exílio e sob o impacto da Guerra do Chaco (1932-1935). Em 1938 torna-se a seção boliviana da IV Internacional liderada por Leon Trotsky. Durante os anos da década de 1940 os militantes trotskistas bolivianos logram ingressar no principal setor operário do país, os mineiros, e desde então adquirem uma influência política constante sobre a vida do movimento sindical. Essa influência será decisiva no processo de fundação da COB durante a revolução de 1952.

A revolução de 1952 colocou o POR no centro de importantes tarefas e pressões políticas agregadas ao fato da IV Internacional viver um processo de

---

49 *El Diario*, 20 de junho de 1971.

50 A Assembleia foi, nas palavras de Jorge Kolle trinta anos depois, principal dirigente do partido na época, resultado da sobrevivência de Torres e, sem ele, ela não existiria. Isto porque a ascensão de Torres representaria não um momento revolucionário, mas um momento frustrante da direita em tomar o poder. Na correlação de forças do país prevaleciam as forças armadas. As massas haviam sido desarmadas preventivamente por Barrientos em 1965. A milícias operárias e camponesas não tinham mais força militar, apenas sindical, moral, mas a tomada do poder dependia de força militar. A força do movimento operário teria sido para Kolle muito mais literária e musical, nas palavras do veterano dirigente comunista.(entrevista com Jorge Kolle).

crise política e desarticulação. No 3º Congresso Mundial de 1951 ocorre uma cisão que tem repercussões na seção boliviana. Um setor majoritário, liderado por Ernest Mandel e Michel Pablo, propõe revisar as bases programáticas da IV Internacional, que caracterizam como contrarrevolucionários os Partidos Comunistas e colocam a necessidade de construção de uma nova direção revolucionária internacional. Ao contrário, os pablistas, como passam a ser chamados, defendem uma aproximação e entrismo nos Partidos Comunistas e movimentos ou partidos nacionalistas como o MNR boliviano. Um setor minoritário se opõe e forma o Comitê Internacional para defender o programa original da IV Internacional.

Na seção boliviana, agindo sob o fogo da revolução de 1952, esse debate divide o partido em três alas. Uma delas, liderada por Edwin Moller e Lídia Gueiler, ingressa diretamente no MNR e depois, juntamente com o grupo de Juan Lechín, fundará o PRIN. Outros, divergindo das orientações majoritárias na IV Internacional, agrupa-se em torno de Guillermo Lora. O terceiro grupo liga-se a Hugo González, mantendo-se fiel às orientações de Michel Pablo e Ernest Mandel, que dirigiam a Internacional. Alguns anos depois, deste terceiro grupo – o POR-González – destaca-se um outro agrupamento dirigido internacionalmente pelo argentino J. Posadas e conhecido na Bolívia como POR-Vargas. Portanto, às vésperas da Assembleia Popular de 1971, existem três partidos que se reivindicam do POR na Bolívia: o POR-Masas de Guillermo Lora, o POR-González e o POR-Vargas, esses dois últimos já analisados anteriormente, além da importante influência que ex-poristas mantêm à frente do PRIN. Excetuando uma referência comum, mas em geral pouco coerente às teses da IV Internacional e às ideias de Leon Trotsky, as diferenças políticas e táticas destes partidos durante os momentos da Assembleia Popular são grandes. No período da Assembleia Popular o POR-Masas vinculava-se internacionalmente ao Comitê Internacional, ao qual aderira em janeiro de 1970.[51]

O POR-Masas mantém no começo da década de 1970 uma constante influência política sobre o proletariado mineiro, que tem em Filemon Escobar um dos

---

51 O Comitê Internacional une vários grupos que buscam se articular para manter as teses originais da IV Internacional. Ver MARIE, Jean-Jacques. *O trotskismo*, ed. Perpectiva. Uma crítica incisiva sobre a história contemporânea do POR está em BACHERER, Juan Pablo. *El Por se ha transformado en secta nacionalista.* *Ver também livro de ARZE, Amadeu Vargas, *El trotskismo em Bolivia*, 1995.

Bolívia: Democracia e Revolução   145

seus principais dirigentes à frente da Federação dos Mineiros. Nas universidades o POR mantém uma importante intervenção sob a liderança de Victor Sossa e Jorge Lazarte, este último será delegado à Assembleia pelo partido.

Desde a perspectiva política e estratégica do POR-Masas, a Assembleia Popular deveria ser vista como um corpo soviético num quadro de dualidade de poderes.[52] Deveria ser um comando executivo capaz de tomar decisões e soluções que expressassem a vontade revolucionária do proletariado e do conjunto dos explorados, buscando se constituir na única autoridade reconhecida.[53] Para Filemon Escobar, o Comando Político da COB e do Povo já possuía características de um soviete e a abertura oficial da Assembleia Popular se encarregaria de consolidar estas características. Não se tratava, por isso, de permanecer como parlamento deliberativo nem de lançar uma insurreição armada, mas de resolver e aprofundar o destino da conjuntura democrática e transformá-la em socialista: "a conjuntura democrática de 1969/1971 não era mais que a continuidade, em um quadro histórico novo, da conjuntura de 1952."[54]

Para os trotskistas do POR-Masas a cogestão operária da mineração e a prática da dualidade de poderes colocaria as massas em movimento, criando as condições para a tomada do poder.[55] Contestando aqueles que negavam a Assembleia como um órgão soviético, Filemon afirmou que: "A Assembleia foi, desde seu início, uma organização com características soviéticas e não simplesmente um soviete em potencial". Assim, o que caracterizaria um soviete não seria suas palavras de ordem centrais ou posições radicais,

> Mas sua ampla organização e as funções que assume como autoridade indiscutível das massas (...). A história ensina que o grau de sua combatividade e sua radicalização dependem da tendência política que a dirige. (...) O erro comum

---

52 Jornal *Masas* n° 383 (12-01-1971), n° 384 (19-01-1971), n° 385 (30-01-1971), n° 391 (09-03-1971).

53 ESCOBAR, F. *Op. cit.*, p. 161.

54 *Ibidem*, p. 164-165.

55 ZAVALETA MERCADO, R. *El poder dual*, p. 211.

dos críticos esquerdistas da Assembleia consiste em que confundem sovietes com extremismo ou insurreição.[56]

O POR-Masas consolidou-se como a verdadeira máquina ideológica e política da Assembleia Popular, ajudando a desenvolvê-la até os limites possíveis oferecidos pelo contexto histórico boliviano.[57]

O PRIN

O PRIN foi fundado em 19 de março de 1964 e é originário do setor majoritário de sindicalistas do MNR liderados por Juan Lechín. Surgia como resposta às consequências da virada política dos governos do MNR de Paz Estenssoro e Hernán Siles contra as reivindicações dos setores operários. Estes inicialmente formam uma das principais bases de apoio do MNR no governo desde 1952, expresso no cogoverno COB-MNR. O esgotamento desta fórmula provoca uma crise da aliança de classes representada pela coligação central sindical–partido político. O próprio MNR expressava como movimento político uma frente de classes, em particular dos setores operários e da pequena burguesia.

Para alguns autores, como Sandoval Rodriguez, tratava-se de uma crise da ideologia do nacionalismo revolucionário expressa pelo MNR e que levará a uma instabilidade política regressiva nos anos da década de 1960 e 1970, finalizando o ciclo nacionalista revolucionário com o governo J. Torres.[58] Na verdade, o que ocorreu foi uma ruptura política do bloco de poder – que utilizava a bandeira do nacionalismo revolucionário como ideologia – para enlaçar por alguns anos

---

56 ESCOBAR, Filemon. "L'Assemblée Populaire: une conquête et ses enseignements", *La Verité*, In: 556, avril 1972, p. 128-129.

57 Sem negar o papel decisivo deste partido na Assembleia, a direta identificação entre os dois fenômenos – ação do POR-Masas e constituição da Assembleia Popular – criou preconceitos e um certo isolamento do estudo do tema histórico no interior do país, por conta, em grande medida, de interesses políticos imediatos e locais. De fato, uma pequena mas persistente usina de propaganda funcionando até os dias de hoje (2007) desenvolve um culto permanente e autoproclamatório do papel do POR-Masas nos acontecimentos em torno da Assembleia Popular.

58 SANDOVAL RODRIGUES, Isaac. *Los partidos politicos en Bolivia*, p. 148.

Bolívia: Democracia e Revolução   147

o movimento sindical, ruptura que não se dá por cima por uma crise ideológica, mas por baixo, a partir do choque entre o Plano de Estabilização do FMI e as reivindicações dos mineiros por salários.

O partido foi refém das constantes viradas políticas e do personalismo de seu líder máximo, Juan Lechín, ele próprio afirmando que o PRIN como partido não se organizava inicialmente de forma mais sistemática, possuindo dificuldades para formar novos militantes e dirigentes.[59] Os laços históricos ligando setores do MNR a Lechín nunca se romperam totalmente. Assim, em numerosas situações ele contaria com os votos de membros do MNR para manter suas posições e postos políticos. Da mesma forma como em muitas polêmicas no interior da COB, o MNR – principalmente seu setor sindical – contaria com a colaboração dos seguidores de Lechín.

O PRIN mostrava-se muito mais como uma corrente política de sindicalistas que propriamente um partido político. Em novembro de 1964, por exemplo, Lechín apoia abertamente o general Barrientos no golpe contra Victor Paz Estenssoro. Logo depois os militantes do partido são perseguidos junto com outros partidos e organizações sindicais do movimento operário.

Mantendo em suas linhas gerais a estratégia de colaboração ou bloco de classes defendida pelo MNR, seu programa de princípios se detém em denunciar as traições do partido de Paz Estenssoro, mas sem romper com a concepção política geral emenerrista. Assim, o objetivo do partido é que se "atualizem os princípios que inspiraram as gloriosas jornadas de abril de 1952, reimplante seus objetivos e devolva ao povo boliviano a fé em seu destino, através de soluções políticas destinadas a realizar uma verdadeira revolução nacional."[60]

No Programa de Princípios do partido expressa-se claramente a continuidade da linha política do MNR. Pode-se ler sobre a estratégia política do partido que:

> O processo nacional e emancipador se expressa numa ampla frente de todas as classes e setores populares e patrióticos, tendo em conta as particularidades de cada país e a correlação de forças no âmbito interno e internacional. (...) Nos países atrasados como o nosso a luta pelo poder e pela emancipação nacional

---

59 Depoimento de J. Lechín, BARROS, Omar de. *op cit*, p. 136-139.

60 ROLON ANAYA, Mario. *op. cit.*, p. 554-567.

148   Everaldo de Oliveira Andrade

não se manifesta através de partidos políticos de uma só classe social, senão pela condução de uma frente nacional de classes, cujos interesses coincidem do processo da libertação.[61]

Em novembro de 1970 o PRIN realizou um congresso em La Paz. As resoluções políticas foram notáveis pelas incoerências táticas, que oscilavam do esquerdismo ao apoio ao governo Torres. Lechín cobrou atitudes anti-imperialistas do governo e ofereceu o apoio em troca de metade dos ministérios para os trabalhadores, proposta que fora rejeitada de fato pelo Comando Político da COB. Nas resoluções finais o partido alinhava-se com posições que defendiam a luta armada como forma de se implantar o socialismo no país. Junto a Lechín foram eleitos como principais dirigentes Lídia Gueiller, Edwin Moller e José Guillén.[62] Juan Lechín, junto com Lídia Gueiller, representaram o partido na Assembleia Popular.[63]

A ABERTURA DOS TRABALHOS

As portas do Palácio Legislativo, sede da Assembleia, foram escoltadas por uma guarda armada formada por membros de diferentes organizações operárias e estudantis, parte das milícias armadas que começavam a se constituir a partir dos sindicatos e organizações estudantis e camponesas.[64] Uma grande faixa demarcava as sacadas do prédio como um novo território político conquistado: "Asamblea del Pueblo". Atrás da mesa do presidium dirigente quatro mineiros

---

61 *Ibidem.* p. 554-567.

62 CAJÍAS, Lupe. *op cit*, p. 317.

63 Durante entrevista com o autor, 30 anos depois da Assembleia, o velho caudilho sindical boliviano reafirmará que a Assembleia teria sido para ele constituída para sugerir medidas e não para impô-las ao governo como um parlamento. Disse que os dirigentes da COB visitavam constantemente Torres e mantinham uma colaboração com ele. Dessa maneira o principal resultado da Assembleia teria sido o de permitir que os operários sugerissem propostas sociais, econômicas, discutir problemas nacionais. A Assembleia teria substituído os partidos, pois estes não tinham força para resgatar as liberdades políticas para os trabalhadores (Entrevista com Juan Lechín).

64 *El Diario*, 22 de junho de 1971.

Bolívia: Democracia e Revolução   149

fardados, com seus capacetes característicos e armados de fuzis expressavam uma autoridade política e moral incontestável ao conjunto dos delegados. O governo mobilizara sua segurança ante a ameaça de um golpe na abertura da Assembleia Popular,[65] mas durante todos os trabalhos esta guarda armada operária irá não só dispensar o oferecimento de proteção de Torres, como também impedir a entrada de provocadores e garantir sua independência.

Desde as 14h30 do dia 22 de junho de 1971 começaram a se reunir os delegados. Às 15h30 começou a primeira sessão da Assembleia Popular presidida provisoriamente por Juan Lechín. A primeira atividade foi o informe da comissão de poderes e a leitura da lista oficial de delegados. Na leitura dos nomes, Guillermo Lora e Juan Lechín foram aplaudidos, seguidos depois pelos dirigentes do PCB Jorge Kolle e Marcos Domich. O informe da Comissão de Poderes e assuntos políticos, que concentrava os trabalhos de credenciamento dos delegados, causou os primeiros choques – incidentes ainda de pouca importância política. Os professores urbanos foram questionados quanto à sua representação porque alguns dirigentes não acataram a decisão do congresso sindical. A delegação dos transportadores também foi questionada e acusada de ter entre seus membros alguns empresários. Os camponeses que exigiam mais delegados não foram atendidos. Os delegados petroleiros abandonaram a sala depois que dois representantes de ex-trabalhadores petroleiros privados foram reconhecidos como delegados.[66] A comissão terminou, numa segunda sessão de debates no dia seguinte, por impugnar algumas delegações.

O poder de atração política da Assembleia Popular cresceu após o início de seus trabalhos e novas organizações passaram a solicitar adesão. O informe da comissão de poderes sugeriu, após vários pedidos formais, a abertura de discussão sobre a incorporação oficial de delegados do Partido Socialista, do POR-Vargas e do POR-González. A Liga Socialista Revolucionária não foi admitida pela falta de documentos que comprovassem seus posicionamentos políticos.[67] Foi negada ainda a participação de delegações da Federação de Juntas de Vizinhos, de um sindicato de desempregados, e ficaram pendentes ao final da primeira sessão solicitações da

---

65 *Ibidem.*

66 *El Diario*, 24 de junho de 1971.

67 *Presencia*, 01 de julh de 1971. *El Diario*, 02 de julho de 1971.

150 Everaldo de Oliveira Andrade

Universidade Católica, "Beneméritos de la pátria", trabalhadores das forças armadas, da COMIBOL e da CBF (Confederação Boliviana de Futebol).[68] Neste primeiro dia da Assembleia o jornal *La Jornada* estampou em sua primeira página: "Trabalhadores inauguram seu próprio parlamento – os olhos do mundo sobre a Bolívia."[69] Em suas colunas buscava reforçar as expectativas positivas sobre o acontecimento e revelando parte do estado de espírito que animava as delegações:

> O povo boliviano começa a construir seu próprio poder revolucionário no rumo da corrente histórica, que na Bolívia leva inexoravelmente ao socialismo. (...) à medida que a Assembleia Popular vai tomando impulso, aumentando seu potencial e robustecendo suas energias, a reação em seu conjunto vai se debilitando ante o impulso da revolução. (...) Estamos na perspectiva de um duplo poder; por um lado o poder central oficialmente constituído pela Constituição política e a ordem jurídica vigente e o outro poder, o poder real do povo, expressado em seu próprio poderio. (...) A Assembleia Popular constitui a garantia mais sólida para o enfrentamento definitivo com o imperialismo.[70]

Logo após a confirmação dos delegados, abriu-se a discussão do Regulamento de Debates e das Bases Constitutivas,[71] dois documentos que delimitavam o quadro político e de funcionamento da Assembleia Popular. Pelo Regulamento de Debates aprovado teriam direito a voz apenas os delegados e suplentes. Nas comissões de trabalho, compostas por onze membros eleitos em plenário – um presidente e dez colaboradores – os delegados não eleitos poderiam se inscrever e participar. Estava prevista a formação das seguintes comissões: assuntos econômicos, cogestão operária, educação e cultura, tribunais populares, assuntos

---

68 *Presencia*, 2 de julho de 1971.

69 Os jornais não poderiam ser vistos aqui como meras fontes documentais e informativas, em particular *La Jornada, El Diario e Presencia*. Atuaram como agentes políticos disputando posições e buscando criar opinião pública favorável a determinadas orientações políticas durante todo o processo da Assembleia Popular.

70 *La Jornada*, 22 de junho de 1971.

71 *El Diario*, 23 de junho de 1971. "O povo começou a deliberar". SANDOVAL RODRIGUES, Isaac. *Culminación y ruptura del modelo nacional-revolucionario*, p. 161-162.

Bolívia: Democracia e Revolução   151

sociais, defesa e milícias armadas, política. Cada um desses organismos produziu documentos e informes específicos.[72]

A adesão a estes princípios continha implícita uma adesão a um conjunto de posições e tradições históricas dos movimentos revolucionários do operariado internacional e se ligava à tradição democrática dos conselhos operários. A preocupação com o controle coletivo do mandato dos delegados, o mandato imperativo e suas responsabilidades, retomava esta tradição original das lutas operárias do século XIX. Como dizia o artigo 13:

> Nenhum delegado poderá desculpar-se de votar, nem se retirar da sessão antes de haver sido votado um assunto em discussão. Para retirar-se necessitará de autorização prévia da presidência. Os delegados que faltarem às sessões sem licença serão sancionados na primeira vez com advertência, na segunda vez com a publicação de seus nomes e na terceira vez com a solicitação de mudança de representação de sua organização.

No artigo seguinte continuavam as regras que visavam controlar o mandato dos delegados. Diz o artigo 14: "As organizações mandantes poderão em qualquer momento revogar o mandato de seus representantes pelo não cumprimento de suas funções ou conduta".

O mandato imperativo e revogável dos delegados da Assembleia Popular criava tensionamentos com a militância partidária centralizada. Uma característica do mandato imperativo é o de que o representante eleito torna-se porta-voz de propostas políticas previamente discutidas, não podendo se posicionar sobre novas questões sem antes consultar suas bases. O mandato livre não impõe, por outro lado, controle direto das bases sobre o representante eleito. A democracia direta dos conselhos operários-populares é naturalmente refratária aos partidos sem in-

---

72 Ver estrutura das comissões por delegações em: El Diario, 27 de junho de 1971. Informe da comissão de Assuntos Econômicos: La Jornada, 02 de julho de 1971. Informe da comissão de cogestão operária na COMIBOL: El Diario, 30 de junho de 1971. Informe da comissão de Educação e Cultura: Presencia, 06 de julho de 1971. Informe da comissão Tribunais Populares: El Diario, 29 de junho de 1971 e Presencia, 01 de julho de 1971. Informe da comissão de Assuntos Sociais: Presencia, 30 de julho de 1971. Informe da comissão de Defesa e Milícias Armadas e resolução da COB: El Diario, 19 de junho de 1971. La Jornada, 23 de junho de 1971.

152   Everaldo de Oliveira Andrade

tervenção nas massas. O fato do partido ser centralizado politicamente impunha que suas propostas fossem testadas e aprovadas por uma base de massas para ter representatividade. O mandato imperativo como forma de funcionamento da democracia direta pode assim desestabilizar a forma tradicional de atuação e a justificativa dos partidos políticos tradicionais. Por isso, a contradição entre o mandato imperativo de um delegado sindical e a orientação de seu partido só se colocaria na medida em que esse partido tivesse como prática ditar diretivas políticas desde um ponto exterior ao movimento político real das massas e em desrespeito ao mandato democrático. A atuação dos delegados na Assembleia Popular realçou, por isso, a importância dos partidos políticos enraizados no movimento operário e, em contraponto, destacou a artificialidade dos discursos dos partidos com pouca penetração nestes setores. Estas práticas provocaram reações negativas nos partidos com pouco ou nenhum enraizamento social de massa.[73]

---

73 René Zavaleta Mercado – dirigente do MIR – em seu balanço da Assembleia Popular chegou a afirmar que a tônica dos debates teria sido determinada pelos sindicatos, que teriam assumido papel de partidos formuladores de políticas, revelando a inconsistência dos partidos: "A classe operária se via obrigada a compensar com um programa avançado a pobreza da existência das organizações políticas" (ZAVALETA MERCADO, *El Poder dual*, p. 136). A esta desvantagem a Assembleia teria compensado com um "democratismo" expresso na influência dos sindicatos. Os partidos, segundo Zavaleta, sofreriam a tendência a se dissolverem por sua fraqueza política. A avaliação de Zavaleta era baseada no esquematismo teórico e histórico, buscando encaixar a realidade política e histórica semelhante da Rússia de 1917, porém diferente, o que conduzia a graves distorções. Na Rússia czarista do começo do século xx, os sindicatos eram brutalmente perseguidos e os partidos, embora clandestinos, eram uma das poucas formas em que podia se agrupar o movimento operário organizado. Era de certa forma natural que estes partidos – em particular na revolução de 1917 – tivessem um papel importante na estruturação dos sovietes. A tese de Zavaleta, e, por extensão, de Jeroen Strengers, busca desqualificar o que era a força e a qualidade do movimento operário boliviano: a existência de um movimento sindical e da COB, herdeiros da tradição revolucionária de 1952. Estes lograram na clandestinidade resistir ao militarismo e foram as bases estruturais da Assembleia Popular. Por isso, os partidos operários bolivianos não deveriam ser comparados aos russos no interior dos sovietes. A atuação política daqueles foi decisiva e a realidade em que atuaram era diferente. A Rússia pré-soviética não possuía uma tradição sindical revolucionária, por isso o lugar fundamental e destacado dos partidos clandestinos. Por outro lado, o movimento sindical boliviano possuía tradições que ultrapassavam o terreno meramente econômico e reivindicativo. Os sindicatos agiam na arena política.

Bolívia: Democracia e Revolução   153

O artigo 18 do Regulamento estabelecia regras claras para as intervenções orais dos delegados, visando garantir o acesso democrático de qualquer membro ao uso da tribuna:

Os membros da Assembleia Popular, ao fazerem uso da palavra, devem referir-se clara e concretamente ao assunto em questão. O presidente dará preferência, no direito do uso da palavra, aos delegados que não tenham ainda intervido. Ficam terminantemente proibidas as expressões injuriosas e lesivas à dignidade da pessoa humana.

O último artigo tratava da segurança da Assembleia, a cargo de uma Guarda Popular Armada, composta por trabalhadores e estudantes e dirigida pela Comissão de Segurança e Defesa.[74]

O documento "Bases de Constituición de la Asamblea Popular" possuía um conteúdo ideológico e político mais explícito. O debate realizado nesta sessão inicial serviu de fato para consolidar e permitir maior homogeneidade ao conjunto das delegações. Não houve grandes divergências, pois se tratava do mesmo texto emitido desde fevereiro de 1971 e que já servira de base para a eleição dos delegados. Seu conteúdo refletia uma vigorosa afirmação de independência política do movimento operário e popular como poucas vezes se viu na história da América Latina: a Assembleia Popular deve ser um "órgão independente de poder popular", de fiscalização do poder executivo e que "executará as decisões utilizando os métodos próprios da luta de classes operária". A proposta nascia com o objetivo de resgatar o que teria sido o papel e funcionamento original da cob na sua fundação em 1952: uma Assembleia Popular que "se manifestou na ação executiva própria, sem se condicionar ao governo da nação". O projeto de Assembleia criticava as formas tradicionais de parlamento: "a Assembleia Popular não pode ser uma variante do parlamento burguês, tanto em seu conteúdo como em suas funções".

O objetivo da Assembleia Popular seria o de constituir-se num "poder real", por isso deveria ter caráter independente do governo Torres. Por outro lado, resgatando a tradição do movimento operário boliviano, propunha-se a desenvolver uma frente única anti-imperialista com Torres: "atuar conjuntamente com o

---

74 Regulamento de Debates da Assembleia Popular. A íntegra deste documento foi publicada em *El Diario* de 23 de junho de 1971.

executivo contra o fascismo e o imperialismo" contra as medidas que afrontassem os interesses do povo.

As práticas de autogoverno e democracia direta eram reconhecidas como base para o funcionamento da Assembleia Popular. O documento anunciava que a Assembleia procuraria resgatar as características das Assembleias sindicais e dos cabildos abertos populares como órgãos que tomam decisões e as executam, diferenciando-se do parlamento burguês. Isto porque "a classe operária não tem possibilidades de transformar o parlamento tradicional em um órgão de seu próprio poder". Há uma critica explícita à visão jurídica da divisão dos três poderes do Estado, que seria destinada a preservar a ordem social existente: "Em todas as revoluções populares foi destruída a separação dos poderes."[75]

O terceiro documento fundante, o "Estatuto Orgânico da Assembleia Popular", foi aprovado dias depois, em 24 de junho, após seis horas de longos debates. Ele busca fixar um modelo organizativo e político, em grande parte inspirado nas estruturas da COB. Através de uma coordenação mista de partidos, sindicatos, organizações populares e da juventude estudantil, procurava-se fazer da Assembleia uma conformação orgânica da Frente anti-imperialista proposta na Tese Política da COB de maio de 1970. No entanto, não se tratava de uma frente no sentido clássico do termo, onde forças políticas ou sociais diferentes unemse sob uma plataforma política comum. Estava-se construindo uma articulação política ampla, que possuía um programa político previamente acordado, mas que almejava constituir-se em órgão de poder e expressão democrática da maioria do povo boliviano. Um caminho difícil, tortuoso, mas compatível e coerente com as possibilidades colocadas, as tradições políticas e as necessidades que esse movimento social se propunha.

O 2º artigo dos Estatutos retoma e concentra o programa e objetivos: "A Assembleia Popular se constitui como direção e centro unificador do movimento

---

75 "Bases Constitutivas de la Asamblea Popular", fevereiro de 1971, in: G. Lora, *Documentos Politicos de Bolivia*.

anti-imperialista e seu fim fundamental é lograr a libertação nacional e a instauração do socialismo na Bolívia."[76]

O artigo 5º exemplifica a disposição de fazer da Assembleia um órgão com poder de governo, soberano e independente. Destaca que as decisões da Assembleia devem ter caráter executivo e serem cumpridas pelas organizações que a integram através dos métodos de luta da classe trabalhadora. Também estavam previstas as mesmas proporções majoritárias de delegados operários nas comissões de trabalho, Assembleias Regionais e de locais de trabalho.

O artigo 11 previa que as reuniões da Assembleia Popular seriam anuais a partir de 1º de maio de cada ano durante 60 dias prorrogáveis. O Comando Político da cob e do Povo passava a ser o "Ampliado" da Assembleia Popular, um nível de decisão intermediário entre o plenário de delegados e o presidium dirigente. As comissões de trabalho deveriam funcionar de forma permanente mesmo no período do recesso, dizia o artigo 21.

Como exigência para que novas organizações integrassem eram previstas as seguintes condições: demonstrar bases sociais populares, estar de acordo com o programa da cob (a Tese Política de maio de 1970) e possuir estrutura nacional, permitindo assim à organização ser admitida por maioria simples. Para os partidos políticos as exigências eram maiores, pois precisariam apresentar cópia do programa e provas de que possuíam estrutura nacional para aprovação de 2/3 do plenário da Assembleia Popular.[77]

A Assembleia Popular nascia não apenas para enfrentar um período militar, mas para consolidar e fazer avançar o movimento político surgido da greve geral de outubro de 1970, e propunha sem meias palavras a formação de órgãos de poder de um novo Estado socialista.[78]

---

76 Estatuto Orgânico da Assembleia Popular. A íntegra deste documento foi publicada em *La Jornada* de 25 de junho de 1971.

77 *Ibidem.*

78 "Bases constitutivas de la Asamblea Popular", Fevereiro de 1971.

Os primeiros debates: o golpe e os mineiros

Foi sob um sentimento coletivo de autoconfiança e entusiasmo revolucionário que a Assembleia Popular começou efetivamente a discutir e deliberar sobre difíceis desafios políticos colocados a sua frente. Dezenas de reuniões e assembleias pelo país elegiam representantes e davam vida democrática à Assembleia Popular. Como contraponto à preparação da Assembleia, permanentes articulações golpistas de militares e partidos adversários e conservadores se desenvolviam. Os golpistas – a direita contrarrevolucionária – não deixarão de atuar em nenhum momento. Este perigo real ameaçava e preocupava desde o início as delegações.

Após a aprovação dos documentos constitutivos da Assembleia, Guillermo Lora subiu à tribuna e apresentou a 1ª proposta de resolução sobre o perigo do golpe militar, que procurava fixar os marcos da resistência e a necessidade de uma preparação do movimento popular e sindical. Propunha uma greve geral e a violência revolucionária para enfrentar os golpistas:

> 1- Frente a eventualidade de um golpe, a Assembleia Popular, como expressão do poder operário, assumirá a direção política e militar das massas em combate e lutará para expulsar do país definitivamente a direita, o fascismo e o imperialismo.
>
> 2- Afirmamos que os trabalhadores da Bolívia oporão a violência dos oprimidos à violência reacionária dos exploradores.
>
> 3- O alerta de todo o povo revolucionário e seus quadros de direção não será levantado enquanto não seja derrotado o imperialismo.
>
> 4- A Assembleia Popular reitera sua convicção de que a direita não deixará de conspirar, usando instrumentos civis e militares até quando se mantenha incólume seu poder econômico.
>
> 5- Em caso de golpe de Estado, a Assembleia Popular determina que a primeira resposta das massas trabalhadoras será a greve geral e a ocupação imediata dos locais de trabalho.[79]

Na prática, com a resolução nº 1 reconhecia-se a incapacidade do governo Torres para se contrapor ao avanço das articulações golpistas. O conteúdo da resolução, embora demonstrando preocupações defensivas frente a eventualidade de um novo golpe, propunha o início imediato de preparativos militares para

---

79 *El Diario*, 23 de junho de 1971.

Bolívia: Democracia e Revolução   157

uma greve insurrecional sob o comando da Assembleia Popular. Os delegados possuíam a consciência de que trabalhavam contra o tempo frente aos permanentes boatos e conspirações. A resolução recebeu apoio unânime e inscrevia uma nova responsabilidade e autoridade para a Assembleia. A questão central era dimensionar, porém, a real capacidade deste ainda frágil Conselho Operário em construção de estar a altura das responsabilidades políticas que assumia.

A sessão de 23 de junho foi aberta com um minuto de silêncio em homenagem aos mortos do massacre de San Juan. A Resolução n° 2 era uma homenagem aos mineiros mortos, que foram proclamados "mártires do proletariado". A Assembleia responsabilizou as ditaduras militares pelos assassinatos, exigindo que os responsáveis fossem processados e punidos. O documento consolidava a simbologia operária e antimilitarista da Assembleia Popular, procurando fazer dos massacrados de San Juan uma bandeira de luta concreta e palpável, que em grande medida reeditava e lembrava a força simbólica que tivera o "Massacre de Catavi" em 1942, para a revolução de 1952 quando dezenas de mineiros e seus familiares foram metralhados pelo exército.[80] O imaginário dos protagonistas parecia reviver uma visão cíclica da história nacional. A Assembleia Popular retomava 1952 da mesma forma que San Juan substituía o estandarte sangrento do massacre de Catavi em 1942. Tudo parecia se repetir.[81]

Oscar Eid, secretário executivo da central universitária boliviana e militante do MIR, tomou a palavra e resgatou as referências à luta armada que pareciam marcar naquele momento a maioria da juventude universitária:

> Nós universitários declaramos e reconhecemos os companheiros mineiros como a vanguarda do proletariado nacional, não de forma lírica, mas conscientemente, porque eles que têm a vida curta, produto de enormes sofrimentos, são merecedores de nosso reconhecimento e homenagem. (…) San Juan, Ñancahuazu e Teoponte são passagens de nossa história que são muito significativas nos fatos para

---

80 Resolução n° 2 – La Paz, 23 de junho de 1971.

81 Os filmes de Jorge Sanjinés, em especial "*El coraje del Pueblo*", filmado no período da Assembleia Popular, e "*La nación clandestina*", retomam conscientemente esta concepção, segundo a qual o homem das comunidades andinas possui uma visão circular da história: Cf : SANJINÉS, Jorge. *El cine de Jorge Sanjinés*.

158   Everaldo de Oliveira Andrade

que agora nos possam orientar na política desta Assembleia, até culminar com a tomada do poder político na Bolívia.[82]

A intervenção do líder estudantil refletia a opinião de uma parcela dos delegados que apostavam na luta armada guerrilheira como eixo de ação política. Buscava comparar as ações guerrilheiras derrotadas de Che Guevara e Teoponte e a resistência dos mineiros ao ataque militar em San Juan. Mas tratavam-se de ações distintas. No momento cabe apenas destacar que a repressão dos militares foi igualmente brutal, despertando igualmente a solidariedade das organizações democráticas e populares do país.

Jorge Valdívia, delegado dos trabalhadores de rádio e TV, foi aplaudido quando cobrou um balanço da participação dos delegados não operários no apoio aos mineiros:

> Onde estávamos naquela época, quando se massacrou impunemente os mineiros? Que fizemos nós os pequenos burgueses pelo proletariado? Muitos de nós aqui nesta Assembleia deveríamos fazer uma autocrítica e prestar contas de nossa conduta. Os burgueses e os ex-burocratas, assim como os revolucionários, têm a enorme responsabilidade de julgar com grande honestidade o passado e o futuro da revolução.[83]

Os militares reagiram indignados, porém cautelosos aos debates sobre o massacre dos mineiros. As decisões e declarações durante a Assembleia não passavam desapercebidas no interior do exército. O general Reque Terán, membro do governo, afirmou que os trabalhadores deveriam perdoar os militares pelo massacre de San Juan. Sua declaração foi recebida como uma provocação. A Assembleia emitiu uma nova resolução em 25 de junho de 1971 criticando as declarações do general e reafirmando as responsabilidades do exército no episódio do massacre de San Juan.[84]

---

82 *El diario*, 24 de junho de 1971.

83 Citado por STRENGERS, Jeroen. *op cit*, p. 147.

84 Resolução de 25 de junho de 1971.

Bolívia: Democracia e Revolução   159

A Assembleia buscava ganhar forças explorando a liberdade de movimento conquistada pelo movimento operário e popular. Filemon Escobar, logo após a homenagem de San Juan e o informe final da comissão de poderes, propôs uma resolução aos bancários para suspenderem a ameaça de greve, pois poderiam prejudicar a concentração dos trabalhos da Assembleia e dispersar forças.[85] O Ampliado da COB decide então suspender a greve dos bancários e da seguridade social para concentrar-se em suas resoluções.[86]

A ELEIÇÃO DA DIREÇÃO

A eleição dos membros que compuseram a mesa diretora da Assembleia produziu um longo e áspero debate, expressando não apenas uma correlação de forças políticas no interior da Assembleia, mas as diferenças entre os diversos agrupamentos sindicais e políticos em relação aos seus programas, objetivos e concepções ideológicas.[87] Os primeiros momentos da Assembleia Popular lembraram muitos dos congressos da COB, demonstrando que, se a Assembleia nascia como um conselho operário adaptado às tradições do movimento operário boliviano, sua orientação política – em que pese a Tese Política da COB – só seria definida no curso dos debates. A "contabilidade social", minuciosamente calculada para dar maioria operária aos delegados, não garantia por si só que a direção e a orientação política da Assembleia cairiam nas mãos do seu núcleo político elaborador de comunistas do PCB e, principalmente, dos trotskistas do POR-Masas que dirigiam os sindicatos mineiros.

A eleição do presidente da Assembleia concentrou as energias dos delegados no dia 24 de junho. Juan Lechín apresentou-se candidato. Depois de acumular as presidências da FSTMB, da COB e do seu partido PRIN, o velho caudilho sindical candidatava-se com um objetivo muito preciso: impedir que trotskistas e comunistas controlassem a direção dos trabalhos. Contou com o apoio de cerca de 50% dos delegados da bancada mineira e de delegados petroleiros, ferroviários,

---

85 STRENGERS, Jeroen. La Asamblea Popular, p. 147.

86 *Presencia*, 16 de junho de 1971.

87 Resolução n° 5 – La, Paz, 25 de junho de 1971.

160   Everaldo de Oliveira Andrade

universitários, radialistas, dos 23 representantes camponeses em sua maioria sob orientação dos maoístas, além de três partidos: o PCML, o PDCR e o PRIN. A grande massa dos delegados, ainda ligados ao MNR, definiu a balança a seu favor e ele foi eleito com 103 votos.

A outra candidatura agrupou-se em torno do dirigente mineiro Victor Lopez, jovem secretário-geral da FSTMB, que permitia uma unidade de trotskistas e comunistas. Dirigente independente da Federação dos mineiros, Lopez foi um dos poucos e mais íntegros militantes anarquistas do movimento sindical e operário boliviano. Seu pensamento e suas posições estavam registradas nos boletins da FSTMB e em suas numerosas intervenções orais, expressando de maneira transparente as concepções anarquistas que conviviam nas fileiras dos sindicatos bolivianos:

> A Assembleia aqui nasceu como fato eloquente da mobilização de nosso povo, estimulada por suas organizações sindicais que, em circunstâncias especiais, exigiam uma vanguarda unitária orientada por dois grandes objetivos: a luta contra o imperialismo e o esmagamento do fascismo. (…) A Assembleia deve constituir-se em controladora e fiscalizadora, por sua vez, da conduta econômica e política que segue o governo.
>
> (…) O velho parlamentarismo não trouxe benefícios à nossa classe, nem tão pouco ao país. Foi só uma caricatura da denominada democracia formal (…). O poder do povo trabalhador deve expressar-se através de sua participação plena na Assembleia, organizada de tal modo que se faça presente em todos os lugares do país. E, também, nos níveis econômicos, industriais mineiros, agrários etc., onde as organizações sindicais dos trabalhadores bolivianos constituam, desta maneira, a primeira fase de um processo realmente socialista e vivo em nossa pátria. (…) A Assembleia permite aglutinar todas as forças empenhadas na libertação nacional, à margem de táticas e procedimentos próprios de agrupamentos políticos que não favoreçam tal batalha, senão que a esterilizam.[88]

A posição destacada de Lopez entre os mineiros e na Assembleia Popular respondia às concepções de uma parte considerável dos trabalhadores de base, refratários aos partidos políticos, impregnados de um sindicalismo revolucionário, talvez um obstáculo às características do poder operário independente que deveria assumir a Assembleia Popular.

---

88 Fedmineros, 37: mar 1971.

Bolívia: Democracia e Revolução   161

O debate realizado foi duro, muitas vezes sectário, causou certa frustração em alguns setores que idealizavam de forma exagerada que a simples existência da Assembleia, de ampla maioria operária, poderia superar os obstáculos políticos para tornar-se, automaticamente, um instrumento da revolução socialista.[89] Lopez contou com o apoio de mineiros, fabris, motoristas, farinheiros, delegações das COD departamentais, além dos delegados do PCB, do POR-Masas e do grupo Espártaco. A chamada "troika dirigente" da Federação dos Mineiros, Victor Lopez, Filemon Escobar e Simon Reyes, estava coesa. Politicamente serão sempre vitoriosos, mas nos números que decidiam, foram derrotados. Na contagem obtiveram 58 votos.

A discussão da composição do restante do presidium dirigente prosseguiu no dia seguinte. A resolução n° 5, de 25 de junho de 1971, estabelecia sua composição, as responsabilidades de seus nove membros e os termos do juramento de posse. Os mineiros propuseram como segundo vice-presidente um camponês a ser escolhido em agosto pelo Congresso Nacional dos Camponeses,[90] onde uma poderosa oposição favorável à Assembleia Popular crescia. O objetivo era evitar que os maoístas, através do pouco representativo Bloco Independente Camponês, chegassem à direção da Assembleia, mas principalmente deixar uma porta aberta para atrair os camponeses oposicionistas de Genaro Flores.[91] Os delegados do Bloco Independente não aceitaram a proposta, exigindo o posto para eles. A mão de Lechín fez-se sentir para retribuir o apoio dos maoístas à sua eleição. O final da extensa polêmica só terminou quando um acordo acertou a eleição provisória de um camponês do Bloco Independente até a indicação definitiva pelo Congresso Camponês.[92] Cassiano Amurrio, dirigente da região de Cochabamba e simpatizante do PCML, foi o indicado. Na composição final do presidium os adversários de Lechín foram marginalizados pela seguinte lista de dirigentes: Juan Lechín (presidente), Humberto Pabón (primeiro vice-presidente), Cassiano Amurrio (segundo vice-presidente),

---

89 Em especial as colunas de *La Jornada*, 29 de junho de 1971.

90 STRENGERS, Jeroen. *op cit*, p. 148.

91 Dirigente camponês que neste momento organizava uma ruptura com o pacto militar-camponês e aproximava-se das posições da Assembleia Popular como veremos a frente.

92 *Presencia*, 26 de junho de 1971.

Miguel Verástegui, Alfredo Llanos, Oscar Eid e Abraham Monastérios (secretários), Félix Challapa e Guido Quezada (vogais). Neste momento consolidavam-se campos políticos no interior da Assembleia. Os esquerdistas estavam compostos em sua maioria por jovens universitários e militantes camponeses agrupados no PCML, no futuro MIR (grupo Espártaco e PDCR) e no ELN. A orientação destes agrupamentos estava neste momento muito mais dirigida para a ação direta e armada, viam com impaciência os debates políticos constitutivos da Assembleia Popular e participavam muito mais por necessidade de sobrevivência política que por convicção tática. Por outro lado, um outro campo político e social estava mais ligado às tradições operárias e sindicais dos mineiros e da COB, possuindo no seu núcleo político principalmente dois partidos que neste momento mantinham uma excepcional proximidade tática, o PCB estalinista e o POR-Masas trotskista. Um setor intermediário de independentes, nacionalistas de esquerda e simpatizantes do MNR mais favoráveis a fazer da Assembleia um órgão assessor do governo Torres completavam, neste momento, o quadro político.

O difícil debate sobre a eleição do representante camponês para o presidium provocou desconfianças e uma ferida quase incurável entre os delegados. No mesmo dia 25 após a eleição final, uma moção apresentada pela delegação da COD (Central Operária Departamental) de Tarija, influenciada pelos maoístas, reabriu novos choques políticos.

A proposta de resolução em favor de Oscar Zamora, dirigente do PCML e da UCAPO, exigia do governo garantias para sua atividade e fim das perseguições. Os maoístas naquele momento concentravam suas energias na tática da guerra camponesa e a resolução era um ultimato para que o conjunto dos delegados reconhecesse e apoiasse a orientação tática destes. A maioria dos delegados não a recebeu bem, vista como uma provocação para dispersar as atividades da Assembleia Popular. De fato, disseminou confusão entre os delegados, estes mais dispostos a discutir e deliberar sobre problemas políticos concretos.

Noel Vásquez tomou a tribuna para reafirmar as posições da direção mineira, afirmando que a Assembleia Popular deveria ser um instrumento para construir uma nova sociedade, discutir os problemas fundamentais e, por isso, deveria afastar-se das posições sectárias defendidas pelo PCML. Filemon Escobar

Bolívia: Democracia e Revolução   163

considerava injustificável que os chamados "partidos universitários sem representação operária pretendessem impor sua linha política ao organismo operário", ameaçando propor a saída dos mineiros se aqueles não mudassem sua conduta.

Victor Lopez, secretário-geral da FSTMB, desde o ponto de vista de suas posições anarquistas, afirmou que os trabalhadores tinham suficiente experiência para desconfiar dos partidos políticos, ainda que não desconhecesse o lugar que ocupavam dentro da história. Criticou os universitários e camponeses por estarem tentando fazer com que os partidos se aproveitassem da Assembleia Popular.[93]

Oscar Eid, da CUB, tomou a palavra e talvez buscando evitar uma precipitação das rivalidades, afirmou que os universitários reconheciam a liderança dos operários e especialmente dos mineiros.[94]

Zavaleta Mercado, em seu balanço posterior, interpretou a polêmica que opôs os principais dirigentes mineiros aos universitários ligados ao PCML e MIR como uma luta entre partidos e sindicatos, onde teria prevalecido o espontaneísmo sindical contra a visão partidária. O balanço de Zavaleta revelava o olhar dos esquerdistas sobre a Assembleia: "Os partidos eram como parasitas de uma mobilização de massas que não lhes pertencia – tratavam de explorar esse movimento de massas, e de fato, não o conduziam, pelo contrário, acabaram por segui-lo."[95] No entanto, sob a superfície da luta político-partidária desenvolviam-se contradições de classe. Tratava-se de um embate social no qual os dirigentes mineiros, em particular Filemon Escobar do POR-Masas, Simon Reyes do PCB e Victor Lopez, defendiam posições históricas do movimento operário boliviano contra o esquerdismo de maoístas, frentistas e miristas, que viam na Assembleia Popular em geral apenas uma articulação limitada e secundária da luta armada revolucionária.

A ação dos militantes do PCML teve resultados concretos: provocou um esvaziamento do plenário e a sessão teve que ser suspensa. O debate só terminou no dia seguinte com a apresentação de uma resolução pelo jovem delegado do PCB Marcos Domich, que propôs uma posição geral contra a perseguição e repressão aos dirigentes e revolucionários, sem especificar nenhum partido. Os delegados

---

93 *Presencia*, 27 de junho de 1971.

94 *Ibidem*.

95 ZAVALETA MERCADO, R. *El poder dual*, p. 234-236.

164   Everaldo de Oliveira Andrade

maoístas Rui González e Caetano Llobet, porém, não estavam presentes. Abandonaram a Assembleia, numa comprovação de que a moção em favor da UCAPO e de Oscar Zamora era apresentada como um ultimato sectário e provocador.

A QUESTÃO CAMPONESA

As polêmicas criadas pelos maoístas em torno da questão da UCAPO e da vice-presidência para um camponês apenas sinalizavam um dos pontos mais sensíveis e críticos da luta política que se desenrolava em torno da continuidade da Assembleia Popular: a participação dos camponeses através de suas organizações. Esta medida se possuía um caráter de defesa política da maioria operária, procurando afastar a influência do governo Torres no interior da Assembleia através dos camponeses, não respondia nem acompanhava os novos realinhamentos que ocorriam no interior da Federação Camponesa. Para a compreensão do impasse que se estabeleceu é preciso nos reportarmos à situação do movimento camponês e às origens de seus alinhamentos políticos.

O grande impulso de constituição dos sindicatos camponeses ocorreu durante os primeiros meses da revolução de 1952, rompendo parcialmente as estruturas tradicionais e étnicas que agrupavam o mundo agrícola andino. No entanto, a forte tradição comunitária fez destes primeiros sindicatos, incentivados pela revolução que se desenvolvia nas cidades, órgãos de poder local e autogestão popular. O modelo de reforma agrária implantada a partir de 1953 pelo MNR transformou, porém, estas características iniciais. É importante destacar que a partir de 1945, quando se realiza o 1º congresso indígena da Bolívia, surgem sindicatos rurais que ganham grande capacidade de ação com a revolução operária de 1952. Esses sindicatos, principalmente aqueles em torno da Federação Camponesa de Cochabamba, controlada por militantes trotskistas, formam milícias e tomam atitudes revolucionárias como a expulsão de latifundiários e a o controle das terras. Porém, com a decretação oficial da reforma agrária em 1953, o MNR forma sindicatos sob seu controle e expulsa os trotskistas das organizações mais mobilizadas. Com isso, a maior parte dos sindicatos torna-se parte do aparato estatal e volta-se para a organização da política agrícola, a criação de redes de comercialização e a pacificação do campo. Este novo sindicalismo controlado diminuiu a capacidade de os camponeses se mobilizarem em massa por suas reivindicações básicas como terras, insumos, créditos etc.[96] Os sindicatos independentes tornaram-se assim instrumentos político-administrativos do Estado e joguetes manipulados durante as lutas fracionais do MNR.

Esta instrumentalização dos sindicatos camponeses assume novos contornos com o pacto-militar camponês. Esse processo se avoluma ainda nos governos do MNR, quando o general Barrientos, dentro da "política de Ação Cívica" do exército, recebe a responsabilidade de resolver um conflito entre comunidades camponesas nas localidades de Cliza e Ucureña, no vale de Cochabamba. O pacto estabelecia um compromisso dos militares em respeitar as conquistas camponesas (terra, sindicatos, educação) e os camponeses, por seu lado, a apoiar as forças armadas e combater as propostas subversivas da esquerda. O paternalismo que caracterizava a "ação civil" militar, com troca de favores e regalias, aprofundou a destruição dos laços políticos que uniam o movimento em escala regional e nacional e suas relações com o movimento operário.[97]

As desconfianças do movimento operário em relação aos camponeses eram fruto desta situação criada desde o princípio da década de 1960, em que os principais sindicatos camponeses estavam ainda vinculados aos militares. No entanto, o movimento camponês alinhado com os governos militares desde a instauração do pacto militar-camponês passava por um processo de ruptura interna de vários setores desde o final dos 60. A perspectiva de que os militares perdessem o controle da Federação Camponesa era muito concreta no começo de 1970 e ameaçava fazer ruir o principal pilar social de sustentação dos governos militares desde o golpe de Barrientos em 1964.[98]

O Bloco Independente, influenciado pelos maoístas, e que compunha as delegações da Assembleia, era apenas uma pequena vanguarda pouco representativa e de características sectárias em relação ao amplo movimento sindical camponês organizado. Do ponto de vista da Assembleia Popular o proble-

---

96 COSTA NETO, Canrobert, *Politicas agrárias na Bolivia (1952-1979)*, p. 164-167.

97 LAVAUD, Pierre. *op cit*, p. 253.

98 O principal componente desestabilizador girava em torno do surgimento de lideranças camponesas com uma nova orientação indigenista, agrupadas na resistência em torno dos ayllus tradicionais.

166   Everaldo de Oliveira Andrade

ma passou a ser a forma em que se daria a aliança entre os setores operários e camponeses, principalmente a atração do novo setor oposicionista que se desenvolvia na CNTCB (Confederación Nacional de los Trabajadores del Campo de Bolívia). É possível distinguir inicialmente três grandes setores no movimentos camponês neste período.

Um primeiro setor ligava-se diretamente ao governo Torres como produto do pacto militar-camponês na CNTCB. A reunião da comissão organizadora do 6º congresso nacional dos trabalhadores camponeses, realizada em 21 de junho de 1971, às vésperas da Assembleia Popular, por exemplo, respaldava de forma incondicional o governo Torres, embora chamasse a mobilização geral contra o golpe fascista, a reorganização das milícias camponesas e preparação da greve geral camponesa.[99]

Um segundo setor surgiu no interior da própria CNTCB agrupado em torno da liderança de Genaro Flores e da Federação dos Camponeses de La Paz. Flores foi eleito em março de 1970 como dirigente da província de Aroma e um ano depois, em plena Assembleia Popular, se torna secretário geral da Federação de La Paz a partir de um impulso dos sindicatos de base. Torres apoia sua eleição no sentido de controlar e cooptar as novas lideranças, buscando ao mesmo tempo construir bases próprias no campo.[100] Este apoio gera desconfianças no interior da Assembleia Popular e, quando Genaro Flores pediu adesão, foi visto como uma tentativa de lideranças camponesas governistas tentarem intervir na Assembleia.[101] Porém, a confederação dirigida por Genaro Flores expressava um novo agrupamento que surgia e estava em desenvolvimento político, mas não era ainda suficientemente claro e maduro. Flores era uma expressão genuína deste movimento que procura um caminho independente do governo Torres e uma aliança viável com a Assembleia Popular.

Este movimento possuía uma dinâmica própria a partir das comunidades étnicas aimarás do altiplano e com forte apelo indigenista. Pode-se afirmar que o movimento katarista que vai surgir posteriormente expressava as insuficiências

---

99 *El Diario*, 22 de junho de 1971.

100 LAVAUD, Pierre. *op cit*, p. 259.

101 ZAVALETA MERCADO, R. *op cit*, p. 140.

Bolívia: Democracia e Revolução 167

da elaboração política dos partidos de esquerda na época.[102] Por outro lado, é preciso considerar que a reação dos camponeses à instrumentalização dos seus sindicatos refugiou-se nas sólidas relações étnicas das comunidades andinas ou ayllu. Os partidos políticos de esquerda pouco dialogaram com este processo. A diversidade dos camponeses também contribuía, divididos por diferentes grupos étnicos, regimes de propriedades diversificados e uma nova frente agrícola em pleno desenvolvimento com as grandes fazendas agroexportadoras da região oriental de Santa Cruz.

O anúncio em julho de 1971, pela Federação dos Camponeses de La Paz, da organização do "exército camponês Tupac Catari", para fazer frente às ameaças golpistas,[103] representava esta ruptura em desenvolvimento com a política de colaboração de classes com o governo Torres. A organização do exército começava na província de Ayo Ayo com o objetivo de "defender as conquistas do índio camponês e esmagar de uma vez por todas os recursos da oligarquia que ao conformar alianças com os grupos fascistas e reacionários pretendem restaurar a Rosca caduca..."[104]

Um terceiro setor formava o Bloco Independente Camponês, incorporando basicamente os setores da UCAPO dirigidos pelos maoístas. O Bloco Independente começou a se estruturar após uma tentativa do general Barrientos de introduzir uma reforma fiscal no campo, que gerou oposição e um princípio de desagregação do monolitismo do movimento camponês. O Bloco Independente levantou uma série de reivindicações como política de preços, transportes, participação nos organismos agrícolas do Estado e seu surgimento foi um dos sinalizadores do rom-

---

102 A relação do índio com a terra foi observada com muita acuidade por J. C. Mariátegui e desde um ponto de vista que superava a abordagem apenas etnicista e poderia ter oferecido subsídios para uma elaboração menos sectária do movimento operário boliviano de orientação marxista: "A terra sempre representou toda a felicidade do índio. O índio mesclou-se à terra. Sente que toda a vida provém da terra e volta à terra. Finalmente, o índio pode ser indiferente a tudo, menos à posse da terra, que suas mãos e seu esforço lavram e fecundam religiosamente. (...) A solução do problema do índio tem de ser uma solução social. Os índios é que devem realizá-la." In: José Carlos Mariátegui, *Sete ensaios de interpretação da realidade peruana*, p. 30-31.

103 *Hoy*, 21 de julho de 1971; *Presencia*, 22 de julho de 1971.

104 *La Jornada*, 27 de julho de 1971.

168   Everaldo de Oliveira Andrade

pimento entre os camponeses e o apoio dos militares.[105] As delimitações deste bloco da oposição de Genaro Flores são pouco precisas. As diferenças concentraram-se na intervenção sindical no interior da confederação. Este agrupamento consegue inicialmente apoio nas províncias altiplânicas e abre contatos com o movimento operário e estudantil, de quem se aproximam. Com o governo Ovando surge a oportunidade de constituição do pacto operário-universitário com influência nos setores mais avançados do campesinato.[106]

Os maoístas ocupam um lugar importante neste Bloco através da UCA-PO. Buscam criar as bases para uma guerra camponesa desenvolvendo ações diretas de ocupação de terra e tendem a se afastar de uma atividade diretamente sindical na CNTCB para uma opção de luta armada. A participação dos maoístas no sindicalismo camponês como na Assembleia Popular é, portanto, marginal em relação às suas prioridades políticas. Por outro lado, o PCML era inegavelmente o partido na época mais envolvido com um trabalho político no campo. Sua atitude sectária, todavia, colaborou para afastar o movimento operário de uma ação mais estreita com o movimento camponês e não criou laços organizativos entre as iniciativas de ocupação de terras e a Assembleia Popular. No dia 04 de julho de 1971, por exemplo, a UCAPO ocupava uma nova fazenda no departamento de Santa Cruz. Era a segunda fazenda ocupada na região. Um grupo de 50 homens armados já ocupara antes a fazenda Chané Bedóya, em 26 de outubro de 1970, exigindo a sua cooperativização.[107] Estas ações dos maoístas são, entretanto, isoladas do amplo movimento que as massas camponesas realizavam em direção à Assembleia Popular.

Em 02 de agosto de 1971, foi realizado o Congresso Nacional Camponês de Potosí e a expectativa de delegados camponeses da Assembleia Popular era que o Congresso elegesse delegados e ampliasse a representação camponesa.[108] Genaro Flores conseguiu ser eleito secretário-geral da CNTCB a partir do apoio de nove departamentos. Neste congresso iniciava-se uma ruptura mais

---

105 LAVAUD, Pierre. *op cit*, p. 255-256.

106 ZAVALETA MERCADO, Rene. *El poder dual*, p. 243.

107 *Presencia*, 4 de julho de 1971.

108 *Los Tiempos*, 29 de junho de 1971. *La Jornada*, 26 de junho de 1971.

Bolívia: Democracia e Revolução   169

efetiva com o pacto militar-camponês e a orientação katarista ganhará mais força.[109] Flores faz uma declaração defendendo a "linha socialista claramente boliviana, o socialismo de Manco Kapac."[110] Nas conclusões do Congresso foi rechaçado o pacto militar-camponês. O novo-secretário geral declarou que: "O pacto foi firmado pelo barrientismo com um pequeno grupo de camponeses". Agora a aliança popular deveria estar integrada por trabalhadores, camponeses, estudantes e militares revolucionários para: "Esmagar de forma definitiva todos o latifundiários, exploradores da classe camponesa, que agora falam de libertação camponesa no lugar de ter feito antes da decretação da reforma agrária de 1953."[111]

As condições políticas para uma aliança de amplas consequências políticas entre a Federação dirigida agora por Genaro Flores e a Assembleia Popular estavam dadas. Porém muitas divergências precisavam ainda ser superadas. A Federação Camponesa de La Paz lançara uma resolução no começo de julho que, depois de agradecer os dirigentes operários "por sua atitude leal e consequente com o campesinato", intimava a Assembleia Popular a revisar suas determinações sobre a representação camponesa. A resolução afirmava que a Assembleia Popular não cumpria com os objetivos assinalados de constituir-se numa verdadeira representação popular na medida em que "suplantava seus representantes por artesãos, comerciantes e elementos implicados com a ditadura barrientista (...)"[112] Em tom provocativo afirmavam ver "traços ainda presentes do latifundismo identificados com os que votaram contra a participação camponesa na Assembleia Popular" e "reservavam-se o direito de aceitar ou rechaçar as decisões da Assembleia do Povo, na medida em que não fossem admitidos seus verdadeiros representantes."[113]

Um mês depois, Genaro Flores já empossado secretário-geral da Confederação Nacional em uma Carta Pública renovava o apelo para participar, sob novos critérios, na Assembleia Popular. A Carta retomava a crítica à limitação de repre-

---

109 *La Jornada*, 02 de agosto de 1971.

110 *Presencia*, 9 de agosto de 1971. BARROS, Omar de. *op cit*, depoimento de Genaro Flores, p. 144.

111 *Ultima Hora*, 12 de agosto de 1971.

112 *Presencia*, 4 de julho de 1971. *La Jornada*, 03 de julh de 1971.

113 *Ibidem*.

sentação dos camponeses, afirmando ser incoerente chamar a solidariedade dos explorados que lutam pelo socialismo quando:

> A Assembleia Popular suplanta nossa representação por artesãos e comerciantes, excluindo importantes setores da classe média, soldados e militares revolucionários que também são explorados... Não somos inimigos da COB (...) tão só exigimos que se deixe de manobras e se admita nossa representação genuína e em número de acordo com nossa gravitação social, econômica e política. Nós camponeses, em que pese a diferença artificial estabelecida por organismos sectários, somos unidos porque temos suportado a ignomínia da conquista e a dupla ignomínia da República.[114]

Guillermo Lora rebateu as críticas dos delegados e dirigentes camponeses. Estes desde o princípio da Assembleia Popular reivindicavam um número maior de delegados. Para Lora, o MNR já utilizara os camponeses para esmagar o movimento operário organizado depois da revolução de 1952. Além de retomar as teses clássicas de Lênin sobre as características heterogêneas das camadas sociais camponesas e sua incapacidade para um lugar dirigente na revolução, Lora destacava em um balanço posterior a esses debates que a nova direção camponesa buscava substituir a luta de classes pela luta étnica:

> O movimento camponês puro, se é que realmente existe, renega o próprio governo operário, por considerar que se trata de uma simples versão renovada da ditadura dos brancos ou cholos sobre os índios (...) desta maneira se cria um profundo fosso entre os explorados do campo e da cidade. (...) O campesinato, que na realidade é uma superposição de camadas sociais e de nacionalidades diversas, sofre das tremendas consequências do atraso do país e de seu baixíssimo nível cultural.[115]

Na mesma linha de reflexão o dirigente camponês Cassiano Amurrio relembrava esses debates: "é verdade que os camponeses eram minoria na Assembleia Popu-

---

114 Carta à redação do jornal *La Jornada* da Confederação Nacional de los Campesinos, 12 de agosto de 1971. Publicada em *La Jornada*, 12 de agosto de 1971.

115 LORA, G. "De la Asamblea Popular al golpe fascista", In: *Obras Completas*, t. 28, p. 89-90.

Bolívia: Democracia e Revolução   171

lar, mas era preciso considerar que os camponeses em grande parte estavam sob a direção do governo. Era preciso conscientizá-los a lutar por seus próprios interesses."[116]

Foi sob estes argumentos que a maioria da Assembleia Popular recusou um critério de participação camponesa baseado no sufrágio universal, que na prática pulverizaria o lugar político dirigente ocupado pelas organizações operárias. Retomava-se parcialmente o critério do sufrágio de classe dos sovietes russos, na medida em que se podiam eleger delegados os setores filiados e organizados pelas entidades sindicais e partidárias consideradas operárias e populares.[117] A brecha de 40% dos delegados para alianças com os setores das "classes médias" era demasiadamente rígida para permitir uma verdadeira negociação política e social capaz de selar uma aliança mais sólida com os setores camponeses oposicionistas que batiam à porta da Assembleia Popular. Tratava-se de um processo inacabado, no qual as condições políticas e sociais para a aliança estavam dadas, mas a forma ainda não havia amadurecido e era preciso tempo. Houve provavelmente pouca flexibilidade e agilidade tática, além de uma visão estratégica curta, ao não se assegurar rapidamente os meios políticos para uma aliança operário-camponesa. Esta aliança, se efetivada, daria as condições para uma representação política nacional majoritária em torno da Assembleia Popular.

---

116 Entrevista com Cassiano Amurrio.

117 Para STRENGERS, J. *op cit*, a Assembleia Popular se descuidou de propagar sua proposta entre as massas camponesas e envolvê-las na luta. Dá como exemplo os operários de Petrogrado que cederam a maioria aos soldados camponeses para assegurar a aliança com as massas camponesas, em particular p. 254-255.

6. Os tribunais populares

Os DEBATES DO DIA 28 DE JUNHO concentraram-se nos resultados apresentados pela Comissão de Investigação dos Crimes Políticos e a proposta de criação dos Tribunais Populares. A sessão foi iniciada, porém, com uma breve discussão sobre a cooperativização do jornal *El Diario*, ocupado pelos seus empregados desde as Jornadas de Outubro de 1970. Uma resolução foi proposta pela bancada mineira com a colaboração da comissão de assuntos culturais. O documento afirmava que a cooperativização se realizaria sob o controle dos trabalhadores, através de um Comitê de Orientação Ideológica composto por representantes da cooperativa, do setor gráfico, COB, comitê revolucionário da UMSA, FSTMB, Federação dos Fabris, representando a Assembleia Popular. Este Comitê seria apenas de natureza ideológica visando "refletir o pensamento político do proletariado."[1]

A COMISSÃO DE INVESTIGAÇÃO DE CRIMES POLÍTICOS

Os assassinatos do líder mineiro Isaac Camacho, do dirigente da construção Adrian Arce e de outros dirigentes sindicais do país foram a base para a formação de uma comissão independente de investigação da Assembleia Popular, encarregada de apontar os responsáveis pelos crimes. As investigações, dificuldades e obstáculos encontrados pela comissão frente aos órgãos de governo

---

1 Íntegra da Resolução, *El Diario*, 02 de julho de 1971. A resolução final que aprova proposta de cooperativizar o jornal *El Diario* foi aprovada alguns dias depois em 01 de julho de 1971.

174   Everaldo de Oliveira Andrade

transformaram-se em provas materiais da parcialidade dos órgãos de justiça do país e motivaram um largo debate.

Um comunicado da comissão advertia que todas as tentativas de obstacu-lizar suas atividades seriam denunciadas publicamente na Assembleia Popular. Frente às ameaças, o Comitê Nacional de Direitos Humanos solicitara ao ministro do Interior garantias e proteção para os membros da comissão.[2] Seu presidente, José Justiniano, disse que esta manteria sua independência mesmo frente às interferências e pressões do Ministério Público e do Ministério do Interior.[3] Foi dessa maneira – enfrentando barreiras de toda espécie – que a comissão de investigação dos assassinatos políticos e dos massacres contra os trabalhadores constituiu-se num embrião da proposta dos Tribunais Populares. O relatório final da comissão afirmou neste sentido que:

> A investigação do assassinato de Isaac Camacho e outros líderes operários e dos próprios massacres foi sumamente difícil porque os mecanismos de repressão do Estado continuam controlados pelos que atuaram durante os governos de Barrientos (1964-1968) e Ovando (1969-1970). Deve-se advertir que os verdadeiros autores intelectuais destes crimes foram os mencionados generais, os grupos políticos que os rodeavam e também parte da alta de hierarquia militar. No caso de Camacho, o mínimo que se pode dizer é que os autores de seu desaparecimento foram seus carcereiros. Deve-se assinalar com clareza como peças chaves de seu assassinato Barrientos, Ovando, Antônio Arguedas, Rafael Loayza e todos os elementos que tiveram cargos de importância no aparato repressivo como Lessin Mendez Maremberg, Abraham Baptista etc.[4]

As conclusões sobre as circunstâncias da morte do líder mineiro Isaac Camacho foram desvendadas. Apurou-se que Camacho não saíra da Bolívia, sendo liquidado enquanto estava preso pelo governo Barrientos. Não foi possível saber como e quando foi morto, porém comprovou-se que houve envolvimento de agentes da CIA no assassinato, concluindo-se que o assassino direto foi Lessin Marem-

---

2 *El Diario*, 20 de julho de 1971.

3 *El Diario*, 29 de julho de 1971. *Presencia*, 27 de junho de 1971. Artigo: "La Assemblea Popular de aqui al poder" de Francisco Roque.

4 Jornal *Masas*, 13 de julho de 1971, citado por STRENGERS, J. *op cit*, p. 165-166.

berg. Entre os envolvidos estavam ainda o detetive da Interpol conhecido como N. Iturri e o ex-sócio de Maremberg dr. Luís Asbún, que também se dedicava ao próspero tráfico de cocaína. Tratava-se de um grupo de agentes pagos e dedicados a executar os dirigentes políticos e sindicais da esquerda do país.[5] A comissão denunciava ainda que a máquina de repressão não fora desmontada e os opressores daquela época seguiam cumprindo funções no Estado.

Após a apresentação do relatório com as conclusões da comissão, ocorreu um acalorado debate sobre os resultados da investigação e as consequências políticas do encobrimento do crime por parte do governo. A discussão do relatório suscitou uma nova questão e direcionou-se para a proposta de constituírem-se tribunais populares como forma de se buscar a punição dos assassinos e deslegitimar o Estado.

Os debates ganharam corpo e uma resolução sobre a formação de Tribunais Populares foi aprovada em 29 de junho de 1971, anunciando a instauração de tribunais populares revolucionários para responder a inoperância e cumplicidade da justiça burguesa que, segundo a resolução "representa(va) um mecanismo do sistema de dominação da oligarquia."[6] Esta foi a principal conclusão tomada pela Assembleia Popular depois do informe da comissão de investigação. Diz a resolução:

> Os trabalhadores não têm confiança nem na polícia nem nos tribunais de justiça, que representam um mecanismo do sistema de dominação da oligarquia. Em vista de sua inutilidade para castigar os autores do latrocínio dos bens do Estado e dos atentados contra a vida de dirigentes políticos e sindicais, se considera que é tempo de que se organizem de tribunais populares revolucionários. (...) Assim,
> 10. Cria-se o sistema de tribunais populares revolucionários com jurisdição e competência nos seguintes assuntos: a) delitos e danos econômicos contra o Estado, as universidades e bens sindicais; b) entrega de riquezas naturais e avassalamento da soberania nacional; c) massacre de trabalhadores, representantes estudantis, populares, tortura e assassinato de trabalhadores e dirigentes sindicais revolucionários; d) prevaricação de funcionários públicos na montagem de processos judiciais para despistar investigações; e) organização de complôs contrarrevolucionários em conivência com o imperialismo, o gorilismo e a reação.[7]

---

5 *El Diario*, 14 de julho de 1971.

6 *El Diario*, 29 de junho de 1971.

7 O jornal *El Diario* cita a aprovação da resolução em 29 de junho de 1971.

176 Everaldo de Oliveira Andrade

Na verdade, o tempo entre a aprovação das resoluções da Assembleia Popular, em particular dos tribunais, e a sua plena constituição foi cortado pelos sabres do golpe de agosto de 1971. Porém, o debate que ocorria no interior da Assembleia Popular revelava as projeções desta em tornar-se uma instituição política autônoma, soberana, centro de um novo poder. Colocou o tema entre os juristas do país no campo da legitimidade dos poderes que estava sendo questionada, o que não foi de pequena relevância.

As atividades investigativas da comissão eram reveladoras de um processo vivo na história de constituição de um poder autônomo, provisoriamente paralelo, legítimo, de justiça popular, relacionado à situação de dualidade de poderes. O processo investigativo independente, desenvolvido por uma comissão da própria Assembleia Popular, colocou em questão o Estado oficial e seu sistema jurídico constituído. Não é sem coerência, portanto, que o relatório propõe no seu final os tribunais populares, não como peça de propaganda, mas com o objetivo de constituírem-se em autoridades jurídicas legais emanadas do poder da Assembleia Popular.[8]

Os Tribunais Populares foram um dos temas de maior repercussão política da Assembleia Popular. A questão ganhou dimensão com a discussão sobre a criação de um "sistema popular de justiça", e a percepção de que a justiça e o direito estavam desmoralizados e eram agora abertamente questionados. Como disse o editorial de *El Diario*:

---

8 No interior da tradição revolucionária da esquerda e que referenciava os militantes bolivianos, as análises de Lênin e Trotsky sobre a revolução russa de 1917 forneceram um enfoque particular do Direito e da ação judicial numa situação de dualidade de poderes. Lênin destacou a respeito do governo dos soviets de 1917 que a construção do novo poder trazia uma nova legalidade jurídica baseada na ação popular. Suas principais características seriam: 1- O poder não estar mais na lei aprovada, mas na iniciativa direta das massas; 2- O armamento direto do povo com o fim da separação povo-exército permitiria que a ordem pública fosse mantida pelos próprios operários; 3- Os funcionários e a burocracia do Estado, sendo colocados sob controle especial e eleitos, expressariam a situação de dualidade de poderes. Leon Trotsky (Ver *História da revolução russa*, p. 185) desenvolve argumentação semelhante ao conceituar a dualidade de poderes como fato revolucionário oposto ao fato constitucional, isto quando a destruição do equilíbrio social pela ação política de massa rompe a estrutura estatal e sua legalidade.

Bolívia: Democracia e Revolução   177

Frente a semelhante espetáculo desolador de nossa justiça, a ninguém pode estranhar que a classe trabalhadora esteja buscando um novo sistema popular e não contaminado, para que os delitos sejam investigados e os delinquentes devidamente castigados.[9]

Na mesma linha o editorial de *La Jornada* reafirmava:

Se a justiça não representa os desejos e as esperanças do povo, nada se pode esperar dela, muito menos que atue contra os poderosos. (...) a iniciativa da Assembleia Popular de criar os tribunais populares não está tão distante da aspiração das massas, nem do fenômeno de inoperância que apresenta a relegada justiça ordinária.[10]

A proposta impactou membros do governo. O subsecretário de Justiça, major José Luís Espada, em tom prudente disse, por exemplo, que os tribunais populares deveriam ter uma atuação restrita sob o risco de voltarem-se contra os próprios revolucionários. Os problemas da justiça boliviana seriam econômicos e não morais.[11] O prefeito do departamento de Cochabamba, também num tom de expectativa, afirmou ser favorável aos tribunais populares desde que implantados "num marco leal e sereno", acrescentando sintomaticamente que seria prematura uma opinião sobre o que iriam fazer os tribunais populares e sobre a anulação da justiça ordinária.[12]

O debate deslocou-se também para o campo técnico-jurídico, ocupando longas colunas dos principais jornais do país, e que reproduziam os debates na Assembleia Popular. Refletindo sobre o questionamento à ordem legal que começava a se enfrentar a Assembleia, um professor de direito da Universidade Maior de San Andrés, dr. Benjamim Miguel Harb, disse que os tribunais populares não poderiam ser criados, sob o risco de se reformar toda a estrutura do Estado com uma nova concepção política. Implantar os tribunais naquele momento levaria ao choque de ambos os poderes (Assembleia Popular e governo Torres). Disse que enquanto a Assembleia Popular não se legalizasse e se institucionalizasse, suas resoluções não

---

9 "Tribunales Populares", editorial de *El Diario*, 10 de julho de 1971.

10 "Tribunales Populares", editorial de *La Jornada*, 20 de julho de 1971.

11 *Presencia*, 1º de julho de 1971.

12 *El Diario*, 02 de julho de 1971.

178 Everaldo de Oliveira Andrade

teriam força de lei.[13] Esta declaração era inegavelmente uma das mais reveladoras de como o formalismo jurídico pode simplesmente favorecer as iniciativas para encobrir ou impedir que se veja a realidade política e social. As conclusões do professor eram, no entanto, extremamente lúcidas. O debate público sobre os tribunais populares revelava o confronto político e ideológico em processo, na medida em que questionava diretamente a ordem legal vigente e projetava um novo poder político em construção.

A proposta obrigava os "profissionais da justiça" a muitas vezes reconhecerem as conhecidas distorções da clássica tese montesquiana da divisão dos três poderes. Como refletia outro artigo em *La Jornada*:

> Os desastres que produziram no poder judiciário, que não conservou sua autonomia, e pelo contrário, se constituiu num apêndice dos interesses oligárquicos e imperialistas, convidam a pensar na instalação de um verdadeiro Poder de Justiça, com normas jurídicas novas. (...) A Assembleia Popular formulou uma proposta que de uma maneira ou de outra desconhece a vigência da Carta Magna.[14]

A discussão sobre a legalidade ou não dos tribunais populares prosseguia em *El Diario*:

> Não se trata de uma instituição jurídica ou de vigência constitucional, senão de um organismo particular, se se quer, na qualidade de ensaio ou prova, sem valor legal de nenhuma espécie; seu papel se limita a ser um organismo de base popular e de simples sugestões e nada mais. Que funcione no local destinado ao Congresso ou Poder Legislativo, não lhe dá o caráter de instituição constitucional. (...) Os tribunais do povo, se originam, ainda que teoricamente, na desconfiança geral e consequente repúdio ao atual grupo de funcionários judiciais...[15]

Os debates sobre os tribunais populares haviam saído do plenário e ganhado ampla repercussão em todas as esferas da sociedade. A autoridade oficial e

---

13 *Ibidem.*

14 BERRÍOS CABALLERO, Santiago, "Poder judicial y tribunales populares", *La Jornada*, 06 de julho de 1971.

15 MENDIETA V., Joaquín, "Asamblea del Pueblo y régimen jurídico", *El Diario*, 04 de julho de 1971.

Bolívia: Democracia e Revolução 179

legal do Estado estava sendo abertamente questionada, lado a lado com a discussão sobre a viabilidade da alternativa dos tribunais populares e da autoridade estatal da Assembleia Popular. Em situações abertamente revolucionárias, a possibilidade de uma justiça popular coloca-se como prática legitimada por um contra-poder de Estado emergente. De fato, uma justiça popular e alternativa só se coloca como ação viável e legítima no momento em que o próprio estado de direito está em questão e um outro poder (revolucionário e socialmente antagônico aos interesses do capital) se torna fonte de outra legalidade.[16] No final da sessão de 28 de junho, Simon Reyes subia à tribuna para propor a ordem do dia prevista para a próxima sessão da Assembleia: cogestão da mineração nacionalizada, universidade única e nacionalização de toda a mineração privada. Novas proposições para a construção de uma nova ordem social estavam em pleno desenvolvimento.

---

16 Os debates a respeito da justiça popular em diferentes contextos históricos revolucionários foram desenvolvidos em um artigo da minha autoria: "A proposta de Tribunais Populares na Bolívia de 1971: ação política e justiça popular na dualidade de poderes", In: COGGIOLA, Osvaldo (org.). *América Latina*: encruzilhadas da história contemporânea. São Paulo: Prolam-Xamã, 2003, p. 101-110.

7. O controle operário da mineração

No dia 29 de junho os mineiros apresentaram um informe com a proposta do controle da mineração, desenvolvendo a discussão sobre as formas de se colocar nas mãos do movimento operário o setor chave da economia do país. A proposta de gestão operária majoritária da mineração estatal não poderia ser compreendida fora do contexto da nacionalização da grande mineração. Após a revolução boliviana de 1952, a decretação da nacionalização com indenização das grandes empresas mineradoras foi acompanhada da concessão de uma série de direitos políticos e econômicos aos sindicatos mineiros.[1] Entre eles figurava a instituição do "controle operário com direito de veto" nas novas empresas estatais mineradoras. Dessa forma, dois dos sete diretores da recém-criada COMIBOL (Corporación Minera de Bolívia) seriam nomeados pela FSTMB com direito de veto sobre suas decisões, criando um poder até então inexistente dos trabalhadores de interferirem nas principais decisões da mineração estatal do país. Esta concessão ao movimento sindical mineiro, produto direto da situação aberta após a revolução, tornou-se por outro lado um sério risco ao desenvolvimento independente dos sindicatos em relação ao Estado, cuja expressão maior era a presença de ministros indicados pela COB no novo governo. Como destacou Antonio Garcia, o velho aparelho de Estado da oligarquia continuava funcionando

---

1 A ala esquerda da COB, ocupada principalmente pelo POR, desde o princípio criticou a proposta de nacionalização das grandes mineradoras mediante indenizações e o atrelamento da recém-fundada COB ao novo governo saído da revolução.

a serviço da criação de uma nova burocracia venal: "as forças revolucionárias distraíram seu poder na ocupação do velho aparato estatal, reabilitando-o com seiva nova".[2] Juan Lechín reforçava esta orientação que prendia os dirigentes operários da COB ao Estado: "...nenhum dirigente, nenhum operário, por maior que seja seu prestígio ou sua capacidade teórica, poderá entrar em compromissos pessoais sem o consentimento prévio do poder executivo..."[3]

Duas ameaças se apresentavam à independência do movimento sindical: a ligação dos representantes dos operários com o capitalismo de Estado e a sabotagem da administração operária para desacreditá-la. Se por um lado a participação dos sindicatos em empresas nacionalizadas não signifique a socialização dos meios de produção – pode ser o contrário, com o aumento do controle estatal sobre os sindicatos – a oferta destas posições pode significar uma concessão obrigada da burguesia de parte do seu poder aos trabalhadores. Os desdobramentos posteriores do "controle operário com direito de veto" revelaram que estas preocupações eram reais.[4]

Inicialmente, a proposta de cogestão em 1952 foi vista como uma real possibilidade dos sindicatos mineiros agirem diretamente sobre questões administrativas e econômicas da empresa. E isto de fato ocorreu nos acampamentos mais politizados e populosos, onde os controladores desempenhavam papéis centrais nas negociações do sindicato com a gerência, causando dificuldades – por suas prerrogativas de veto – às intenções originais dos gerentes. No entanto, o sistema de controles terminou por se voltar contra os operários. Os controladores operários, mesmo sendo eleitos em assembleias, poderiam passar a agir de maneira individual na medida em que não houvesse um efetivo controle coletivo do seu mandato e uma nítida separação entre o sindicato e o Estado. Esta situação passou a se generalizar com a consolidação do MNR como partido majoritário e o arrefecimento dos impulsos revolucionários de abril de 1952.

---

2 GARCIA, Antonio. "La reforma agraria y el desarrollo social en Bolivia", p. 350-351.

3 Juan Lechín, *Lechín y la revolución nacional*, p. 51.

4 Embora tenha ocorrido a nacionalização parcial da mineração e o controle operário, isto não impediu que os governos posteriores do MNR tomassem o pleno controle das grandes jazidas minerais a favor dos interesses das grandes corporações multinacionais.

Bolívia: Democracia e Revolução   183

Em perspectiva, a instituição do controle operário com direito de veto foi uma forma de desviar a reivindicação de controle operário total sobre a produção como parte do movimento revolucionário de conquista do controle do conjunto do Estado. Pode-se questionar aqui até que ponto uma bandeira política desta envergadura poderia de fato se viabilizar fora de um contexto mais profundo e amplo de mobilização política. E de fato, o processo revolucionário de 1952 desestruturara o exército; havia milícias operárias e camponesas que efetivamente controlaram um poder que ainda não fora convertido em expressão estatal. Criou-se, porém, entre os sindicatos mineiros um sistema que em pouco tempo ajudou a constituir uma burocracia sindical ligada ao MNR e ao seu governo. O movimento inicial de baixo para cima foi invertido e os controladores – cooptados pelos interesses de Estado do governo do MNR – passaram a refletir a orientações das cúpulas do partido governante sobre os interesses dos sindicatos de base e as assembleias gerais.

Dessa forma, podem-se destacar como principais motivos do fracasso do controle operário com direito de veto a burocratização da instituição com a falta de independência dos controladores frente ao Estado e a ausência de mandatos democráticos e coletivos sob controle das assembleias sindicais de base. Por outro lado, os posteriores reveses econômicos dos governos do MNR ajudaram o movimento sindical mineiro a recuperar seu ativismo e sua ação independente, podendo este, assim, fazer um balanço da experiência dos controles operários e retirar daí ensinamentos para sua ação futura. A experiência histórica pós-1952 revelou que ao lado da ameaça constante à independência sindical, contraditoriamente, o controle operário poderia ser visto como conquista operária da revolução ao permitir aproximar os operários da contabilidade obscura das empresas e ter acesso às informações que de outro modo só estariam concentradas nas mãos dos dirigentes administrativos.

O golpe militar de 1964 atacou brutalmente esta e muitas outras pequenas conquistas, porém a experiência anterior do controle operário renasceria sob outra forma através da proposta de gestão majoritária da COMIBOL pelos mineiros em 1971. Com o período militar iniciado em 1964 com o governo do general René Barrientos e a queda dos governos do MNR, os acampamentos mineiros foram militarizados e as direções sindicais brutalmente perseguidas. Como já vimos, os militares trataram o esmagamento dos núcleos politizados nos acampamentos mineiros como uma operação de caráter militar, expressando a consciência de que o esmagamento dos operários ajudava na estabilidade de seus governos. Os mineiros perdem dirigentes experientes e respeitados como César Lora e Isaac Camacho do POR e Federico Escobar do PCB, assassinados após serem presos por grupos policial-militares.

Com a morte do general Barrientos, a Federação dos mineiros, rearticulada nos primeiros meses de 1970, retomou não apenas suas atividades sindicais, mas como núcleo das atividades do movimento operário do país, promoveu a reorganização da COB e retomou o debate sobre o controle das empresas estatais mineradoras. A FSTMB era uma organização experimentada por longos anos de luta e, particularmente nos momentos de greve geral, intervinha nos problemas técnicos e administrativos das minas para manter e garantir a sobrevivência do complexo econômico mineiro. Em geral técnicos e administradores procuravam abandonar as minas durante as greves procurando fazer com que o trabalho fosse desarticulado. Os sindicatos mineiros capacitaram-se para a manutenção da COMIBOL exatamente nestas circunstâncias. Foram destes enfrentamentos que surgiu a proposta da administração operária das minas.[5] A proposta refletia, por outro lado, um desdobramento da discussão sobre a capacidade de o movimento operário controlar o setor chave da economia do país e questionar política e socialmente as bases de sustentação do Estado.

O novo projeto de participação dos sindicatos mineiros na administração das minas começou a ser debatido nos sindicatos em abril de 1970. E foi endereçado a Ovando em junho como parte de uma longa pauta de reivindicações. A FSTMB recolocou a reivindicação dos diretores operários com direito de veto, mas propunha uma ampliação da proposta: que fossem incorporados diretores operários também à COMIBOL, ao Banco Mineiro, ao conselho nacional de mineração e a outras entidades de interesse da Federação mineira.[6] As discussões com Ovando, no entanto, não prosperaram.

Com a Assembleia Popular abriu-se uma nova dinâmica política no país. Nesta situação, e desde o interior dos seus debates, os mineiros retomam o proje-

---

5 ESCOBAR, Filemon. *Testimonio de un militante obrero*, p. 166.

6 Fedmineros [boletim da FSTMB], 4 de junho de 1970.

Bolívia: Democracia e Revolução   185

to de controle operário da mineração, porém num contexto muito mais favorável ao desenlace da proposta original.[7] Como afirmava o novo documento:

Lutaremos para conseguir que a participação operária na COMIBOL assegure ao mesmo tempo seu caráter de autonomia de corporação econômica e tecnológica, a consolidação da marcha segura e decidida dos operários para o poder, respaldando-a com o avanço para a propriedade e social.[8]

O texto faz uma crítica incisiva à experiência do controle operário surgido na revolução de 1952 e propõe uma forma de organização baseada no controle coletivo dos mandatos, buscando garantir aos sindicatos a organização do processo de eleição dos delegados, porém evitando que estes se envolvessem diretamente com a administração da mineração estatal. Dessa forma, por exemplo, os dirigentes sindicais não poderiam ser eleitos para cargos de diretores operários. A participação operária na empresa seria organizada através da eleição de um Diretório Central composto por delegados eleitos diretamente, além de diretórios locais em cada local de produção. Estes diretores não teriam funções executivas individuais, mas seriam responsáveis solidariamente pelos acordos e resoluções do Diretório. Esta proposta visava garantir o controle coletivo dos mandatos dos diretores. O controle dos delegados operários tanto dos diretórios locais como da central seria feito pelos membros da direção sindical da FSTMB. Propunha-se uma direção paritária com os diretores indicados pelo governo.

O projeto da FSTMB defendia a total integração da indústria mineira desde a fase de extração, fundição até a comercialização, como uma das formas de recuperar e reorganizar o complexo mineiro. Uma situação econômica e administrativa desastrosa das empresas mineradoras estatais era o pano de fundo que ilustrava a

---

7   IRIARTE, Gregorio. *Los mineros, sus luchas, frustaciones y esperanzas*, p. 267-282, apresenta a versão de 1982 atualizada pela FSTMB sobre o projeto de controle da mineração.

8   "Proyecto de la FSTMB para la participación obrera en la COMIBOL", Fedmineros: 44, 1a. Semana de junho de 1971. Uma versão que contém "atualizações", na verdade uma reformulação do projeto em outro contexto histórico, foi realizada em maio de 1983; ver: "Proyeto de la FSTMB para la Co-gestión obrera en la COMIBOL", In: *Evolución de la lucha política de los trabajadores mineros*, *Cuadernos de Capacitación*, 1, La Paz, FSTMB-SIDIS, 1992, p. 109-135.

186   Everaldo de Oliveira Andrade

proposta de gestão operária da mineração. Em 1971, 80% das divisas do país provinham da mineração. Entre as empresas particulares e estatais existiam 24 empresas de caráter grande e médio e 2.400 empresas pequenas de diversos tipos e atividades. A COMIBOL era representada por quatorze grandes minas, com 47% do valor das exportações. O estanho era seu produto mineral principal, cobrindo 63% de toda a produção. Apesar do lugar estratégico da empresa, sua situação financeira era extremamente grave naquele momento, fruto de uma série de distorções e investimentos inadequados. Entre 1969 e 1970 a porcentagem de exportação de minerais da COMIBOL caíra de 53% para 47%, enquanto a mineração privada aumentara em 6% sua produção. Tudo isso se dava com uma dívida de US$ 32 milhões e um déficit para o ano de 1971 previsto em mais de US$ 19 milhões. Além disso, os gastos com a burocracia administrativa haviam subido dez vezes em relação ao total de gastos.[9]

Os debates na Assembleia Popular

A discussão das propostas da Federação dos mineiros a respeito do controle operário da mineração iniciou-se com o informe do dirigente mineiro Noel Vásquez relatando a situação geral da mineração estatal do país. Segundo o relato, em seis meses a situação do complexo mineiro estatal seria insustentável. A empresa estava endividada e com uma enorme burocracia administrativa, sendo que das quinze empresas da COMIBOL apenas duas eram rentáveis. Dirigindo a empresa os operários poderiam recuperar as atividades. Alberto Jara, outro membro da direção sindical dos mineiros, completou o informe afirmando que o Plano Triangular dos governos do MNR dera privilégios de mercado aos Estados Unidos e não modernizara as máquinas. Propôs a busca do mercado socialista e suas máquinas como alternativa para viabilizar o sistema e assinalou que as empresas nacionais estavam explorando minerais de menos de 1% de lei.[10]

Desde o princípio, o debate no interior da Assembleia sobre o projeto de controle operário da mineração originou duas linhas de argumentação. Um primeiro

---

9 MENDIETA D., Antonio. "Co-gestión obrera en la COMIBOL", jornal *El Diario*, 16 de julho de 1971.

10 Jornal *Hoy*, 1º de julho do de 1971.

Bolívia: Democracia e Revolução   187

setor assinalou na gestão da mineração um caminho para se discutir o poder político operário pela via do controle da produção. Um segundo setor se contrapôs, dizendo que primeiro teria que se tomar o poder político e depois os meios de produção, pois da forma como se colocava, a questão teria um efeito distracionista e não político.

Entre os que se opuseram à proposta de cogestão da mineração, alinhou-se um bloco de delegados do PCML, do MIR e membros ligados ao ELN, partidos que possuíam como característica comum, além da defesa da luta armada como tática política prioritária, a composição majoritária de militantes estudantis e membros da pequena burguesia. Eles consideravam que era fora de propósito pensar em administração das empresas mineradoras pelos operários enquanto a Assembleia não dispusesse de meios coercitivos armados próprios. A proposta serviria mais para desviar o que deveria ser a preocupação central dos debates: o armamento das forças da Assembleia Popular.[11] O ELN em particular, afirmou: "A cogestão leva desta maneira a classe operária a um desvio de seus objetivos de luta", o que limitaria a classe operária a uma luta de caráter administrativo e ao perigo de burocratização de seus dirigentes.[12] Para o dirigente do MIR René Zavaleta Mercado, em balanço posterior, a proposta de cogestão da mineração foi de fato um pacto com o governo Torres. Haveria o perigo de criação de uma grande burocracia sindical como foi o controle operário na revolução de 1952. Seu significado não seria mera cogestão do poder total, mas responderia a um impulso espontâneo sem uma avaliação quanto ao poder político do país. Com isso, não se questionava o poder como totalidade e o necessário armamento das massas.[13]

Os principais dirigentes sindicais mineiros, Simon Reyes, Filemon Escobar e Victor Lopez, se alinharam para defender a proposta da cogestão da mineração. Simon Reyes tomou a tribuna para rebater as críticas afirmando que a cogestão seria consequência do peso político adquirido pela classe trabalhadora.[14] Filemon Escobar atacou os setores que se levantavam contra a proposta dos mineiros afirmando que:

---

11 Editorial de *La Jornada*, "La Co-gestión obrera en COMIBOL", 01 de julho de 1971.

12 Editorial de *La Jornada*, *El Diario*, 29 de julho de 1971.

13 ZAVALETA MERCADO, René. *El poder dual*, p. 207-208.

14 Jornal *El Diario*, 30 de junho de 1971.

O governo existe porque as riquezas fundamentais estão em suas mãos. É inconcebível que os universitários não se deem conta de que estamos sustentando uma luta política com o governo em torno do controle das riquezas. Aceitar que os trabalhadores não possam controlar os meios de produção sem antes conquistar o poder político é um equívoco.[15]

Do ponto de vista político, a proposta de administração operária era vista pelos dirigentes mineiros como um meio transitório para a colocação da questão do poder político, uma reivindicação para fortalecer e qualificar a mobilização de massas pelo poder, como destacava Escobar. Segundo ele, a crítica ao economicismo da proposta seria cega pois a Assembleia Popular, na medida em que assumisse um lugar destacado, naturalmente veria a tendência a receber não só as questões sindicais, mas numerosos pequenos problemas de interesse dos setores populares e isto seria "um reconhecimento tácito de parte das massas, da Assembleia como sua autoridade".[16] Os defensores da proposta argumentaram ainda que a implantação da gestão operária preparava o caminho para a socialização do conjunto da economia do país e serviria para que o conjunto da população visualizasse de forma mais clara o papel exercido pela Assembleia Popular.

A ameaça à independência dos sindicatos frente ao governo era real e o general Torres não a ignorava e nem desprezava. Em maio de 1971 um decreto seu buscava se antecipar e regulamentar uma forma de gestão das empresas mineradoras que previsse a participação operária. Os objetivos do governo com o reconhecimento do direito de participação dos mineiros na direção das empresas ficaram claros no enunciado da proposta: "um dever de orientação e manejo com a finalidade de elevar os índices de produtividade e as responsabilidades com o desenvolvimento econômico e social do país.[17] Tratava-se para o governo Torres muito mais de comprometer os mineiros com a eficiência da empresa, buscando esvaziar a pressão que eles exerciam, que permitir qualquer concessão ou parcela de poder.

---

15 *Ibidem.*

16 *Ibidem.*

17 Decretos Supremos 09633 e 09638, *Gaceta Oficial de Bolivia*, 551, 31 de março de 1971.

Os mineiros foram vitoriosos em convencer a maioria da Assembleia Popular de que sua proposta possuía uma significação política e econômica que dizia respeito a todos os trabalhadores do país. A resolução sobre a participação majoritária dos operários na gestão da empresa COMIBOL foi um dos documentos mais importantes produzidos pela Assembleia Popular. Contém diversos capítulos: uma justificativa econômica, um posicionamento ideológico, um ponto de vista tecnológico, posicionamentos políticos e um organograma detalhado da estrutura administrativa proposta.

De fato, como reconheceu posteriormente Filemon Escobar, a proposta tinha como objetivo colocar o problema do poder político: "uma consigna de transição para permitir que a radicalização tomasse espessura".[18] A Assembleia Popular, envolvida num debate muito mais politizado que econômico, modificou as características originais do projeto da Federação dos mineiros declarando o objetivo de tornar a administração operária majoritária.

Como diz sua letra: "A Assembleia Popular por interesse do país e da revolução resolve: fazer a proposta formal da FSTMB sobre a cogestão operária majoritária na administração da COMIBOL e declarar mobilizado todo o país para alcançar esse objetivo".[19]

Segundo a proposta da Assembleia Popular o controle da corporação mineiro-estatal seria feito através de conselhos de produção, que funcionariam com a participação de um delegado das minas, um delegado dos engenheiros e outro da superfície. Por sua vez, funcionariam comissões de minas, de engenharia e a de superfície. Toda esta estrutura subordinada a um diretório local. O órgão superior da COMIBOL seria um diretório composto por três diretores do governo e três dos operários e o gerente geral. O gerente seria eleito pelo diretório de uma trina composta pela proposta da direção executiva da FSTMB.[20] Foi constituída uma comissão de trabalho como produto do debate sobre o controle da mineração com membros da Federação dos mineiros e partidos políticos para preparar

---

18 ESCOBAR, Filemon. *Testimonio de un militante obrero*, p. 167.

19 *Jornal Presencia*, 1º de julho de 1971.

20 *Ibidem*.

190   Everaldo de Oliveira Andrade

um projeto de estatização de todos os meios de produção do país.[21] O projeto da Assembleia Popular para a mineração possuía consequências políticas mais profundas do que aparentemente sugeria.

As tradições do movimento operário boliviano – com o lugar destacado ocupado pelos sindicatos mineiros e pela COB – são fundamentais para a compreensão da proposta dos conselhos de produção das minas e a soberania da Assembleia Popular como órgão de poder operário em construção. A proposta dos mineiros foi gerada a partir de suas experiências concretas de luta, como expressão da organização e participação política alcançada pelo conjunto do movimento sindical e popular boliviano. Era resultado, por outro lado, de uma longa e dura experiência que os colocava como autênticos protagonistas de uma alternativa própria e independente de reorganização das bases econômicas do país.

Os debates de 1971 e a experiência concreta do movimento operário ainda que limitada e inicial – o período pós-1952 dos controles com direito de veto e os diferentes momentos de greves com ocupação das minas – possuíam proximidade com as preocupações que tanto Leon Trotsky quanto Antonio Gramsci levantaram a respeito das possibilidades que o movimento operário deveria aproveitar – explorando suas características e formas nacionais – dentro do Estado burguês, para seu próprio fortalecimento enquanto alternativa de poder.

A organização da produção a partir das novas instituições criadas pelo movimento operário – como os conselhos de fábricas – foram destacadas por Antonio Gramsci tendo como exemplo a experiência dos conselhos de fábrica de Turim na década de 1920. Eram concebidas pelo revolucionário italiano como "células de um Estado novo, o Estado operário, como base de um novo sistema representativo: o sistema dos conselhos".[22] Para Gramsci o novo Estado operário começava a surgir – como indício da capacidade revolucionária da classe operária – quando esta fosse capaz de criar de seu seio "instituições de novo tipo no campo operário, instituições de base representativas, estruturadas de acordo com um plano industrial; e a fundar, em suma, seu próprio Estado".[23] Os conse-

---

21 LORA, Guillemo. *Contribuición a la historia política de Bolivia, op cit*, t. 2, p. 486.

22 GRAMSCI, Antonio. *Consejos de Fábrica y Estado de la clase obrera*, p. 218.

23 *Ibidem*, p. 109.

Bolívia: Democracia e Revolução   191

lhos de fábrica constituíam-se para Gramsci em formas espontâneas de organização da classe operária, bases primárias políticas de construção de um novo Estado que surgia diretamente do controle e ação organizada da classe operária. Os conselhos de fábrica poderiam englobar as ações econômicas e políticas da classe operária colocando em novos termos a constituição do partido do proletariado e o papel dos sindicatos.[24]

Um precedente mais próximo da realidade latino-americana foi analisado por Leon Trotsky, no México de Cárdenas, na década de 1930. O revolucionário russo defendeu a participação operária na indústria nacionalizada:

> Seria inexato identificar a participação operária na administração da indústria nacionalizada com a participação dos socialistas num governo burguês. (...) A participação no manejo em um certo ramo da indústria oferece uma ampla oportunidade de oposição política. No caso em que os representantes operários estejam em minoria na administração, tem todas as oportunidades para proclamar e publicar suas propostas rechaçadas pela maioria, pô-las ao conhecimento dos trabalhadores etc.[25]

A instituição do controle operário nas formas em que foi formulado na Bolívia provavelmente seja um caso original, intermediário entre a ação do sindicato reivindicativo e o conselho de fábrica, entendido este como organismo político que discute e decide coletivamente a própria organização da produção e do processo de trabalho com objetivos políticos. As características dos sindicatos mineiros e os controles operários, desde o ponto de vista da tradição histórica boliviana, criavam as bases para conselhos de produção geridos coletivamente e sob a soberania do organismo político da Assembleia Popular. Nesta medida, a gestão operária da mineração estatal boliviana era colocada mais em termos políticos que econômicos, buscando abrir uma via para um enraizamento e consolidação do poder operário desde o interior da organização da produção.

---

24 "A existência do conselho confere aos operários a responsabilidade direta da produção, leva-os a melhorar seu trabalho, instaura uma disciplina consciente e voluntária, cria a psicologia do produtor, do criador da história". GRAMSCI, Antonio. *Consejos de Fábrica y Estado de la clase obrera*, p. 40.

25 TROTSKY, Leon. *Escritos latino-americanos*, p. 152-153.

8. As milícias armadas e a questão militar

A ASSEMBLEIA CHEGOU A DISCUTIR em detalhes os encaminhamentos para a constituição de uma milícia armada e popular nos moldes da tradição iniciada com a revolução de 1952. No entanto, os debates não chegaram ao plenário geral. A discussão foi pautada no dia 2 de julho, último dia de sessões nacionais. A Comissão de Segurança e Milícias da Assembleia deu continuidade aos encaminhamentos baseando-se em duas propostas alternativas: a comissão da Assembleia e a segunda, da bancada universitária, expressando as duas posições em debate.[1] A proposta da comissão previa a estruturação de um aparato próprio de autodefesa da Assembleia Popular com um Comando Supremo das Milícias, comandos de operações, regionais, especialistas, mineiros, inteligência e logística, além de armas e artilharia para que existisse um verdadeiro braço armado do proletariado. Uma comissão foi encarregada de dar corpo a estas questões em debate. Na prática, pouco tempo houve para que de fato isto acontecesse.[2]

A questão, por outro lado, não se resumia a este ponto, na medida em que várias organizações políticas da Assembleia Popular colocavam a questão militar, e em particular o armamento operário, como uma prioridade tática. Uma característica comum às organizações vanguardistas na Assembleia, o MIR, ELN e o PCML em particular, foi o fato de protestarem permanentemente pela falta de

---

1 *El Diario*, 03 de julho de 1971.

2 CAJÍAS, L. *op cit*, p. 331.

medidas defensivas armadas para a proteção da própria Assembleia. Opuseram constantemente a necessidade de preparação militar das forças da Assembleia Popular ao projeto de cogestão da mineração. Viam as medidas propostas pelos mineiros como um risco diversionista que não daria conta do perigo do golpe de direita em preparação.[3]

Um comunicado do ELN, por exemplo, afirmava:

> Assembleia Popular como única forma de êxito deve converter-se em um órgão real de organização política e militar das massas, capaz de passar à ofensiva através da ação direta. A Assembleia Popular não deve limitar-se a ser órgão fiscalizador dos trabalhos do governo, e muito menos um corpo parlamentar que elabore sugestões (...).[4]

O tom ameaçador do ELN em relação aos delegados da Assembleia Popular complementava-se com um apelo aos patriotas do exército, como a carta "Aos militares honestos", publicado no boletim Inti nº 3:

> A atuação de sua instituição na campanha antiguerrilheira de Teoponte foi a mostra mais clara de que o chamado exército da Bolívia não é dos bolivianos. Não sabemos qual sua posição, mas suspeitamos que é um patriota e que pensa que a instituição a que pertence tão só cumpriu seu dever: "manter a paz interna e a estabilidade democrática". Será verdade este postulado? (...) A única solução possível é outro exército, baseado nos militares patriotas e revolucionários que sirvam ao povo em armas. Será possível por obra do governo Torres? Sinceramente cremos que as forças antinacionais de dentro e de fora do país não o deixarão.[5]

Nesta mesma perspectiva, para Antonio Araníbar, do MIR, tratava-se de "organizar política e militarmente as massas trabalhadoras para construir o instrumento de vanguarda necessário a instauração do socialismo."[6]

---

3 ZAVALETA MERCADO, Rene. *El poder dual*, p. 215.

4 SANDOVAL RODRIGUES, Isaac. *Culminación y ruptura del modelo nacional revolucionario*, p. 158. Entrevista com Antonio Peredo.

5 "A los militares honestos", Boletín Inti nº3, In: *La Jornada*, 04 de junho de 1971.

6 *Presencia*, 18 de junho de 1971.

Bolívia: Democracia e Revolução   195

A crítica dos militaristas foi resumida em um balanço posterior por um militante do PCML, Jorge Echazú, nos seguintes termos: o perigo constante de golpe militar realçava como uma das prioridades da discussão a questão militar, não se falava em institucionalização ou eleições, a Assembleia Popular instalada para enfrentar o golpe não sabia se preparar, a comissão militar não assumia esta responsabilidade preocupando-se em redigir um informe escrito e o responsável pela comissão, Miguel Alandia, era um pintor sem capacidade de organização militar.[7]

Combatendo posteriormente os críticos da falta de preparação militar da Assembleia, Filemon Escobar afirmará que o armamento da classe operária, dos camponeses e de outros setores era uma antiga tradição boliviana, mais antiga que as teorias foquistas ou maoístas. As milícias operárias e camponesas estavam ligadas às organizações sindicais desde a revolução de 1952. A Assembleia não estava atrasada no aprovisionamento de armas e não possuía meios para agir melhor neste terreno. A crítica à não incorporação dos soldados à Assembleia era resultado de um mesquinho rancor sectário que queria reduzir o significado da Assembleia Popular e impor o modelo russo. Na Rússia eram os camponeses que entravam nos sovietes com uniformes de soldados, na Bolívia a massa camponesa estava ainda asfixiada pela influência do Estado.[8]

O dirigente do POR Guillermo Lora, em balanços escritos após os fatos, também rebateu as posições dos foquistas e maoístas:

> (…) Tudo isso era puro aventureirismo suicida que iria esmagar as massas e a própria revolução. A proposta trotskista era outra e muito concreta: aprofundar muito mais a mobilização das massas, de maneira que os camponeses, por exemplo, se alistassem efetivamente na luta, e que o empuxo dos explorados abrisse as fissuras do exército até o ponto de neutralizá-lo ou quebrá-lo.[9]

Para o PCB a discussão militar se dava em termos semelhantes a dos trotskistas, e deveria ser tratada de forma reservada e não abertamente, pois isso signifi-

---

7 Entrevista com Jorge Echazú.

8 ESCÓBAR, Filemon. "L' Assemblée Populaire: une conquête et ses enseignements", p. 128.

9 LORA, G. *Contribuición a la historia política de Bolivia*, t. 2, p. 483.

cava entregar ao inimigo o que se pretendia fazer. Além disso, era preciso evitar uma provocação sem necessidade dos militares.[10]

Uma resolução da direção da COB de 19 de junho de 1971 orientava os sindicatos a formarem milícias armadas, centralizadas num Comando Militar que teria como comando supremo a Assembleia Popular. Os partidos e a COB deveriam colaborar na constituição das milícias. No comando militar teria direito a voto um delegado de cada setor: mineiro, fabril, ferroviário, construtor, motorista, camponês; como representante da classe média: um universitário; além de um representante dos partidos na Assembleia Popular. O comando supremo seria composto pela direção da Assembleia Popular, da COB e do comando militar.[11]

Às costas destas iniciativas, os grupos esquerdistas MIR e ELN organizaram um Comando Revolucionário que coordenava uma tentativa de luta armada separadamente. Este organismo esquerdista acreditava que um golpe direto e uma tomada de assalto ao Palácio presidencial poderia contornar um enfrentamento direto ou um trabalho político no interior do exército.[12]

A Assembleia contava, de fato, muito mais com armas políticas para buscar uma divisão de caráter social no exército. As medidas defensivas militares eram limitadas e o armamento de militantes visava concretamente medidas de autodefesa, como a formação da milícia que protegia a Assembleia. Uma divisão de caráter social no interior do exército que opusesse oficiais e soldados e uma adesão destes à Assembleia era uma opção que os setores dirigentes da Assembleia Popular esperavam para anular as ameaças golpistas. O processo de luta social antes que uma luta militar é que poderia mudar a correlação de forças.

As primeiras reações à tática da Assembleia – na perspectiva de divisão social no exército – se manifestaram em pedidos de participação de soldados na Assembleia. O primeiro sinal significativo de insatisfação surgiu entre as baixas patentes militares com a publicação do "Manifiesto de los cabos y de los sargentos del ejército", de julho de 1971, onde eram denunciadas tarefas extramilitares

---

10 Entrevista com Marcos Domich.

11 *El Diario,* 19 e 20 de junho de 1971.

12 Entrevista com Marcos Domich. Segundo ele, estas informações foram obtidas em conversa pessoal com Rene Z. Mercado, na época um dos principais dirigentes do MIR.

Bolívia: Democracia e Revolução   197

que estavam obrigados a cumprir para os oficiais, além de terem que vigiar o trabalho de soldados tratados como bestas de carga.[13]

Na esteira destas notícias, *La Jornada* afirmava que era injustificável que os soldados não tivessem representação na Assembleia Popular e que esta deveria analisar como incluir seus representantes.[14] Em tom entusiástico, porém desproporcional, o editorial dizia que:

> As fileiras da revolução se ampliam consideravelmente (...) e nestas condições, o exército revolucionário conta já com os proletários com fuzil, que unidos aos proletários da COB e da Assembleia Popular, aos universitários revolucionários, constituirão uma verdadeira força a serviço do processo popular.[15]

Um manifesto, de 13 de agosto de 1971 da "Vanguardia Militar del Pueblo", demonstrava o avanço da fratura social no exército, opondo reivindicações precisas dos soldados, cabos e sargentos aos privilégios dos oficiais. Testemunhando as humilhações e sacrifícios sofridos por aqueles, o manifesto propunha:

> (...) a criação imediata e a qualquer custo de um exército identificado com a classe operária e os setores progressistas de verdade, como única maneira de apagar com a ignomínia que nos cobre e como único caminho para a redenção nacional. (...) Muito rápido chegará o dia da prova, oportunidade em que seremos os artífices dos escombros de um organismo de vulgar repressão contrarrevolucionária, servil e dócil às ordens do Pentágono e seus lacaios de dentro e fora do país. Edifiquemos uma instituição a serviço e defesa da verdadeira revolução (...).[Um] "exército popular", identificado com a classe operária e os setores progressistas de verdade, única forma de apagar a ignomínia que nos cobre.[16]

O documento provocou uma crise e uma reunião de emergência do alto comando do exército. A data de publicação do documento, uma semana antes

---

13 LAVAUD, P. *El embrollo boliviano*, p. 152.

14 Adhemar Isaac O. "Ejército y Asamblea del Pueblo", *La Jornada*, 18 de junho de 1971.

15 Editorial de *La Jornada*: "Soldados revolucionarios con la Asamblea Popular", 19 de agosto de 1971.

16 *Presencia*, 13 de agosto de 1971. *La Jornada*, 13 de agosto de 1971.

do golpe de Banzer, levantou suspeitas sobre sua autenticidade.[17] O momento de tensão que atravessava inclusive o exército torna pouco provável que se tratasse de simples provocação preparatória ao golpe, pois chamava explicitamente a divisão do Exército em termos até então não utilizados e que poderiam colocar em risco sua disciplina e hierarquia. Por outro lado, o documento poderia ter sido utilizado pelos golpistas para convencer a oficialidade ainda vacilante e evidentemente zelosa pela hierarquia e disciplina a aderir ao levante. Esta hipótese, mesmo assim, demonstrava-se arriscada. Nenhuma organização de esquerda assumiu qualquer participação na orientação ou redação do documento. Era mais revelador de que as contradições sociais alcançavam o conjunto das instituições – inclusive o exército –, daí a urgência e coesão de classe que foi demonstrada pelos golpistas liderados por Banzer uma semana depois.

---

17 Segundo Marcos Domich (entrevista com o autor), o PCB propôs em níveis mais reservados a possibilidade de uma representação dos militares na Assembleia Popular. Teria havido uma tentativa de se estreitar esta profunda separação e um acordo foi estabelecido com um setor militar, porém, muito tarde e quando a preparação do golpe de agosto já estava em andamento.

9. A universidade única

A ASSEMBLEIA POPULAR DEBRUÇOU-SE durante seus trabalhos sobre o tema do ensino e da reforma universitária. Os resultados e as perspectivas apontadas, embora tenham sido inconclusos, permitem-nos visualizar uma concepção original que respondia às demandas dos setores sociais populares.

O ponto de partida foi uma proposta de reforma universitária gestada inicialmente pelos sindicatos mineiros e que depois adquiriu com os debates outras dimensões. Antes de analisarmos a proposta em si, é preciso retomar alguns pressupostos que permitiram aos personagens daquela época chegarem a esta iniciativa. O projeto foi produto de um processo histórico que remonta à chamada revolução universitária de 1953 em La Paz, após a ruptura revolucionária de 1952. Mais remotamente podemos notar os traços de longo alcance do movimento autonomista universitário que correu a América Latina desde 1918 a partir da cidade argentina de Córdoba.

ANTECEDENTES

A tradição universitária da América hispânica inicia-se praticamente com a conquista espanhola. A primeira universidade das Américas foi fundada em Lima em 1551, seguida depois pelo México em 1553, e Córdoba em 1613. As modificações por que passa o capitalismo no início do século xx, principalmente a influência da Revolução Russa de 1917 e da Revolução Mexicana de 1910, irão desencadear movimentos de inspiração nacionalista no continente. Este é o pano de fundo que leva estudantes da pequena burguesia, no âmbito universitário inicialmente, a provocar um movimento que se inicia na cidade de Córdoba na Argentina e se espalha por todo o continente latino-americano.

Os estudantes de Córdoba motivados pelos ideais revolucionários depararam-se com uma velha e estática estrutura universitária que não lhes permitia exercer na universidade a liberdade de pensamento que projetavam e aspiravam. As bandeiras iniciais do movimento exigiam a democratização da universidade e a autonomia frente ao estado. A negativa a qualquer diálogo radicalizou o movimento. Em 21 de junho de 1918, elaboraram um novo documento com reivindicações precisas. O centro da reforma era a proposta de cogoverno que significava a politização consciente da universidade para suas responsabilidades políticas com a nação e a democracia:

> (…) A Federação Universitária de Córdoba se levanta para lutar contra esse sistema e entende que nele a vida se esvai. Reclama por um governo estritamente democrático e sustenta que o Demos universitário, a soberania, o direito de se autogovernar, enraíza-se principalmente nos estudantes. O conceito de autoridade que acompanha um diretor ou um mestre e os acompanha em um ambiente de estudantes universitários não pode apoiar-se na força de disciplinas estranhas à própria substância dos estudos. A autoridade, em um ambiente de estudantes, não se exercita mandando, mas sim sugerindo e amando: ensinando. Se não existe um vínculo espiritual entre o que ensina e o que aprende, todo ensino é hostil e, por conseguinte, infecundo.[1]

O manifesto pela Reforma Universitária de Córdoba possuía um caráter democrático, anti-imperialista e anticlerical. Representou o início de uma ruptura social dos setores médios da pequena burguesia com a burguesia latino-americana, que se mostrava cada vez mais incapaz de realizar propostas no sentido da conquista da soberania nacional e da democracia. Este movimento levará, em muitos países, suas lideranças a se aproximarem do movimento operário e das reivindicações e propostas socialistas.

---

1 "Manifesto de Córdoba, da juventude argentina de Córdoba aos homens livres da América do Sul", 21 de junho de 1918.

Bolívia: Democracia e Revolução   201

O movimento espalhou-se por vários países latino-americanos funcionando como uma verdadeira escola política e intelectual para futuros líderes políticos do continente. Porém o ativismo estudantil não seria suficiente para explicar a enorme influência social deste movimento. Tratava-se de fato de uma reivindicação de caráter nacional e democrática para todo o povo. Sua repercussão e apoios ampliaram-se para os setores populares que estavam originalmente distantes da vida universitária. Na Bolívia, o movimento autonomista ganhou maior impulso a partir de 1928. Em 1930 os estudantes bolivianos conquistaram autonomia para as universidades do país. O movimento estudantil ganhou fôlego nos anos seguintes e, em 1938, na cidade de Sucre, a sexta convenção nacional dos estudantes aprovou o programa de princípios da Federação Universitária Boliviana.

A REVOLUÇÃO DE 1952 E AS UNIVERSIDADES

A proposta da Universidade Única possuía laços intensos com a tradição nacional boliviana. Em 29 de julho de 1946, na universidade de Oruro, foi assinado o "pacto mineiro-universitário" para defender um programa comum entre os dois setores. Este foi um dos primeiros e marcantes episódios de proximidade entre o movimento dos mineiros e o dos universitários.[2] Após a revolução boliviana de 1952 ocorrem as chamadas "revoluções universitárias" entre os anos de 1953 e 1954.

---

2 A questão da relação de proximidade entre o meio educacional e o movimento operário não é recente nem abstração ideológica. A Comuna de Paris de 1871, primeiro governo liderado por operários na história, foi também o primeiro momento em que a proposta de ensino laico, gratuito e obrigatório foi formulada. Era uma reivindicação popular que até então não havia sido colocada de maneira tão incisiva e clara na história. E foi esta discussão que serviu a Marx para contestar o programa do partido social-democrata alemão, em sua célebre "Crítica do Programa de Gotha". Neste documento, Marx defende a necessidade de movimento operário exigir do Estado meios materiais para o ensino e, ao mesmo tempo, rejeitar a influência do governo e das igrejas. A ciência e a consciência deveriam exigir total liberdade na educação. Em outras palavras, Marx reivindicava que a escola, o ensino em geral, deveria se preservar em seu caráter criativo e investigativo, ser autônomo. É neste mesmo documento que ele irá propor a exigência de escolas técnicas (teóricas e práticas) combinadas com a escola primária. Um ensino que buscasse reunificar o saber teórico e a prática, apartados pelo modo de produção capitalista.

Os setores políticos conservadores derrotados pela revolução de 1952 mantiveram seus postos nas universidades. Neste período, reafirmar a autonomia universitária significava concretamente oferecer à FSB o poder nas universidades contra o processo revolucionário de 1952. Entre os dois principais partidos políticos na época que protagonizaram a revolução, o MNR nacionalista e o POR trotskista, surgiu uma diferenciação política sobre como enfrentar esta ameaça. O MNR defendeu a ocupação das universidades por milícias operárias e camponesas para dirigi-las desde o Estado. O POR se opôs à proposta e defendeu a autonomia universitária sob a direção operária e camponesa contra o governo do MNR.

À frente do governo, a solução encontrada pelo MNR para derrotar seus adversários nas universidades aprofundou o problema. Milícias de mineiros ligadas ao partido foram enviadas para reprimir pela força o movimento universitário, entre os quais se incluíam os estudantes. Ocorreram várias mobilizações em Oruro, Potosí e Cochabamba contra a ocupação pelas milícias armadas de mineiros do MNR. Em 9 e 21 de maio de 1955 houve intervenções nas universidades de Cochabamba e Chuquisaca, depois em Tarija, Santa Cruz e La Paz.[3] O primeiro congresso da COB realizado em outubro de 1954 e sob controle do MNR propôs "a centralização nas mãos do estado da universidade pública". As intervenções das milícias sem o apoio de uma maioria de estudantes colaboraram para afastá-los do movimento operário. Esta ação politicamente controversa terminou por impor a participação dos trabalhadores manipulados pelo MNR na direção das universidades. Como ocorrera com a reforma agrária, a nacionalização das minas e o sufrágio universal, o MNR transformou a reforma universitária no seu contraponto. O dirigismo estatal sufocou mesmo a liberdade e a autonomia nas universidades, que são marcos programáticos da tradição liberal burguesa. O movimento operário, ao retomar sua ação independente do MNR, reagiu a esta situação inscrevendo sua própria perspectiva.

A Universidade Operária de Siglo xx

A Federação dos mineiros elaborara meses antes da abertura da Assembleia Popular de 1971 um projeto de construção de uma Universidade Operária que no

---

3 LORA, Guillermo. *La Revolución boliviana*, p. 214.

Bolívia: Democracia e Revolução   203

decorrer dos debates incorporou novos objetivos e preocupações de caráter político, sendo parcialmente modificado. As teses possuíam uma inegável inspiração socialista que incorporava as experiências anteriores do movimento operário internacional, como as propostas da Comuna de Paris, que marcava para a história um dos primeiros esforços do movimento operário em relação à reformulação do ensino.[4]

A Declaração de Princípios de constituição da Universidade Nacional Siglo xx expressava os ideais defendidos pelos mineiros com o objetivo de universalizar o ensino aos operários:

> A conformação de uma só, grande e integrada universidade boliviana, (...) revolucionária, pois responde à ideologia do proletariado, rompe com os esquemas da universidade clássica. Ela estará aberta à experimentação livre de formas e estruturas de educação.
>
> [Buscará] (...) consolidar através de uma capacitação político-sindical, à margem de todo sectarismo dogmático, a formação ideológica dos trabalhadores.
>
> (...) Será uma universidade científica porque não reconhecerá moldes acadêmicos, nem dogmatismos partidários ou técnicos, nem normas educativas alienantes e estará aberta à livre discussão, inclusive professor-aluno, permitindo assim o exercício permanente da racionalidade dialética, em consequência da conjugação da prática e teoria.
>
> Será autônoma, porque, de maneira igual, e com maiores razões todavia, responderá aos interesses do proletariado boliviano.[5]

---

4   A crítica de Marx e Engels volta-se para o caráter alienante, fragmentário e parcial da educação sob o capitalismo, que exclui outros saberes. A nova educação comunista deveria ser intelectual, física e politécnica, permitindo aos operários dominar as bases científicas da tecnologia para organizar e controlar a produção através do seu poder político. Cf. MANACORDA, Mario A. *Marx e a pedagogia moderna*, 1980. "Embora a efêmera existência da Comuna de Paris não tenha conseguido efetivar uma reforma nos sistemas educacionais, uma proposta de ensino integral e escolas laicas, gratuitas e obrigatórias foi formulada através da Circular Vaillant, servindo como referência para propostas futuras de reformulação socialista do ensino" (COGGIOLA, Osvaldo. "*A Comuna de Paris, a escola e o ensino*", p. 6-10. Também ORSO, Paulino José. "As lições da Comuna de Paris para a educação", p. 11-17).

5   "Declaración de Principios de la Universidad Nacional Siglo xx", Fedmineros:40. mar. 1971.

204   Everaldo de Oliveira Andrade

Em relação aos aspectos organizativos, a universidade operária deveria manter união e dependência com os trabalhadores através de suas organizações sindicais. Na medida em que se consolidasse, deveria estabelecer formas de atuação no nível médio através de institutos profissionais.[6] A elaboração proposta pelos mineiros despertou vivo interesse nos meios universitários. No dia 18 de fevereiro de 1971 foi publicado um texto da Universidade Mayor de San Andrés, principal centro universitário do país, debatendo a proposta de Universidade dos Operários.[7] O documento elaborado por representantes das universidades de Oruro, Potosí e La Paz, conjuntamente com a cob e fstmb apoiava com entusiasmo a criação da Universidade Operária no centro mineiro em Siglo xx: "A aspiração da classe operária do país é a necessidade de dotar a mesma de um instrumento que permita elevar sua capacidade ideológica, política e técnica para cumprir a missão histórica de construir a sociedade socialista." E em seguida criticava a Universidade que se colocava "a serviço do imperialismo" e que "ainda não podem transformar-se no instrumento auxiliar que a classe trabalhadora necessita para sua total e completa libertação". Por fim, o documento afirmava que as universidades autônomas reconhecem o papel de vanguarda da classe operária.[8]

Os reitores reunidos no Conselho Nacional de Universidades, onde preparavam o Congresso Universitário, emitiram um voto de apoio e solidariedade à Assembleia Popular: "para derrotar o imperialismo ianque e construir um Estado democrático e popular pela libertação nacional e a construção do socialismo sob o regime da hegemonia da classe operária."[9]

O MOVIMENTO ESTUDANTIL NA ASSEMBLEIA POPULAR

O movimento em torno da Assembleia Popular permitiu que um conjunto de experiências e debates entre o movimento operário e as comunidades universitárias prosperassem. A morte de Che Guevara e as guerrilhas do eln foram

---

6   *Ibidem.*

7   *El Diario*, 18 de fevereiro de 1971.

8   *La Jornada*, 19 de fevereiro de 1971.

9   *La Jornada*, 29 de junho de 1971.

Bolívia: Democracia e Revolução   205

acontecimentos que influíram nos ânimos políticos das camadas da pequena burguesia – setores sociais majoritários nos meios universitários – contribuindo para a radicalização política e aproximação com os setores organizados do movimento operário. O "maio de 1968", conjunto de mobilizações ocorridas em dezenas de países, foi na Bolívia abafados pela ditadura militar iniciada com o general René Barrientos em 1964. Havia, no entanto, uma rebelião latente e represada em amplos setores da juventude e dos meios universitários que desabrochava no contexto da Assembleia Popular. Numa perspectiva internacional podemos dizer que a aproximação entusiástica dos universitários correspondia, com certo distanciamento de tempo, aos movimentos de radicalização política de 1968 que contaminaram o movimento estudantil na época.

Ao contrário do debate sobre a cogestão operária da mineração, que encontrara oposição dos partidos esquerdistas, a discussão sobre a universidade única encontrou enorme recepção favorável dos chamados "partidos universitários". O projeto conquistou amplo apoio do movimento estudantil. Abriu-se um verdadeiro diálogo político com toda uma nova geração de militantes de esquerda que surgia, servindo como amálgama para aproximar os setores sindicais e operários com as camadas urbanas da pequena burguesia. O movimento estudantil universitário jogou um papel destacado nos anos 1970-1971, envolvendo-se diretamente nas atividades preparatórias da Assembleia Popular e na proposta da Universidade Única.

O primeiro sinal de que o movimento estudantil renascia após o período de dura repressão dos militares ocorreu com a chamada "Revolução Universitária" de abril de 1970. Um Comitê Central Revolucionário foi formado na Universidade Mayor de San Andrés e nas diversas faculdades nos primeiros meses desse ano. Estes organismos adotaram a posição de desconhecer as autoridades universitárias, propondo uma direção paritária entre professores e estudantes. No Primeiro Encontro Nacional de Juventudes Universitárias, realizado em Oruro em maio de 1970, foi adotado como programa a Tese Política da COB.[10] Os universitários de Oruro, contaminados por grande ativismo militante, declaram que iriam sair em massa para alfabetizar o povo "com a COB e não com o governo capitalista", o que era sintoma da efervescência política que o momento começava

---

10 LORA, G. *Contribuición a la historia política de Bolivia*, t. 2, p. 454-458.

206   Everaldo de Oliveira Andrade

a provocar. A tese da CUB (Central Universitária Boliviana) dizia explicitamente que "nós universitários bolivianos nos subordinamos conscientemente à direção política da classe operária".[11]

A direção política das entidades estudantis era hegemonizada, sobretudo, pelos partidos de esquerda. O POR-Masas dirigia inicialmente o movimento estudantil através dos militantes Victor Sossa, Jorge Lazarte e Afonso Velarde. No entanto, outros partidos disputavam sua influência. No começo de maio de 1971 ocorreu a eleição para os dirigentes do Comitê Central Revolucionário da UMSA e dos delegados para a Assembleia Popular. O MIR, apoiado pela juventude do PCB, saiu vitorioso com 2.203 votos, seguido pela fração estudantil do POR-Masas liderada por Jorge Lazarte e Victor Sossa, com 1.154 votos. Como delegados foram eleitos Loyda Sanchez Bejarano, ligada ao ELN, e Juan Landívar.[12] O MIR, depois de derrotar a hegemonia do POR-Masas, passou a controlar a Central Universitária Boliviana (CUB) sob a presidência de Oscar Eid, que, como relembrou anos depois, foi marcada pelo vanguardismo e o radicalismo da ação da juventude:

> Era um período de radicalismo no qual o movimento universitário foi muito além de seu próprio peso e jogou um papel político central. (…)Ao desarticular-se tudo, ao desarticular-se todo um processo, cada setor conseguiu conjunturalmente maior influência no momento e o movimento universitário conseguiu um papel muito forte totalmente desproporcional.[13]

Os militantes do MIR, ELN, PCML, ao mesmo tempo que no interior da Assembleia combateram as teses dos partidos mais ligados ao movimento operário, desenvolveram inúmeras iniciativas que davam vasão à impaciência da juventude esquerdista que organizavam. O trágico fracasso e extermínio da guerrilha de Teoponte não fora suficiente para demover o espírito aventureiro que marcava membros destes setores sociais. Após as Jornadas de Outubro de 1970, os militantes universitários de La Paz tomaram o Centro Boliviano Americano. Em Oruro, Cochabamba e Potosí repetiram-se diversas ocupações de locais que de

---

11 CAJÍAS, Lupe. *op cit*, p. 305.

12 *La Jornada*, 04 de maio de 1971.

13 Entrevista com Oscar Eid.

Bolívia: Democracia e Revolução   207

alguma maneira eram vistos como relacionados com as forças e setores sociais contrários à orientação política seguida pelos estudantes.

Uma frente estudantil em torno da Assembleia Popular consolidou-se entre os setores políticos que agiam nas universidades. O PCML, o PCB, o MIR, o Partido Socialista e o POR-Masas formaram em 12 de junho de 1971 uma Frente Comum na Universidade Mayor de San Andrés. O objetivo era continuar o processo reformista iniciado em abril de 1970, se precaver das forças golpistas ligadas ao coronel Hugo Banzer e reafirmar a proposta da Universidade Única. Esta aliança reforçava as atividades comuns desenvolvidas por estas organizações na estruturação da Assembleia Popular.[14] A declaração desta Frente Comum afirmava em suas linhas gerais os seguintes princípios:

1- aceitar a direção ideológica da classe operária
2- opor a frente revolucionária ao direitistas
3- criar profissionais voltados para a libertação nacional e o socialismo, através da universidade unificada sob o controle operário.[15]

As divergências que marcavam o debate político entre estas organizações eram, no entanto, obstáculo ao fortalecimento da Assembleia Popular. O debate em torno da Universidade Única fornecia a base desta aliança.

A RESOLUÇÃO DA ASSEMBLEIA POPULAR

O movimento operário buscava incorporar a universidade no processo revolucionário em curso. Uma de suas principais reivindicações era da necessidade de as universidades voltarem-se para os problemas nacionais, para o povo, para a solidariedade com os trabalhadores. A tese política da COB se constituía em base programática desta orientação: "a reforma universitária, como fenômeno histórico e considerada em sua verdadeira essência, não é mais que a luta entre o proletariado e os agentes criollos do imperialismo para levar atrás de si a inteligência pequeno bur-

_____

14 Os maoístas do PCML, após uma polêmica onde se opuseram à entrada do Partido Socialista na Frente acusando-os de "oportunistas", retiraram-se, ver *La Jornada*, 22 de julho de 1971.

15 *Ultima Hora*, 13 de julho de 1971.

208 Everaldo de Oliveira Andrade

guesa.[16] Tratava-se de buscar uma aliança com os estudantes mas sobre a direção do movimento operário: "queremos encontrar canais adequados que inclusive no plano estritamente universitário e acadêmicos efetivem a direção operária".

O documento coloca sob um novo plano a questão ou reivindicação histórica da autonomia universitária ao afirmar, em primeiro, lugar que esta reivindicação possuía um caráter histórico delimitado. Com o fim do poder da minoria burguesa a autonomia poderia se tornar um pretexto para a contrarrevolução. O texto criticava a autonomia que, tendo sido progressista inicialmente, se tornara um obstáculo ao aperfeiçoamento das universidades:

> Quando se instaurar o governo operário não haverá lugar para a autonomia universitária (…) em nenhum caso e com nenhum pretexto pode-se falar de uma autonomia com referência ao movimento operário. Se somos revolucionários temos que concluir que a universidade está submetida ao proletariado e não é autônoma em relação a ele.

Durante a revolução de 1952, a bandeira autonomista servira para encobrir os bastiões conservadores nas universidades. O fim da autonomia era visto, portanto, como uma ampliação democrática da universidade a serviço do governo da maioria, do governo operário.

O centro das críticas às universidades concentrava-se em seu fracionamento e divisão artificial que não respondia às necessidades do país. Com isso se produziria um ensino medíocre, utilizando o dinheiro público de forma desonesta.

> Os mineiros somos conscientes que cada profissional que geralmente atua contra nós na vida diária, nos custa um pulmão e o mínimo que podemos pedir é que nossos pulmões sejam melhor e mais honestamente administrados. Isto, no entanto, não é a revolução, mas um retorno à honestidade.

A proposta de criação da universidade boliviana única buscava uma alternativa para superar os localismos que impediam a possibilidade de uma universi-

---

16 "Hacia la Universidad boliviana", In: *Hombre Nuevo*, 10, La Paz, jun-jul 1996. Todas as citações a seguir referem-se a este mesmo documento.

Bolívia: Democracia e Revolução   209

dade voltada para os interesses do conjunto do país. O projeto previa a unificação das sete universidades existentes na Bolívia, responsabilizando a classe operária por supervisionar a condução e a administração do ensino:

> A universidade boliviana, considerada como universidade única, permitirá empregar melhor os recursos econômicos e humanos com que atualmente se conta, proporcionando um marco adequado para as reformas pedagógicas que urge introduzir. A Assembleia Popular, da qual forma parte a universidade, tem o dever de criar esta universidade a serviço da revolução e do país.

A reforma universitária proposta pela Assembleia Popular previa:

A) criar uma única universidade boliviana com faculdades localizadas de acordo com as necessidades nacionais;

B) capacitar os futuros profissionais para servir à causa revolucionária e não como inimigos dos operários;

C) reformas pedagógicas que, além de modernizarem o ensino, politizem todos os meios universitários;

D) dar condições materiais adequadas para o estudo e a pesquisa dos alunos e professores;

E) o ensino deve se concentrar no conhecimento e na investigação dos problemas nacionais;

F) a universidade boliviana incorporará a ambição dos trabalhadores de criação que uma universidade operária;

G) "O objetivo não é converter todos os operários e camponeses em possuidores de títulos de profissionais liberais, senão em criar, junto aos profissionais e ramos tradicionais, técnicos e especialistas em pouco tempo, que estarão a serviço da revolução; mas, além disso, em voltar toda a massa estudantil à luta revolucionária".

O documento rejeitava a ideia de que o povo devia ser conscientizado pelos universitários: "Como se os operários esperássemos ou necessitássemos que os estudantes nos venham despertar nossa consciência. É preciso acabar radicalmente com este absurdo paternalismo".

A proposta não deixava de resgatar a célebre elaboração marxista acerca da necessidade da superação da divisão entre o trabalho intelectual e o manual:

O proletariado, ao assimilar os estudantes à sua linha política, tem a possibilidade de dar uma nova fisionomia à educação e de aproveitar a força de trabalho dos universitários em algo positivo. A superação global do abismo que atualmente reina entre o trabalho manual e intelectual será uma das consequências do socialismo.

A proposta dos mineiros despertou um vivo interesse e debates nos meios universitários. No dia 18 de fevereiro de 1971 era publicado um texto da Universidade Mayor de San Andrés, principal centro universitário do país, debatendo a proposta de universidade dos operários.[17] Os críticos afirmavam em geral que a proposta de universidade única possuía vários problemas apesar de suas propostas aparentemente positivas. Em primeiro lugar, a possibilidade de uma multiplicação de faculdades sem necessidade e com dispersão de gastos. Havia dúvidas sobre como as possibilidades do modelo proposto melhorariam realmente o nível acadêmico. Questionava-se a necessidade de hegemonia operária na universidade em choque com a autonomia conquistada.[18] Mas havia também sinceros defensores das propostas. A realização do IV Congresso Universitário na cidade de Trindad, entre 4 e 11 de julho de 1971, foi um momento importante em que esta discussão se desenvolveu. Como convidados, os dirigentes mineiros Alberto Jara e Simon Reyes defenderam a proposta da Universidade Única.[19] Ao final do congresso foram aprovadas as propostas dos trabalhadores e o documento enviado ao presidente do congresso nacional de universidades dizia:

Dada a situação crítica em que se encontra a Bolívia, para romper o círculo vicioso em que sempre faltam meios para a educação, o único meio viável é que as universidades se encarreguem da política de educação da criança boliviana em todas as suas etapas, só assim a universidade boliviana poderá jogar um papel verdadeiramente revolucionário. (...). Sobretudo a universidade deve ir para o

---

17 *El Diario*, 18 fevereiro de 1971.

18 *Presencia*, 06 de agosto de 1971.

19 *Ultima Hora*, 13 de julho de 1971.

Bolívia: Democracia e Revolução   211

campo, às fábricas e às minas, e para isso deverá tomar necessariamente o orçamento da educação em geral em proveito da revolução cultural boliviana.[20]

A proposta da Universidade Única buscava contrapor-se à fragmentação e ao localismo que marcavam não só a vida universitária, mas as diferentes ações do Estado. Articulava-se com o objetivo de fortalecer a unidade nacional do país através do projeto político socialista em torno da Assembleia Popular, que só poderia portanto ser entendida dentro do contexto de radicalização e polarização política que marcou este período. A reforma universitária articulada com a ideia da Universidade Única possuía três aspectos essenciais. Em primeiro lugar, a ousadia política e afirmativa do movimento operário em lançar-se como polo político e dirigente do conjunto da nação, expressando a atitude de uma classe social que se posicionava como futura classe dirigente do país. A proposta da Assembleia Popular pela Universidade Única também buscava ampliação política e social em direção aos setores da pequena burguesia que eram majoritários no meio universitário. Almejava-se superar a experiência traumática de 1953 e 1954. Em terceiro lugar, a proposta era vista como núcleo de defesa dos valores culturais nacionais em contraposição de um lado às imposições culturais imperialistas, e de outro, aos localismos regionais muitas vezes travestidos de especialidades científicas. Esta dinâmica fragmentada da classe dominante levava à perda da noção do todo nacional. Ao começarem a dar passos concretos para pensar e dirigir o conjunto da nação, os operários organizados em torno da Assembleia Popular adquiriram reais condições de pensar também a universidade e o ensino em geral como um projeto para todo o país. Por estes motivos a Universidade Única, partindo da tradição autonomista de Córdoba e dos embates e aproximações de operários e universitários na história boliviana, se constituiu numa elaboração original e progressista, que mesmo não tendo se viabilizado praticamente, era resultado de um processo histórico real e em desenvolvimento.

---

20 "Hacia la Universidad boliviana", *op cit.*

10. Arte, cultura e revolução

Os DEBATES DA ASSEMBLEIA POPULAR refletiram em suas resoluções a presença marcante dos artistas revolucionários. Uma resolução específica sobre esse assunto foi discutida refletindo o compromisso de um grupo amplo de artistas com os ideais do socialismo e que passavam a ocupar com crescente intensidade a cena cultural entre 1970 e 1971. O fato de a Assembleia não ter ignorado estes temas revelava, por outro lado, o alcance social das suas preocupações. O percurso destes artistas fora marcado anteriormente pela revolução de abril de 1952, desencadeadora do compromisso de uma nova geração de artistas com a política, realçando tendências culturais que já se desenvolviam no seio de uma juventude de intelectuais e artistas sufocados pela estreiteza de horizontes oferecidos pela oligarquia boliviana. As trajetórias pessoais do pintor e muralista Miguel Alandia Pantoja (1914-1975) e do cineasta Jorge Sanjinés sintetizavam em grande parte as experiências de toda uma geração de artistas.

O novo governo dirigido pelo MNR em 1952 buscou consolidar sua imagem e sua visão nacionalista de revolução com tentativas de controle oficial sobre o mundo cultural. Uma das iniciativas neste campo foi incentivar artistas dispostos a tematizarem o nacionalismo a partir das imagens das comunidades indígenas milenares e das camadas populares. Convencionou-se chamar os artistas envolvidos ou próximos deste projeto de Geração de 1952, que em comum possuía o propósito explícito de fazer de sua arte um veículo de intervenção na vida política. Porém, como expressão das próprias tensões políticas da época, emergiram grupos distintos. Um deles em torno das ideias de Miguel Alandia, do poeta Jaime Saenz, do futuro roteirista e cineasta Oscar Soria, entre outros, que lançam a revista *Hombre* em 1954 com o objetivo de realizar obras de apelo e mobilização revolucionária. Outro grupo de artistas preferiu se dedicar a temas e formas abstratas de artes plásticas, ficando distanciados de um compromisso social militante. Outros artistas alinharam-se quase incondicionalmente ao MNR.

Miguel Alandia aderira ao trotskismo no começo da década de 1940 e passou a orientar seus trabalhos para a transformação social. Durante este período sofre todos os reveses da esquerda boliviana, a repressão das ditaduras militares de E. Peñaranda, H. Hertzog e M. Urriolagoitia. Participa da constituição da federação dos mineiros e das atividades do seu partido político, o POR. Conheceu o exílio e as prisões e tomou contato mais próximo com os debates e polêmicas entre os trotskistas e o mundo artístico. É neste período que provavelmente se aproximou dos muralistas mexicanos, cujas obras forneceram a Alandia o fio condutor que lhe faltava para buscar fazer da arte um compromisso aberto com suas ideias políticas sem romper com o indigenismo de sua primeira fase artística. Em particular, o contato com Diego Rivera, que havia se relacionado com Leon Trotski em sua estada no México, teve relevante importância.[1] O muralismo mais do que a pintura é que se tornará emblema de sua militância político-artística.

Uma das maiores identidades de Alandia com Orozco e Rivera se devia à negação da instrumentalização da arte pela política, ao compromisso com a liberdade e a revolução socialista. Sente-se aqui a influência do célebre "Manifesto por uma Arte Revolucionária e Independente" de julho de 1938, assinado por André Breton, Diego Rivera e Leon Trotski, um ponto forte do contato entre a trajetória de Rivera e Alandia. O engajamento político e a visão emancipatória da arte estão presentes na trajetória dos dois artistas. O manifesto, ao mesmo tempo em que fazia a crítica da sociedade burguesa, investia contra todas as formas de dirigismo da produção artística e cultural

---

1 A influência do muralismo mexicano foi destacada em toda a América Latina e as obras de Alandia, em particular, parecem revelar em seus traços gerais influências marcantes deste movimento. As obras de José Clemente Orozco, Diego Rivera e David Siqueiros, pelo conteúdo engajado de suas abordagens, pelo resgate de temáticas indigenistas e populares, podem permitir uma aproximação e diálogo com as formas e temáticas do artista boliviano.

Bolívia: Democracia e Revolução   215

e em particular o realismo socialista defendido pelos stalinistas. A liberdade de criação artística erige-se em expressão mais acabada do compromisso artístico com a revolução:

> Se, para o desenvolvimento das forças produtivas materiais, cabe à revolução erigir um regime socialista de plano centralizado, para a criação intelectual ela deve, desde o começo, assegurar um regime anarquista de liberdade individual. Nenhuma autoridade, nenhuma coação, nem o menor traço de comando. (...) Consideramos que a tarefa suprema da arte em nossa época é participar consciente e ativamente da preparação da revolução. No entanto, o artista só pode servir à luta emancipadora quando está compenetrado subjetivamente de seu conteúdo social e individual, quando faz passar por seus nervos o sentido e o drama desta luta e quando procura livremente dar uma encarnação artística a seu mundo interior.[2]

A obra de Alandia pode ser vista como uma das mais acabadas tentativas de desenvolver estas teses. A história boliviana deu-lhe oportunidades excepcionais para aplicá-la. Ele empunhou um fuzil com outros milhares de ativistas pelas ruas de La Paz nos combates entre 9 e 11 de abril de 1952. Como militante do POR participou da fundação da COB, e tornou-se responsável pela edição de seu primeiro jornal *El Rebelión*. Em 1954 é membro da comissão de organização do primeiro congresso da COB. Como artista sua atuação neste período será igualmente intensa.

O talento de Alandia como pintor e sua expressão como militante político, em que pese as profundas divergências que separavam os trotskistas do POR dos nacionalistas do MNR, lhe garante espaço como artista para registrar a revolução vitoriosa. Paz Estenssoro, membro do MNR e primeiro presidente pósrevolução, convidara Alandia para pintar vários murais em prédios públicos para homenagear a revolução de 1952. No Palácio do governo pintou em 1953 o mural "Historia de la mina" com 86 m². Obra que chegou a ser admirada por

---

2   "Manifesto por uma arte revolucionária independente", México, 25 de julho de 1938. Publicado em FACIOLI, Valentim (org.). *Breton-Trotski, por uma arte revolucionária independente*. Rio de Janeiro: Paz e Terra, 1985.

Diego Rivera e que depois será destruída pelos militares. Os murais de Miguel Alandia se multiplicaram pelos espaços públicos.[3] Esta obra, no entanto, apesar de sua beleza artística, não deixou de ser polêmica. Miguel Alandia tornou-se um dos principais expoentes desta vertente de artistas bolivianos dispostos a comprometer abertamente sua criação artística com a ação política revolucionária. Buscou sistematicamente disseminar suas obras pelos centros populares e organizações sindicais como uma forma de aproximar a mensagem política e artística dos setores sociais populares que buscava influenciar. Colaborou intensamente com os jornais partidários e de organizações sindicais com uma grande variedade de desenhos e gravuras centradas no tema da ação da classe operária. Via a pintura como parte de um amplo trabalho de agitação política, de forma que sua atividade como militante de grande talento confundiu-se constantemente com a do artista engajado e criativo.

Outro artista, o jovem cineasta Jorge Sanjinés, se envolveu com esta geração de artistas revolucionários e, em 1959, juntamente com Oscar Soria e Ricardo Rada, fundam o grupo de cinema Kollasuyo, depois rebatizado como grupo Ukamau.[4] As obras de Sanjinés, como expoente mais expressivo do grupo, marcadas inicialmente pela revolução de 1952, revelam a redescoberta da nacionalidade e a denúncia das raízes cruéis da miséria crônica que estiveram na base da ruptura revolucionária: "Começamos a fazer cinema com o propósito deliberado de participar e contribuir na luta dos setores empobrecidos de nossa sociedade boliviana e, paralelamente, chamar a atenção desta mesma sociedade sobre os valores

---

3 No auditório principal do Hospital Obrero de La Paz está o mural "Historia de la medicina", elaborado em 50m² no ano de 1956 e que reconhece o avanço da ciência e seu diálogo com os saberes indígenas locais no desenvolvimento da medicina. Na empresa estatal YPFB (Yacimientos Petrolíferos Fiscales de Bolívia) pinta em 1958 mais de 30m² com o tema "El Petroleo en Bolívia". No Palácio Legislativo pinta "Historia del parlamento" em 1961 e, no Ministério das Relações Exteriores, em 1962 pinta o mural "Hacia el mar" com 36m². No entanto foi no monumento do Museu da Revolução Nacional, erguido na praça Gualberto Villarroel em La Paz, que Alandia vai pintar sua principal obra, "La lucha del por su liberación, reforma educativa y voto universal", obra com 160m² realizada em 1964.

4 Cinemateca Boliviana – Goethe Institut. Nov 1997, 10-11.

Bolívia: Democracia e Revolução   217

culturais das maiorias indígenas que constituem a maior presença quantitativa humana da Bolívia."[5]

Seu primeiro curta-metragem independente, *Revolución*, de dez minutos, foi filmado em 1962 junto com Oscar Soria e trata dos acontecimentos em torno da revolução de 1952 que levou o MNR ao poder. Três anos depois filmam *Aysa* tocando no tema dos mineiros e suas lutas sindicais e radicalidade política. A partir de 1964 o cinema de Sanjinés entrará numa fase ainda mais politizada, associada já ao período de resistência política que desemboracá na formação da Assembleia Popular. Seus filmes serão perseguidos pelos militares.[6]

No mesmo sentido, a mensagem antimilitarista dos murais pintados por Alandia durante o período posterior a 1952 se tornou insuportável aos militares no poder desde novembro de 1964. Muitas destas obras, que imortalizavam a ação dos mineiros, dos camponeses índios, do povo boliviano nos embates revolucionários de 1952, foram destruídas. Os três murais pintados em prédios do governo somavam algo próximo de 206 m² de cores populares, mineiros e camponeses em armas tomando as ruas do país. Era preciso rasgar da memória da revolução de 1952 os protagonistas vitoriosos quase imortalizados pelas cores de Alandia.[7] Um dos exemplos marcantes da relação próxima entre o mundo artístico e o movimento operário foi demonstrado pela reação da Federação dos mineiros em seu jornal frente ao vandalismo do governo do general Barrientos com as obras de Miguel Alandia:

> É um dever revolucionário defender a obra de arte, por cima de toda consideração ideológica ou estética. É inconcebível que se peça que os murais de Alandia sejam recobertos com pintura branca (...) Se se chegar ao extremo ingrato de se decidir pela destruição dos murais de Alandia, a FSTMB está disposta a transladá-los à sua sede social antes que permitir semelhante ato de vandalismo.[8]

---

5 SANJINÉS, J. *El cine de Jorge Sanjinés*, p. 18.

6 Os filmes de Jorge Sanjinés: *Ukamau (Así es)*, de 1966; *Yawar Mallku* (Sangre de Condor), de 1969; *El coraje del Pueblo*, de 1971; *El inimigo principal*, de 1974; *Las banderas del amanecer*, de 1983; *La nación clandestina*, de 1988-1989; *Para recibir el canto de los pajaros*, de 1995.

7 Jornal *Los Tiempos*, Cochabamba, 5 de setembro de 2004.

8 "La FSTMB sale en defensa del arte revolucionario". Citado por G. Lora. *Historia del POR*, La Paz: ISLA, 1978, p. 393-394.

218   Everaldo de Oliveira Andrade

O mundo da cultura sofreu grande impacto com a conjuntura revolucionária em torno da Assembleia Popular. Jorge Sanjinés e o grupo Ukamau haviam engajado desde a subida dos militares em 1964, num cinema assumidamente militante e politizado. O cinema de mobilização social torna-se mais denso e deixa a arena puramente cultural para tornar-se instrumento de agitação política. A realização do filme *Yawar Mallku* em 1969, que denunciava as políticas de esterilização de mulheres indígenas pelos Corpos de Paz dos Estados Unidos, foi um dos momentos mais significativos do cinema revolucionário de Sanjinés. A projeção do filme criou um fato político de grandes dimensões no país, com mobilização popular e pressão política que contribuíram para a proposta de expulsão dos Corpos de Paz dos EUA.[9] Sanjinés buscou fazer da própria exibição dos seus filmes momento de reflexão e conscientização e assim muitas destas obras foram exibidas e depois debatidas em distritos mineiros e comunidades. Como narrou Domitila Chungara, os filmes *Ukamau* e *Yawar Mallku*, exibidos no acampamento da mina Siglo xx nesta época, onde viviam milhares de pessoas, ainda eram lembrados muitos anos depois pelos participantes. Isto ocorria em grande parte porque após a exibição destes filmes eram realizadas mesas redondas para discuti-los. Numa destas apresentações é que foi sugerido que fizessem um filme sobre Siglo xx e nasceu a ideia de *El coraje del pueblo*.[10]

El coraje del pueblo utiliza amplamente testemunhos orais de protagonistas e atuação destes próprios como estratégia de aproximação e diálogo com o público. É neste sentido também um poderoso documento histórico. São os testemunhos reais do massacre de San Juan que se sucedem no filme, rodado num momento de respiro político do país durante o governo do general José Torres em 1971 e das mobilizações políticas em torno da Assembleia Popular. Dessa forma, *El coraje del pueblo* precisaria ser compreendido também no contexto histórico tenso em que se realizava. Embora não houvesse nenhum tipo de compromisso formal de Sanjinés com os membros da Assembleia Popular ou o governo Torres, a temática e o momento de lançamento do filme o tornaram não apenas uma manifestação artística. A interpretação do passado através do filme

---

9 susz P. *Filmografia Boliviana Basica*, p. 322-5.

10 viezzea, Moema. *Se me deixam falar*, p. 156.

Bolívia: Democracia e Revolução   219

expressava um preciso posicionamento político sobre o presente, demonstrando o diálogo quase explícito com o contexto histórico. Como propunha Sanjinés, o filme expressava uma forma de ação política e foi favorecido pela curta liberdade criativa de 1970-1971. Reforçou simbolicamente o momento inaugural da Assembleia Popular, que fora marcada para iniciar-se na data do massacre de San Juan em 23 de junho de 1971.

Miguel Alandia estava novamente no centro dos acontecimentos políticos decisivos nesse período e participou do 4º congresso da COB em maio de 1970 como delegado do sindicato dos artistas. Atuou nas jornadas de outubro de 1970 como militante do POR-Masas. Nos meses que antecedem a abertura da Assembleia Popular em junho de 1971, participa novamente como representante do sindicato dos artistas revolucionários. Em fevereiro de 1971, Alandia realizou uma importante exposição de suas obras em La Paz e que também será sua última em solo boliviano. Uma rara entrevista da época reafirmava os compromissos de sua arte:

> A pintura mural creio que é a pintura do futuro, não só por ser monumental e expressar as esperanças das grandes e amplas massas, senão também porque a transformação da sociedade impõe que, ao expressar-se de forma monumental, a plástica expresse o sentimento democrático e humano da sociedade em seu conjunto, ou seja, que a pintura mural deve substituir no futuro os pequenos museus em que hoje se conservam as obras mestras do passado. Meu maior desejo é sempre pintar murais, o que não me impede de fazer pintura de cavalete.[11]

Durante os debates da Assembleia Popular uma resolução política abordou explicitamente a questão da arte. A Resolução de 02 de julho de 1971 exigia a proteção e preservação das obras dos artistas revolucionários do país, colocando-se a favor da preservação da "cultura e da arte revolucionária". Este posicionamento acompanhava e reconhecia o movimento cultural e artístico em desenvolvimento com a Assembleia Popular. Miguel Alandia e Jorge Sanjinés registraram com suas intervenções artísticas esse mundo político e a história presente. Ação e militância política e cultural confundiram-se numa relação nem sempre coerente e sem tensões, como não poderia deixar de ser na intenção do artista confron-

---

11 *El Diario*, 24 de janeiro de 1971.

tada com a realidade. Ambos não buscaram apenas refletir de forma artística a história, mas fazer da arte um instrumento ativo de ação revolucionária sobre o presente. O impacto político e cultural de suas obras revelou a eficácia de suas ações e a permeabilidade densa da cultura pela política e pela história. Tratava-se certamente de uma vitalidade criativa, política e cultural que possuía expressão na própria constituição da Assembleia Popular. Por isso, esse momento iluminou por um breve tempo a cena histórica, interrompendo, como um hiato, duas longas extensões do militarismo na Bolívia.[12]

---

12 Um amplo desenvolvimento destas discussões pode ser encontrado em: "A arte pela revolução nas imagens de Jorge Sanjinés e Miguel Alandia", In: *Bolivian Studies Journal*, 2003: 10, p. 142-150. A revista *História* da UNESP de Assis também publicou outro ensaio de minha autoria: "História, arte e política: o muralismo do boliviano Miguel Alandia Pantoja", in: *Revista História*. Assis: Ed. UNESP, maio de 2007.

11. O fim da primeira sessão nacional e a continuidade

No dia 2 de julho foi encerrada a primeira sessão nacional da Assembleia Popular. Juan Lechín, numa atitude de irresponsabilidade e desprezo pelas delegações operárias e populares presentes, após breve aparição, abandonou o recinto, deixando que a Assembleia Popular fosse encerrada pelo vice-presidente. Em sua contraditória trajetória Lechin não queria se comprometer e sua atitude buscou fragilizar o significado da Assembleia Popular. No entanto, independente de sua vontade a existência da Assembleia já demarcara seu terreno na história e continuaria agora através das comissões de trabalho e assembleias regionais.

Na etapa final de encerramento um amplo conjunto de resoluções e relatórios das diferentes comissões de trabalho foram discutidos ou encaminhados para novas deliberações. Diversas propostas e reivindicações populares de organizações da sociedade começavam a se direcionar para a Assembleia como polo de atração política de um novo poder estatal em formação, com as características de dualidade de poderes em desenvolvimento.

A Comissão Econômica apresentou um informe destacando a necessidade de nacionalização das empresas mineradoras estrangeiras. As indústrias deveriam se adequar a um plano de cotas de produção fixadas pelo governo e o comércio exterior livre deveria ser suprido pelo controle estatal. Além disso, os empréstimos estrangeiros deveriam ser direcionados somente para projetos de desenvol-

222   Everaldo de Oliveira Andrade

vimento da economia como fundições, fábricas e desenvolvimento agrícola.[1] Nos encaminhamentos desta discussão agregou-se um grupo de trabalho já constituído nos debates sobre a cogestão da mineração com membros do PRIN, POR-Masas e Federação dos mineiros para preparar um projeto de estatização dos meios de produção. Uma proposta preliminar foi redigida por Guillermo Lora e reconhecia que as nacionalizações realizadas pelos governos anteriores possuíam um caráter progressista na via da constituição de uma economia socialista, porém não se deveria confundi-las com socialismo:

> Não nos fixamos um calendário de nacionalizações para que seja realizado por um governo pequeno burguês (civil ou militar), senão que assinalamos uma nova estratégia: a estatização dos meios de produção (sendo parte inseparável da proposta de planificação da economia) realizada pela classe operária desde o poder.[2]

No amplo leque de preocupações reivindicativas e políticas que tomavam a Assembleia Popular, os delegados debateram ainda a situação da Previdência Social no dia 1º de julho. O debate, embora sugerisse preocupações estritamente sindicais, buscava intervir num dos pontos mais sensíveis da unidade política e econômica das diferentes categorias profissionais. A discussão foi aberta com um informe do diretor nacional da Caixa Nacional de Seguridade Social (CNSS), Hernan Quiroga, sobre a difícil situação da instituição, afirmando que o sistema estava falido. Um projeto de reformulação discutido pela FSTMB já previa uma nova estrutura em que a Assembleia Popular seria a responsável pela direção do Conselho Diretivo da CNSS.[3] Um informe escrito, de dezesseis páginas, apresentado foi remetido para a comissão de assuntos sociais continuar o trabalhos.[4] A Assembleia Popular aprovou como consequência das discussões uma resolução para "proceder a urgente nacionalização da seguridade social com a exigência de racionalização e reestruturação da entidade."[5]

---

1 STRENGERS, Jeroen. *op cit*, p. 156.

2 "Hacia la estatización de los medios de producción, hacia el gobierno obrero", La Paz, junho de 1971, citado por LORA, Guillermo. *Contribuición a la historia política de Bolivia*, vol. 2, p. 486-487.

3 Fedmineros:49, jun 1971.

4 *El Diario*, 03 de julho de 1971. *Ultima Hora*, 3 de julho de 1971. *Hoy*, 3 de julho de 1971.

5 *Hoy*, 3 de julho de 1971.

Bolívia: Democracia e Revolução 223

A comissão de Assuntos Sociais – que organizava a discussão sobre a seguridade social – inaugurou em 28 de julho uma mesa redonda para desenvolver os debates relacionados à crise da Previdência Social dos Trabalhadores. Abelardo Valdez, membro da comissão, disse que o objetivo seria buscar uma solução para a situação em que se encontrava a Caixa Nacional de Seguridade Social e elaborar as diretrizes de ação dos próximos dirigentes da entidade. Um dos problemas detectados era a tentativa de acabar e diluir as caixas de previdência, por isso seria preciso fortalecer o caráter de unidade e solidariedade econômica da Previdência.[6] Alberto Jara, vice-presidente da comissão social, destacou a necessidade de se ouvir técnicos e profissionais com experiência na área e Soriano Badani propôs a centralização de todas as caixas de Seguridade e a criação de um instituto de Previdência. Luiz Bedregal interveio afirmando que a seguridade era parte da economia do país e que a saúde deveria ser responsabilidade do Estado, incorporando a maioria camponesa à seguridade social financiada por impostos.[7] Os resultados deste debate foram dirigidos para a segunda sessão da Assembleia Popular.

A Assembleia, no seu último dia de sessões nacionais, tomou uma série de posições sobre as relações internacionais do país com propostas e reivindicações dirigidas a Torres. Buscava-se tensionar o discurso nacionalista do governo com a exigência de ações anti-imperialistas concretas, como a aprovação de uma resolução exigindo que o governo expulsasse a missão militar dos Estados Unidos do país.[8] Outra resolução propunha ao governo o reconhecimento de relações com a República Democrática da Alemanha (RDA): "amplos setores da cidadania boliviana exigem do Governo o reconhecimento imediato da República Democrática da Alemanha, segundo as normas do Direito Internacional, em igualdade e sem restrições em relação a outros países". A resolução também "recomendava ao governo da Bolívia" que apoiasse a RDA em sua solicitação de entrar na ONU.[9] Outra decisão

---

6 *La Jornada*, 29 de julho de 1971.

7 *Presencia*, 30 de julho de 1971.

8 Resolução exigindo que o governo expulse a missão militar dos Estados Unidos do país. La Paz, 02 de julho de 1971.

9 Íntegra da resolução publicada em *La Jornada*, 31 de julho de 1971.

224 Everaldo de Oliveira Andrade

da Assembleia foi a de defender a abertura de relações diplomáticas da Bolívia com a China, Cuba e Chile . Em relação a este último país, com relações marcadas pelas feridas da Guerra do Pacífico que tirara o litoral da Bolívia no final do século XIX, é significativo o comentário de um editorialista da época:

> Os círculos reacionários se empenham em manter suspensas as relações diplomáticas com La Moneda, logicamente porque a Unidade Popular do governo de Allende permite garantir o aprofundamento do processo revolucionário. (...) Por isso resulta de grande importância a resolução da Assembleia Popular, já que permite reconhecer claramente qual é a vontade de nosso povo, que se sente identificado com o povo chileno no caminho do socialismo, em sua luta contra o imperialismo estadunidense.[10]

O Comando Político passava a se responsabilizar pela continuidade e preparação da segunda sessão prevista para iniciar-se em 7 de setembro de 1971. As diferentes comissões continuavam trabalhando em resoluções e documentos, em reuniões semanais, ao longo do período de recesso da sessão plenária nacional.[11] O presidium da Assembleia Popular passou a reunir-se todas as segundas-feiras no Palácio Legislativo com presidentes das comissões.[12]

A curto prazo as possibilidades de aplicação das resoluções eram ainda complexas, fixavam porém uma perspectiva que poderia ser alcançada com o êxito do movimento. As resoluções e proclamações foram chamadas anos depois por Cassiano Amurrio, dirigente camponês ligado ao PCML e um dos membros do presidium, de "um monte de papéis", frases ocas que teriam apenas ajudado a dar argumentos para a reação.[13] Avaliação compreensível desde o ponto de vista dos adversários esquerdistas. Mas se examinarmos sob o ângulo da propaganda ou de uma pedagogia

---

10 Editorial de *La Jornada*, 05 de julho de 1971.

11 La Jornada, 03 de julho de 1971 . Como expressão do lugar político destacado que ocupava a Assembleia, o Comitê Central Revolucionário da UMSA se propôs a apresentar à Assembleia conclusões sobre o projeto de novo Código de Trabalho, discutido em mesa-redonda realizada na universidade, *La Jornada*, 29 de junho de 1971.

12 *El Diario*, 15 de julho de 1971.

13 Entrevista com Cassiano Amurrio.

revolucionária consciente, mesmo a difusão das resoluções e propostas discutidas no interior da Assembleia através de jornais, revistas e rádios do país, na verdade preparavam um novo terreno, buscavam infundir confiança aos trabalhadores e lhes abria a possibilidade de vislumbrar mudanças radicais no mundo em que viviam. A primeira sessão provocou, de fato, novas esperanças e iniciativas para seus participantes. Os delegados apostavam em comum nas possibilidades de fazer da Assembleia Popular um instrumento de mobilização social e mudança do poder. Era preciso tempo para consolidar a Assembleia Popular, ampliá-la para os departamentos, envolver os camponeses e provocar, finalmente, fissuras sociais no interior das forças armadas. Os nervos de ligação da Assembleia ainda estavam em formação, o que se percebia nos depoimentos imediatos de vários participantes.

Para Simon Reyes as deliberações foram positivas e a Assembleia era um acontecimento histórico para o país, convertendo-se em poder da classe operária e do povo. A cogestão da mineração deveria ser apresentada ao governo combinada com a mobilização direta dos trabalhadores. Filemon Escobar também considerou positiva a Assembleia ao funcionar como órgão de poder dos trabalhadores, na medida em que começou a discutir problemas fundamentais para o país como a cogestão operária na COMIBOL. Hugo Pabón, secretário executivo da confederação dos trabalhadores fabris, disse que a Assembleia Popular fora importante porque aprovara seu funcionamento como poder dual, além de esclarecer aspectos ideológicos e afastar o aventureirismo.[14] Raul González do PCML disse que se a Assembleia continuasse se tornaria mais ágil para se construir como verdadeira expressão das massas, pois o seu valor executivo dependeria da mobilização. Esta também era a avaliação de Lídia Gueiler, representante do PRIN, para quem as resoluções deveriam ser aplicadas através da mobilização social:

> Produto da mobilização das massas populares em circunstâncias defensivas, frente ao golpe direitista, assim, se organiza e substitui o parlamento burguês. Para que esta trincheira seja positiva para o processo socialista, se faz necessário a organização política e militar das massas para que estas não se convertam em simples fiscalizadoras do governo.[15]

---

14 *Presencia*, 10 de julho de 1971.

15 *La Jornada*, 03 de julho de 1971.

Na mesma perspectiva, Edgar Tapia, da comissão executiva nacional da COB, relacionou a Assembleia Popular com a mobilização das massas, afirmando tratar-se de um fato histórico. Mais cética, Nelly Farjat de Dalenz, delegada sindical, afirmou que um fato delicado seria o de que as deliberações ainda não tivessem força coercitiva para aprovação. Guido Quezada, do sindicato dos professores, avaliava, por outro lado, que as resoluções seriam aplicadas pela autoridade política da Assembleia Popular.[16]

Os delegados da cidade mineira de Oruro presentes na Assembleia Popular Nacional voltaram com uma avaliação positiva, afirmando que fora um instrumento extraordinário, de nova natureza para a tomada do poder político para os trabalhadores. O militante Gusman disse que as dificuldades vieram de certas correntes "que não conhecem sua essência e pretendem sectarizar, mas estes inconvenientes foram rapidamente superados, devido à maturidade dos trabalhadores, especialmente a classe mineira". Benigno Ojeda, dirigente mineiro da região, disse que "não podemos falar que a primeira fase que termina seja eficiente: pelo contrário, mostramos uma série de deficiências, mas estou seguro de que na segunda fase estas serão superadas (...) a Assembleia é um êxito na medida em que todas as propostas que se façam cheguem às bases".[17] Os delegados de Oruro destacaram como aspectos positivos a discussão da cogestão e da universidade única.[18]

Os participantes não dimensionavam, para além de uma avaliação imediata, o alcance dos debates realizados e a fissura que a existência da Assembleia Popular provocava no Estado em crise. Adversários da Assembleia procuravam se organizar para um novo golpe ou amenizar o lugar do parlamento operário, como os membros do governo Torres, que visavam dar uma aparência de normalidade institucional que não existia e que não iria se consolidar. As colunas de *La Jornada* refletiam o estado de ânimo desses setores políticos próximos a Torres. Assim, a avaliação do êxito se baseava na continuidade e não na ruptura:

---

16 *Ibidem.*

17 Entrevista com Benigno Ojeda em *La Jornada*, 03 de julho de 1971.

18 *Presencia*, 10 de julho de 1971.

Bolívia: Democracia e Revolução   227

Desde os extremos de esquerda e de direita se alimentaram de ilusões. Os resultados da Assembleia Popular seguramente desiludiram a estes extremos, mas não a opinião sensata, a opinião consciente e madura de nosso povo. (...) A Assembleia trabalhou com responsabilidade ao tratar de encontrar soluções possíveis aos problemas. Soube adotar posições corretas frente a posições sectárias, produtos de certa impaciência e falta de maturidade.[19]

Se examinamos o conjunto de temas que a sessão nacional da Assembleia Popular ousou debater e elaborar, vemos não apenas uma simples arena de discussões artificiais – como seus adversários buscaram fixar – mas um autêntico impulso de constituição de um novo poder político. A Assembleia estava localizada neste momento no centro da luta política do país e era levada, apesar de todas as suas limitações e conflitos internos, a deliberar sobre um conjunto de questões mais amplas da vida nacional. Reivindicações concretas do povo boliviano começaram a ser discutidas e deliberadas. São estas características que lhes darão autoridade crescente e os traços gerais de um Conselho Operário em desenvolvimento.

As assembleias regionais deram continuidade a este processo ao aproximaram-se ainda mais das demandas populares e locais. Longe de terminar, o movimento de auto-organização, democracia direta e constituição de novos órgãos de poder continuava. As assembleias regionais ou departamentais revelavam um fenômeno de ampliação geográfica e política da Assembleia Popular. O balanço positivo realizado pela grande maioria dos participantes da sessão nacional serviu de impulso para as novas iniciativas pelo interior do país.

A importância política das assembleias regionais foi diferenciada e estava relacionada principalmente ao nível de organização e capacidade de ação política dos sindicatos e partidos nas diferentes regiões. Em Oruro, por exemplo, cercada por acampamentos mineiros, as reuniões foram concorridas – assemelhando-se aos cabildos abertos – e suas resoluções foram combativas e radicais. No entanto, a assembleia regional não teve o mesmo impacto e importância em Santa Cruz, cercada no centro das articulações golpistas de Hugo Banzer e da nova burguesia agroindustrial.

―――――――――――
19 *La Jornada*, 05 de julho de 1971.

228   Everaldo de Oliveira Andrade

A mesma proporcionalidade de delegações adotada na Assembleia Nacional deveria ser respeitada nos departamentos do país que constituíssem suas Assembleias, mesmo se as estruturas regionais não possuíssem formalmente ligação orgânica com a Assembleia Nacional mas com os sindicatos e partidos locais. Ou seja, os delegados nacionais eram independentes dos delegados regionais e as assembleias regionais não elegiam delegados para a Assembleia Nacional. Os delegados deveriam ser eleitos sempre diretamente com eleição em assembleias sindicais, estudantis ou reuniões partidárias. Esta estrutura, embora favorecesse o controle democrático dos mandatos dos delegados, dificultava uma centralização direta das assembleias regionais com a Assembleia Popular Nacional. A centralização e articulação destas assembleias era ainda precária e se dava de forma indireta através das federações sindicais, CODS e partidos de implantação nacional. Politicamente, no entanto, a unidade se estabelecia na medida em que as assembleias regionais deveriam seguir as resoluções e documentos aprovados pela Assembleia Popular Nacional. Este fenômeno, por outro lado, refletia uma tensão entre o federalismo dos organismos regionais e locais e a unidade nacional que a Assembleia Popular em La Paz buscava consolidar através do seu programa político.

A principal característica destas assembleias regionais foi se distanciarem das discussões excessivamente ideológicas e se concentrarem em reivindicações concretas dirigidas com a disposição, para a ação direta, para a realização das deliberações adotadas.

COCHABAMBA

Uma das primeiras reuniões de articulação da Assembleia de Cochabamba ocorreu logo após as manifestações do 1º de maio de 1971. No dia 4 de maio reuniu-se a comissão impulsionadora da assembleia local para discutir o funcionamento a nível departamental. Nesta reunião foram analisadas as formas da nova organização, das comissões e a elaboração de anteprojetos de estatutos.[20] A Assembleia de Cochabamba refletiu a orientação política majoritária exercida pelo PCB na região. O

─────────────

20 *Los Tiempos*, 21 de maio de 1971.

dirigente sindical e militante do PCB, Oscar Sanjinés, foi eleito presidente. Além dele, Adalberto Parra e Florêncio Valdívia compunham a direção.

Sanjinés, num de seus primeiros atos, propôs adiantar a abertura oficial da Assembleia em vista das tentativas golpistas. A primeira sessão foi marcada para 8 de junho, antes da abertura da Assembleia Popular nacional. Um dos primeiros posicionamentos políticos desta comissão de organização foi emitir uma nota à Corporação Regional de Cochabamba, condenando sua ação favorável ao imperialismo e a reação golpista.[21]

Oscar Sanjinés, refletindo uma postura conciliadora do PCB na região, declarou dias antes da abertura que falar de socialização da produção no momento seria precipitado, que os trabalhadores respeitariam a iniciativa privada e para isso seria necessário erradicar todo sectarismo político, partidário ou ideológico, como fazia o povo chileno: "as portas deste organismo estarão permanentemente abertas para todas as organizações cívicas e forças vivas da cidadania que queiram fazer chegar suas sugestões para a boa marcha da instituição."[22]

No dia 8 de junho realizou-se a primeira plenária da Assembleia Popular com a presença de cerca de 50 pessoas,[23] entre delegados de várias organizações políticas e sindicais. O ponto central dos debates girou em torno da discussão e aprovação do documento "Bases para a Constituição da Assembleia Popular". Num segundo ponto de pauta da reunião, os delegados discutiram a situação da economia da região. Foi criticada a organização e desenvolvimento de Cochabamba e como os objetivos políticos da Assembleia Popular Nacional poderiam ser implementados.

A orientação da maioria da assembleia regional não buscava o confronto, mas a colaboração com o governo e os empresários locais. Depois das declarações de Sanjinés sinalizando esta posição de colaboração de classe, foi aprovada ao final dos trabalhos uma resolução que propunha a realização de um "fórum sobre o desenvolvimento regional" com representantes de diversas organizações.[24] O prefeito de Cochabamba mostrou-se perfeitamente consciente do signi-

---

21 *Los Tiempos*, 26 de maio de 1971.

22 *Los Tiempos*, 5 de junho de 1971.

23 *Los Tiempos*, 9 de junho de 1971.

24 *Los Tiempo*s, 10 de junho de 1971.

ficado das resoluções aprovadas e disse que a Assembleia Popular "constituía-se num ponto de sustentação para o governo.[25]

A Assembleia Popular de Cochabamba decidiu ainda em junho organizar um Comando Político Militar para enfrentar a possibilidade de golpe. O Comando Político e Militar, composto pela direção da Assembleia Popular, COD, federações e partidos revolucionários, pretendia ser um organismo autossuficiente,[26] "para proteger a assembleia regional popular."[27] O Comando se declarava em reunião permanente, afirmando que não poderia haver neutralidade frente à ameaça fascista: "Cada aldeia, cada fábrica, cada centro de massas, cada bairro, deve organizar-se e constituir-se em destacamento da luta antifascista. Os membros da Assembleia Popular por sua parte, nos declaramos em estado de alerta."[28] Após estes alertas reais, a Assembleia de Cochabamba reuniu-se novamente em julho numa segunda sessão para analisar os resultados da primeira sessão da Assembleia Popular Nacional e tomar novas iniciativas.[29] O ritmo relativamente lento e a postura pacata da Assembleia local contrastaram com as iniciativas ou resoluções de outras regiões.

ORURO

Contrastando com Cochabamba, centenas de pessoas, jovens, mineiros, representantes de diferentes categorias profissionais assistiram entusiasmados os trabalhos de abertura da Assembleia Popular de Oruro na noite do dia 21 de junho de 1971. Sob a presidência de Max Ponce, secretário executivo da Central Operária Departamental, a abertura se transformou num grande evento político da cidade.[30] O ato foi marcado por homenagens aos mortos no massacre de San Juan. Numa atitude que buscava afirmar a independência política da Assembleia Popular, foi rechaçada a participação do prefeito do departamento e do alcaide da cidade, que

---

25 *Los Tiempos*, 24 de junho de 1971.

26 *Presencia*, 22 de junho de 1971.

27 *El Diario*, 25 de junho de 1971.

28 *Los Tiempos*, 12 de junho de 1971.

29 *Los Tiempos*, 8 de julho de 1971.

30 Entrevista com Eduardo Echazú, delegado universitário em Oruro.

Bolívia: Democracia e Revolução   231

foram caracterizados como representantes do governo central.[31] Recusou-se também a oferta do prefeito para que utilizassem o salão de honra da prefeitura.

A composição da direção ou presidium da Assembleia obedeceu ao critério político de manter a majoritariedade dos setores operários. Remberto Guzmán Ocaia, dirigente mineiro e da COD, foi eleito presidente; primeiro vice, Roberto Saravia (fabril); segundo vice, Macabeo Chila (camponês); secretários: Vicente Tejenina (ferroviário), Juan Vargas (ENAF), Adan Rioja (professor), Angel Heredia (trabalhador da universidade técnica de Oruro); vogais: um representante da federação universitária local e Felix Cabrera (construtor).[32] A partir das diferentes delegações presentes foram organizadas ainda sete comissões de trabalho de forma semelhante às da Assembleia Popular Nacional.

Max Ponce abriu seu discurso apelando para que a Assembleia tomasse medidas de ação. Criticou o funcionamento da Assembleia Nacional em La Paz, que estaria a perder tempo com discussões inúteis. Remberto Guzmán interveio censurando os partidos de esquerda por sua pouca participação nos preparativos e disse que a Assembleia Popular era uma resposta às manobras da direita. O universitário Benigno Ojeda apresentou-se representando as bases da Assembleia Popular Nacional em La Paz.[33] René Chacon, dirigente da mina Siglo XX, tomou a palavra e disse que:

> A direita, a CIA, os empresários privados têm chamado abertamente um golpe contra o governo revolucionário, porque estão desesperados para tomar o poder para entregar as riquezas nacionais e converter em colônia ianque nossa querida Bolívia.[34]

Contrastando com a lassidão com que se tratavam as fronteiras políticas e sociais da Assembleia Popular em Cochabamba, em Oruro a discussão sobre os delegados revelou um cuidado não apenas regimental ou formalista com as regras, mas um sério e engajado compromisso com os fundamentos da democracia operária direta e com o mandato imperativo.

---

31 *El Diario*, 04 de julho de 1971.

32 *Presencia*, 18 de julho de 1971.

33 *Presencia*, 22 de junho de 1971.

34 *El Diario*, 04 de julho de 1971.

Na aprovação das delegações foi constatado um problema nos critérios de eleição de delegados, que acabou interrompendo os debates políticos. Jorge Baldivieso, secretário executivo do comitê central revolucionário da universidade técnica de Oruro, questionou a forma de divisão das delegações e disse que mineiros, universitários e camponeses queriam critérios para aumentar o número de representantes.[35] Um debate foi realizado sobre os critérios de eleição direta. Embora esta primeira sessão contasse com 72 delegados representando 36 organizações trabalhistas e sete partidos de esquerda, ficou decidido que numa segunda sessão seriam invalidadas as credenciais de todos os delegados atuais e seriam realizadas novas eleições para a nova sessão.[36]

A composição original para eleição dos delegados por setores foi a seguinte:

Federação departamental de trabalhadores camponeses	10 delegados

CLASSE MÉDIA

Professores urbanos	3 delegados
Gremiais	2 delegados
Bancários	2 delegados
Motoristas	2 delegados
Comitê Central da FUL (Federação Universitária Local	2 delegados
COD	7 delegados
Mineiros – San José	3 delegados
COMIBOL	1 delegado
Rentistas	1 delegado
ENAF	1 delegado
ex-FUNESTAÑO	1 delegado
Mineração privada	2 delegados
Cooperativas mineiras	4 delegados
Federação de Trabalhadores de Fábricas	6 delegados
Ferroviários e afins da Federação Nacional	2 delegados

35 *Presencia*, 25 de junho de 1971.

36 *El Diario*, 04 de julho de 1971.

Sindicatos de base de Oruro	3 delegados
Sindicato da Luz e Força	1 delegado
Federação Departamental de Trabalhadores da Construção	2 delegados
Petroleiros	1 delegado
Gráficos	1 delegado
Serviço de estradas	1 delegado
Professores rurais	1 delegado
Trabalhadores do estado	1 delegado

SETOR OPERÁRIO

Municipais	1 delegado
Trabalhadores da Universidade Técnica de Oruro	1 delegado
Sanitários	1 delegado
Radialistas	1 delegado
Jornalistas	1 delegado
Gastrônomos	1 delegado
Telecomunicações	1 delegado
Instituto mineiro-metalúrgico	1 delegado
Cinematografistas	1 delegado
Federação de Estudantes	1 delegado
Profissionais livres	1 delegado
Artistas	1 delegado
Escritores	1 delegado

PARTIDOS POLÍTICOS[37]

PRIN	1 delegado
PCML	1 delegado
PCB	1 delegado
POR-Masas	1 delegado
POR-Vargas	1 delegado
PDCR	1 delegado

---

37 *Presencia* 2 de julho de 1971.

Para a segunda plenária da Assembleia Popular de Oruro foi aprovada uma resolução de ampliação do número de delegados de 72 para 122: operários, 72 delegados (60%); camponeses, 15 delegados (12%); classe média, 28 delegados (22%); partidos políticos, sete delegados (6%). O segundo artigo da resolução aprovada reafirmava que todos os delegados deveriam ser eleitos em assembleias gerais por suas bases para terem suas credenciais validadas.[38]

Uma nova resolução emitida pelos delegados afirmava que a Assembleia Popular se constituía como um organismo político dos trabalhadores e do povo em geral e seu objetivo seria mobilizar as massas na ação direta pelas suas reivindicações.[39] O dirigente das cooperativas mineiras Alfredo Machado apresentou dois projetos de resolução para a discussão.[40] Durante as intervenções, Ameller Gatia apresentou um plano de lutas imediato que se constituía na síntese mais acabada do programa político discutido em diferentes sessões da Assembleia Popular Nacional e que a Assembleia Popular de Oruro aprovou após debates realizados no dia 24 de junho de 1971. Este foi o documento mais amplo, de claras reivindicações políticas e sociais, discutido pelo movimento das Assembleias Populares regionais:

1- luta pela real independência e soberania nacional, liquidando a ingerência imperialista;

2- participação efetiva no poder político pelos operários, camponeses e intelectuais revolucionários;

3- ampla democracia e liberdade para o povo e suas organizações;

4- política exterior independente com base em relações com todos os países do mundo;

5- confisco dos bens e direitos das empresas capitalistas e da burguesia boliviana contrarrevolucionária, sem indenização;

6- melhoria do nível de vida das massas populares;

7- realização de uma profunda reforma agrária;

8- democratização do ensino em todos os ciclos, supressão imediata do analfabetismo;

---

38 *Presencia*, 8 de julho de 1971.

39 *Presencia*, 2 de julho de 1971.

40 *El Diario*, 04 de julho de 1971.

Bolívia: Democracia e Revolução 235

9- estabelecimento de tribunais populares para o julgamento de todos os que tenham cometido crimes contra o povo e tenham se enriquecido à custa do mesmo;

10- socialização da medicina;

11- formação do exército revolucionário integrado por operários, camponeses, intelectuais e militares revolucionários;

12- aprovação de uma nova constituição política do Estado.[41]

A última reunião da Assembleia de Oruro, realizada em 17 de julho de 1971, aprovou uma resolução estabelecendo a revogabilidade dos mandatos daqueles delegados que cometessem delitos ou traíssem suas bases.[42] Outra resolução exigiu a nomeação de secretários operários em todas as representações diplomáticas do país no exterior, a serem eleitos pela COB, além do restabelecimento de relações diplomáticas com o Chile, Cuba e China.[43]

SANTA CRUZ

As primeiras informações e iniciativas de constituição da Assembleia Popular em Santa Cruz refletiam as oscilações iniciais da constituição da Assembleia Popular como poder político independente e a pressão política dos setores contrarrevolucionários.

Uma das primeiras medidas após o desbaratamento do golpe de janeiro de 1971 em Santa Cruz foi a formação do chamado "movimento revolucionário unificado", uma frente de três partidos (MNR, PDCR e PRIN) dispostos a impulsionar a organização da Assembleia Popular. O objetivo da Assembleia seria de fiscalizar a ação do governo e respaldar as suas medidas, segundo Adalberto Kuajara, um dos porta-vozes da iniciativa.[44] Tal posição inicial refletia a posição dos partidos organizadores, mais moderados e favoráveis a uma composição ou colaboração com o governo Torres. No entanto, no final de janeiro um "ampliado geral da COD" reuniu

---

41 *Presencia*, 25 de junho de 1971.

42 *Presencia*, 18 de julho de 1971.

43 *Ibidem*.

44 *El Diario*, 16 de janeiro de 1971.

236 Everaldo de Oliveira Andrade

um conjunto de organizações sindicais, estudantis e camponesas e assinalou uma orientação política independente do governo para a constituição da Assembleia. A declaração saída desta reunião afirmava que a Assembleia Popular seria "um órgão de poder direto do povo", com o objetivo de controlar as medidas do governo e proteger os interesses populares. Foi estabelecida uma proporção inicial de delegados: cinco da Federação Universitária Local (FUL), cinco da Federação departamental dos camponeses e dois delegados de cada partido reconhecido pelo Comando Político como o MNR, PDCR, PRIN, PCML e PCB. As bases ideológicas da Assembleia seriam as mesmas da Assembleia Popular Nacional.[45]

Apesar dos esforços iniciais para impulsionar a Assembleia desde janeiro de 1971, as iniciativas não progrediram o suficiente para fazer recuar as articulações golpistas da direita na região. O levante de março promovido pela FSB era apenas uma demonstração de que a situação estava muito longe de consolidar-se favoravelmente às iniciativas do movimento operário e popular. Dois outros fatores colaboravam para um ritmo mais lento e passivo à Assembleia crucenha: a pouca presença local de setores operários radicalizados como os mineiros do Altiplano e a composição regional de partidos mais moderados no Comando Político. Estes partidos não tinham acordo em fazer da Assembleia Popular um órgão de poder independente do governo Torres. Os maoístas liderados por Adalberto Kuajara, por exemplo, viam a Assembleia como uma frente secundária e concentravam-se em erguer um movimento camponês na região com a ocupação da fazenda Chané-Bedoya. Porém, após a tentativa golpista de março e os imponentes atos do 1º de maio em Santa Cruz, um novo ritmo de preparação foi imposto àqueles que duvidavam da possibilidade e utilidade de se constituir a Assembleia Popular nos moldes propostos pelo Comando Político Nacional da COB.

A eleição do presidium da Assembleia Popular de Santa Cruz começou a ser discutida em 12 de junho de 1971. A estruturação da Assembleia demandou um prolongado trabalho de preparação. Durante a sessão foram admitidos o Partido Socialista e o ISAL.[46] No ato de abertura Tomás Cabrera, dirigente da

---

45 *La Jornada*, 30 de janeiro de 1971.

46 *El Diario*, 15 de junho de 1971.

Bolívia: Democracia e Revolução 237

COD, foi vaiado por ter se incorporado à APR ligada ao governo Torres.[47] No entanto, ele apresentou sua candidatura à presidência em disputa com Daniel Callau, dirigente do PRIN, que obteve 62 votos contra doze votos dele. A composição final do presidium incorporou os principais partidos com representantes locais, inclusive o MNR, que fora excluído da Assembleia Popular Nacional, ficando assim composta: presidente, Daniel Callau (PRIN); Victor Sanchez (PCML), primeiro vice-presidente; Remberto Cárdenas (PCB), primeiro-secretário; Pastor Mendoza (MNR), segundo-secretário; Eulógio Justiniano (MNR) e Juan Dominguez (PRIN), vogais.[48]

No dia 14 de junho a inauguração da Assembleia Popular contou com a presença de Juan Lechín e Simon Reyes,[49] e este interveio chamando a unidade dos partidos ao declarar não haver somente um partido para ser vanguarda do povo. Afirmou que a Assembleia Popular não deveria ser um organismo de provocação, mas uma tribuna onde o povo discutisse seus problemas.[50]

Em seu discurso, Daniel Callau afirmou que "a Assembleia Popular será o organismo do poder popular e da ação revolucionária". Aníbal Leyton, dirigente da Federação Universitária Local, num discurso esquerdista, que refletia o estado de ânimo da maioria dos militantes estudantis na época, afirmou que os universitários estavam integrados na luta. O poder só residia nas armas e era preciso criar uma força revolucionária com a unidade de todos partidos de esquerda para conquistar o poder total para os trabalhadores. Jorge Ibañez, do PCB, falou pelos partidos e disse que estes deveriam despojar-se de todo o sectarismo, se convertendo em ferramentas da libertação nacional: "a Assembleia tem que ser o contrapeso das organizações burguesas em busca do poder total para os operários contra o imperialismo e pelo socialismo."[51]

A Assembleia Popular, embora tivesse fixado o início de seus trabalhos e sessões regulares para o dia 6, encontrava grandes dificuldades para prosseguir suas

---

47 *Los Tiempos*, 17 de julho de 1971.

48 *Los Tiempos*, 13 de junho de 1971. *El Diario*, 15 de junho de 1971.

49 *Los Tiempos*, 15 de junho de 1971.

50 *El Diario*, 16 de junho de 1971.

51 *Ibidem*.

238   Everaldo de Oliveira Andrade

atividades no mês de julho porque segundo os organizadores estaria concorrendo com outros eventos.[52] Na verdade a situação local era de extrema pressão política contra as forças do movimento operário, universitário e camponês e as iniciativas locais demonstravam uma situação de crescente polarização política. Em 25 de junho começaram a se organizar milícias armadas em Santa Cruz sob a direção de Eduardo Perez.[53] A direita reagiu com uma manifestação no dia 27 de julho que prenunciava as expectativas e dispositivos que se preparavam contra as organizações democráticas e populares.

A Assembleia Popular de Santa Cruz destacou-se por superar as proclamações e discursos políticos. Assumiu diretamente a resolução de problemas locais e ajudou a organizar a ação direta por reivindicações da região. No final de julho foi anunciada a instalação de sua sede provisoriamente na ocupação de terrenos da empresa Coper, onde várias famílias estavam sob ameaça de desocupação por loteadores. O presidente da Assembleia, Daniel Callau, disse que a própria Assembleia assumiria a distribuição dos lotes aos ocupantes desconhecendo a determinação do prefeito do departamento.[54] Este era um exemplo das novas disposições que tomava o movimento das Assembleias Populares.

TARIJA

A preparação de atividades regionais de organização da Assembleia Popular de Tarija só começou no início de agosto[55] e sua inauguração ocorreu a dias antes do golpe de Banzer, em 19 de agosto de 1971. Um ato público recebeu os 38 delegados de diversas organizações locais na sede da COD. Francisco Figueroa, secretário executivo da COD de Tarija, pronunciou um vibrante discurso, falando da presença dos operários no poder e saudando os delegados. Depois foram lidas saudações dos mineiros de Catavi e Siglo XX, se designaram as comissões de trabalho, que

---

52 *Los Tiempos*, 8 de julho de 1971.

53 *El Diario*, 25 de junho de 1971.

54 *El Diario*, 28 de julho de 1971.

55 *Presencia*, 14 e 19 de agosto de 1971.

Bolívia: Democracia e Revolução   239

começariam a trabalhar no dia seguinte.[56] Apenas três dias depois, o golpe de Hugo Banzer pulverizou as iniciativas que davam seus primeiros passos.

TUPIZA

No dia 6 de agosto ocorreu a inauguração da Assembleia Popular de Tupiza no auditório da municipalidade, sob a direção da Central Operária Regional do Sul. A inauguração esteve incluída nos festejos do dia da pátria na Bolívia. O ato teve um caráter oficial, finalizando um desfile e tendo a presença do prefeito. Assistiram membros da COB, o delegado nacional pelos ferroviários Nuñez e o delegado universitário da CUB Augusto Torres. A Assembleia debateria, entre outras questões, as relações com a mineração média na região e a busca de ligação viária com o resto do país. As sessões seriam retomadas nas semanas seguintes. Da mesma forma que em Tarija, o golpe vitorioso surpreendeu os delegados em seus passos iniciais de constituição da Assembleia local.[57]

SUCRE

A Assembleia Popular de Sucre revelou um dos exemplos mais importantes da disposição do movimento operário e popular de fazê-la um órgão de poder popular. Embora o pouco tempo de organização e atuação da Assembleia Popular de Sucre permitisse apenas iniciar propostas, que não tiveram o tempo suficiente para se consolidar, a perspectiva geral pôde ser perfeitamente observada.

Durante o mês de junho, a organização da Assembleia foi discutida em diversas reuniões que a COD realizou envolvendo além dos trabalhadores, universitários e funcionários públicos.[58] Mas o impulso de preparação acelerou-se de fato nas primeiras semanas de julho após a realização da primeira sessão nacional em

---

56 *El Diario*, 18 de agosto de 1971.

57 *El Diario*, 10 de agosto de 1971.

58 *Presencia*, 27 de junho de 1971.

240   Everaldo de Oliveira Andrade

La Paz, quando os trabalhadores das fábricas locais exigiram da COD que inicias-se a preparação efetiva dos trabalhos.[59]

A abertura ocorreu em 8 de julho, num ato político no auditório universitário com a presença de 105 delegados. O presidente da COD pediu "firmeza revolucionária para lutar contra os inimigos do povo e o bem-estar da classe trabalhadora". Foram apresentadas as credenciais dos delegados, aprovado o regimento interno e a eleição da comissão de poderes. Foram estabelecidos cinco dias úteis para o primeiro perío-do de trabalho e mais um mês para a realização da segunda sessão.[60]

A eleição da direção ocorreu no dia 11 com a indicação do presidium e das comissões de trabalho. O dirigente sindical fabril Zacarias Loredo foi eleito presidente e Alberto Quiñonez, do POR-Masas, foi eleito vogal. A Assembleia rejeitou as credenciais de dois delegados do MNR "por sua linha reacionária e anti-operária, demonstrada nos últimos anos ao buscar alianças com forças políticas de extrema direita", além de membros do PDC "por terem cogovernado com a ditadura barrientista". Foram aceitas as delegações do grupo Espárta-co e do PDCR. Outros dois delegados foram expulsos: um por participação no golpe de Miranda em outubro de 1970 e outro por participar do parlamento burguês.[61] Após os rígidos critérios políticos de delimitação das delegações e aprovação dos documentos programáticos da Assembleia Popular Nacional, a sessão se concentrou em discutir resoluções a partir dos problemas e reivindi-cações populares locais.

As resoluções aprovadas atendiam às reivindicações de diferentes setores que buscavam apoio na Assembleia. Durante os debates do dia 13 de julho, foi aprovada uma resolução pela intervenção na empresa de águas Elpas depois de várias denúncias e da recusa do prefeito de ajudar nas investigações. Foi dada posse a três interventores da própria Assembleia Popular para a realização de uma auditoria e reestruturação dos serviços. Uma resolução propunha a criação de uma biblioteca popular na cidade. Outra proposta denunciava ao ministério

---

59 *El Diario*, 26 de junho de 1971.

60 *El Diario*, 09 de julho de 1971.

61 *El Diario*, 12 de julho de 1971.

Bolívia: Democracia e Revolução   241

público membros do DIC (Departamento de Investigaciones Criminales) e universitários envolvidos em atos terroristas de direita.[62]

Nos dias seguintes, novos temas locais foram discutidos e foram propostas iniciativas. Uma resolução da Assembleia estabeleceu sua sede no edifício do antigo Movimento Operário Cristão, que a Igreja aceitou entregar sem resistência após a comunicação feita pelo presidente da Assembleia. Foram apoiadas as reivindicações dos funcionários da guarda nacional e determinada a fiscalização de três órgãos públicos contra os quais se registraram sérias denúncias como o Comitê de Obras Públicas e a Cooperativa Elétrica e de Telefones.[63]

No começo de agosto uma nova sessão da Assembleia Popular exigiu a mudança do prefeito do departamento, gal. Jaime Trigo, por suas atitudes antioperárias, acusando-o de ser "inimigo da Assembleia Popular, da classe trabalhadora e das forças revolucionárias",[64] de trabalhar às costas do governo central e ter despedido um membro do presidium da Assembleia Popular local. Foi aprovada também nesta mesma sessão uma resolução exigindo do governo nacional a expropriação do jornal *El Diario* e sua substituição por uma cooperativa dos trabalhadores, medida que deveria se estender aos outros órgãos de imprensa e rádios com posições reacionárias e a serviço de interesses antinacionais.[65]

A dinâmica da Assembleia de Sucre indicava uma tendência que se acentuava nas assembleias regionais: a proximidade com as reivindicações locais e a ação como poderes políticos de autogoverno popular em confronto com as autoridades oficiais.

OS COMITÊS DE BASE

A organização de instâncias de base – os Comitês Revolucionários – estava enunciada nos objetivos da Assembleia Popular e sinalizava toda a vigência da tradição democrática dos Conselhos Operários ao lado do movimento das as-

---

62 *El Diario*, 14 de julho de 1971.

63 *El Diario*, 19 de julho de 1971.

64 *El Diario*, 02 de agosto de 1971.

65 *El Diario*, 01 de agosto de 1971.

242 Everaldo de Oliveira Andrade

sembleias regionais. A Convocatória da Assembleia Popular Nacional foi o único documento que enunciou de forma clara uma estratégia de construção e centralização de organismos de base previsto para a Assembleia Popular:

> A Assembleia Popular lutará tenazmente contra o perigo da burocratização dos quadros de direção e traduzirá a vontade e pensamento das organizações de base, pois está alicerçada nas Assembleias Regionais e nos Comitês que funcionarão nos próprios locais de trabalho. Logo após o início da Assembleia Popular Nacional, se iniciará a preparação de um Congresso das organizações de base de todo o país, a fim de levar a um ponto culminante o processo de organização e fixação das táticas de luta."[66]

Os exemplos das Assembleias nos departamentos demonstravam que esta experiência estava dando seus passos iniciais, mas não havia chegado a agir plenamente nos locais de trabalho e estudo através dos comitês enunciados. O verdadeiro teste da viabilidade desse sistema em construção – governo das Assembleias Populares – estaria situado neste nível mais básico, quando os Comitês Revolucionários propostos na Convocatória da Assembleia Popular de abril de 1971, projetados para agir desde os centros operários e populares, teriam que unificar, sob uma perspectiva de autogoverno local, as organizações do movimento sindical, camponês e universitário.

O futuro poder operário e popular já contava em sua base organizativa com as estruturas sindicais, embora insuficientes e limitadas para os objetivos de organização de uma nova forma de Estado produto da auto-organização popular, como se propunha. Nas assembleias regionais ocorrera muito mais um fenômeno de fusão e coordenação inicial das instâncias de base dos sindicatos e organizações políticas e sociais, apenas refletindo a organização nacional da Assembleia Popular. Esta estrutura porém, ao não estabelecer uma relação de subordinação entre os comitês ou conselhos de base, assembleias regionais e a Assembleia Nacional, colocava em risco a capacidade articuladora própria do Comando Nacional da Assembleia Popular como centro político. Dessa forma a Assembleia Popular Nacional mantinha-se ainda dependente das estruturas intermediadoras dos sindicatos,

---

66 "I Convocatoria: unidad de todos los bolivianos para aplastar la reacción fascista y al imperialismo", In: *Hombre Nuevo*, 10, junio-julio 1996.

Bolívia: Democracia e Revolução   243

federações e partidos, revelando suas forças, mas também suas fragilidades. Por mais democráticas e representativas que fossem as estruturas de sindicatos, partidos e organizações estudantis e camponesas, o seu universo de representação era limitado. Os comitês possuíam a vocação para se tornarem organismos de ampliação da representação política direta para o conjunto das massas. Este movimento de constituição de comitês políticos de base da Assembleia Popular era ainda uma proposta embrionária – embora de importante significado – que apenas dava seus primeiros passos nos meses iniciais de plena atividade da Assembleia Popular. Em La Paz constituíra-se o Comitê Revolucionário da Universidade de San Andrés e, no dia 3 de junho de 1971, do Comitê Revolucionário da Escola Industrial.[67] Tratava-se de um fenômeno político em plena constituição, que, sem modelos prévios, buscava consolidar-se partindo das tradições organizativas do movimento operário e popular. O horizonte do Congresso dos Comitês anunciava uma forma alternativa de se superar estas limitações organizativas – o espelhismo da Assembleia Popular com as estruturas sindicais principalmente – criando novos laços e canais de participação das massas, o que não pôde entretanto se efetivar.

---

67 *El Diario*, 3 de junho de 1971.

12. O mês de agosto

A SITUAÇÃO POLÍTICA entre o fechamento da primeira sessão nacional da Assembleia e o segundo golpe do coronel Hugo Banzer em 19 de agosto mostrou-se crescentemente tensa, revelando o frágil equilíbrio que marcava a questão do poder. O recesso da Assembleia Popular Nacional desde julho começava a despertar preocupações entre seus partidários, principalmente em relação à dispersão das iniciativas.[1] De um lado Torres perdera a capacidade de iniciativa política com o projeto de Nova Constituição, esvaziada pela Assembleia Popular. De outro, o recesso até setembro da Assembleia Popular Nacional – apesar do funcionamento das comissões e das iniciativas das assembleias regionais – concretamente fornecera um fôlego para que a iniciativa política recaísse em mãos dos grupos golpistas de direita, que voltaram a agir freneticamente. Assim, à medida em que a Assembleia se consolidava e se enraizava pelo país, também cresciam alertas, conspirações e iniciativas de setores militares e civis insatisfeitos e temerosos pelos rumos que tomava a mobilização social.

Não se pode ignorar outro fator importante. Existiam forças políticas e sociais contrárias à plena viabilidade da Assembleia Popular no seu próprio interior e trabalhavam contra qualquer tipo de ruptura revolucionária que abrisse uma perspectiva fora dos marcos de um acordo com Torres. E outros setores, já conhecidos, apostavam na luta armada, o que também fragilizava a Assembleia. As divergências e polêmicas, parte do funcionamento de uma instituição democrática, em contrapartida,

---

1   *La Jornada*, 30 de junho de 1971.

246   Everaldo de Oliveira Andrade

dificultavam, pela sua intensidade, qualquer plano de ação para ser desenvolvido com eficácia e rapidez necessárias. A tática de defesa da Assembleia, embora ainda não consolidada, possuía suas linhas gerais na resolução nº 1 que expressava a intenção de combinar a greve geral com ações armadas de defesa. O armamento operário ainda tinha muito de rudimentar e amadorístico. Excluindo-se as proclamações propagandísticas de maoístas e esquerdistas, faltavam armas e decisão. As autoridades da Assembleia Popular estavam se consolidando, porém, não na medida necessária para dar unidade e agilidade às suas próprias forças. As milícias sindicais e camponesas pouco haviam avançado para além do estágios de resoluções políticas.

Entre os meses de julho e agosto, a Assembleia Popular ganhava autoridade política e densidade organizativa em diferentes regiões e movimentos políticos e sociais no país. As condições políticas favoreciam a realização com grande êxito da segunda sessão nacional prevista para iniciar-se em 7 de setembro. Como vimos, em quatro importantes capitais regionais (Oruro, Sucre, Cochabamba e Santa Cruz), já se constituíam assembleias regionais, e novas assembleias regionais e comitês surgiram nas primeiras semanas de agosto em Tupiza e Tarija. O Congresso Nacional Camponês realizado também na primeira semana de agosto elegera uma nova direção que apoiava e exigia sua participação na Assembleia Popular. Nas baixas patentes do exército começava a fermentar um movimento político que se orientava para as forças sociais revolucionárias. Este conjunto de fatores acelerou todos os ritmos da luta política revolucionária e também da contrarrevolução, em particular dos círculos golpistas.

No dia 15 de julho, o presidium da Assembleia Popular emitiu uma declaração em que decretava estado de alerta frente a novos indícios de um golpe iminente. A proposta dizia que todas as organizações deveriam entrar em greve geral caso houvesse o golpe, com a imediata ocupação dos locais de trabalho. O documento avaliava que havia "um visível recrudescimento das tensões provocadas artificialmente pela direita e pelo fascismo. (…) A direita pretende tomar as bandeiras reivindicativas locais e retomar a vigência política que lhe assegure algum respaldo popular."[2]

---

2   *Presencia*, 16 de julho de 1971.

Bolívia: Democracia e Revolução   247

O alerta era baseado em informações de uma série de reuniões de militares e membros de organizações de direita, o que fazia supor a preparação de alguma atividade conjunta:

> Durante as últimas horas se processaram reuniões extraoficiais com a participação de comandantes das diferentes armas, absolutamente à margem dos mecanismos regulares utilizados pela estrutura militar. (...) A reação e o fascismo pretendem utilizar os avanços da comissão de investigação da COB e da Assembleia Popular no esclarecimento dos crimes que comoveram o país em benefício próprio, para coadunar com a confusão e o clima golpistas.[3]

Por outro lado, *La Jornada* constatara em 9 de agosto uma situação de divisão das organizações de esquerda, ao lado de uma posição de vacilação do governo Torres frente às constantes notícias de articulações golpistas. Propunhaa formação de uma frente unitária que não significasse respaldo a Torres (que estaria mais propenso a negociar com a direita uma solução) para ter capacidade de mobilização para enfrentar a arremetida golpista.[4]

No dia 12 de agosto representantes de organizações sindicais de Santa Cruz convocaram, sob a responsabilidade de Daniel Callau, presidente da Assembleia Popular local, uma conferência de imprensa para denunciar que estava em preparação um golpe militar a partir da cidade, contando com apoio de organizações do Brasil e Argentina. Assinalaram que todos os movimentos de Banzer e Cayoja, militares afastados, eram de pleno conhecimento do governo e que este nada fazia para cortar o golpe pela raiz.[5] Outras denúncias envolviam a atuação na região do "Exército Cristão Nacionalista" contra o governo Torres. O ministro do Interior foi denunciado por suas ações para dividir os trabalhadores da região com a criação da Aliança Popular Revolucionária, depois, Bloco Nacionalista Revolucionário.[6] Uma semana

---

3   *Presencia*, 16 de julho de 1971.

4   *La Jornada*, 09 de agosto de 1971.

5   *El Diario*, 13 de agosto de 1971.

6   *El Diario*, 14 de agosto de 1971.

248 Everaldo de Oliveira Andrade

depois a COD de Potosí declarou estado de alerta, armamento e vigilância motivada pela mesma questão.[7]

Os numerosos indícios de um novo golpe aceleraram, em contrapartida, os preparativos para a segunda sessão nacional da Assembleia Popular. Uma reunião foi preparada na sede da COD em La Paz em 17 de agosto de 1971 para discutir os detalhes do reinício das sessões com a presença de representantes de partidos políticos e do reitor da universidade Juan Misael Camacho. A convocatória à reunião da Assembleia Popular destacava a democracia e o patriotismo, procurando ampliar o seu apelo unitário:

> Todos os patriotas têm o alto dever de fortalecer a Assembleia Popular e vigiar a conduta e seu funcionamento. (…) em seu seio regerá a mais ampla democracia interna e ninguém será perseguido por suas ideias discrepantes, a condição de que a luta fracional se realize dentro dos limites da tese da COB, que é reconhecida como seu documento programático.[8]

Foi a última reunião conhecida da Assembleia Popular. Nesse mesmo dia ocorriam também os preparativos finais do golpe militar.

Certamente uma das principais explicações para a violência que marcará o golpe militar foi a ousadia democrática e libertária da Assembleia Popular, da qual se constituiu em sua contraface.

A CONTRARREVOLUÇÃO

Os setores de direita não deixaram de se articular em nenhum momento. A instalação da Assembleia acelerou o processo da contrarrevolução, que se apoiava no pânico que se instalou em muitos círculos da sociedade boliviana que se opunham ao governo Torres e à Assembleia.[9] Estes círculos tinham

---

7 *El Diario*, 18 de junho de 1971.

8 *Presencia*, 15 de agosto de 1971.

9 *La Jornada*, 22 de junho de 1971, informava que a FSB e o MNR decidiram fortalecer grupos terroristas de direita como o chamado "Exército Cristão", utilizando como pretexto a realização da Assembleia Popular.

Bolívia: Democracia e Revolução   249

pressa em agir e temiam esperar até setembro, quando se reinstalariam as sessões. Os prazos da própria Assembleia precipitaram as ações golpistas.

A Confederação de Empresários Privados refletia os sentimentos que contaminavam os grandes proprietários do país em relação ao movimento que se animava em torno da Assembleia Popular. Um documento de 18 de junho de 1971 expressava estas preocupações ao afirmar "a existência de uma profunda crise econômica e institucional que atravessa o país, caracterizada pelos reiterados e impunes atropelos que se cometem contra a propriedade e as pessoas". A Assembleia Popular surgia para perturbar a ordem jurídica e institucional nacional e a democracia. Denunciava-se a existência desta como uma instituição à margem da ordem jurídica nacional. O documento dos empresários alertava as organizações filiadas a adotarem medidas de defesa dos diretores das empresas privadas.[10]

A aprovação da proposta de cogestão operária da mineração pela Assembleia Popular levou os empresários a uma reação desesperada, que em um manifesto convocavam a luta, por "todos os meios", para impedir que a proposta se efetivasse. O documento impulsionou o surgimento do Exército Cristão Nacionalista e a realização de atentados antes de 19 de agosto com apoio financeiro de empresários.[11] As provas materiais destas articulações golpistas foram demonstradas quando o ELN, após realizar uma ação na Câmara da Indústria de Cochabamba em julho, se apossou de uma série de atas e documentos – divulgados amplamente para a imprensa do país – que registravam reuniões onde se articulavam fundos e preparativos que comprovavam a proposta de um "Exército Cristão Nacionalista" financiado pelos grandes capitalistas, além do fornecimento de dinheiro para influenciar um setor importante das forças armadas.[12]

O golpismo também se articulava na sede de governo. Em La Paz o chamado "Comitê Cívico Pacenho" reunia-se no final de julho, com conhecidos membros de partidos contrários ao governo Torres para detalhar um plano de provocações. Nas medidas previstas no plano estaria a publicação de um documento com virulentos ataques ao general, a convocação de um "Cabildo Abierto" da ca-

---

10 *Presencia*, 30 de junho de 1971, citado por SANDOVAL RODRIGUES, I. *Culminación y ruptura del modelo nacional-revolucionario*, p. 159.

11 ZAVALETA MERCADO, R. *El poder dual*, p. 216.

12 *El Diario*, 04 de julho de 1971.

pital para protestar contra a falta de investimentos do governo na região.[13] Outra iniciativa foi a constituição do "Comitê de Defesa da Democracia", dirigido por Adalberto Violand e impulsionado principalmente pelo MNR, FSB, militares e empresários. Este comitê promoveu ações iniciais de boicote na economia, greves dos transportes e dos serviços bancários.[14]

Em meados de julho, os jornais frequentemente noticiavam que se desenvolvia no interior do governo uma surda luta para afastar os elementos tidos como mais progressistas. Os estrategistas do golpe trabalhavam com três cenários possíveis para desestabilizar o governo: pressão política, levante parcial e luta armada direta. O plano da direita articulava-se também fora do país com a participação de militares de países vizinhos. O objetivo era iniciar o levante longe de La Paz, onde a resistência poderia ser mais intensa. Torres, no entanto, apesar de ter conhecimento de grande parte destas informações, permanecia sem iniciativa e, provavelmente também, sem real capacidade de governo.[15]

Na esteira das iniciativas golpistas, no dia 27 de julho em Santa Cruz foi realizada uma grande manifestação "contra a anarquia e o comunismo", organizada por entidades sindicais e o comando trabalhista do MNR. Foi denunciada a "demagogia" que estaria marcando a situação política do país e o prefeito Velarde Ortiz declarou: "as autoridades locais imporão a ordem a qualquer custo". O alcaide Hernan Moreno reforçou a mensagem ao dizer que a manifestação "[era] uma clara advertência contra o extremismo. Estamos dispostos a defender nossa pátria, custe o que custar."[16] Os ânimos políticos de exaltavam e a radicalização dos posicionamentos crescia.

As bases sociais destes grupos eram a pequena burguesia e a agroindústria de Santa Cruz e apoiavam-se em setores do movimento camponês ainda vinculados aos militares. A burguesia crucenha estava associada ao mercado exportador enquanto o Estado dirigido por Torres controla via mineração mais de 80% das receitas do país. Interesses econômicos e políticos separavam duas frações da

---

13 *La Jornada*, 27 de julho de 1971.

14 SANDOVAL RODRIGUES, I. *Culminación y ruptura del modelo nacional-revolucionario*, p. 172.

15 *La Jornada*, 20 de julho de 1971.

16 *Presencia*, 29 de julho de 1971.

Bolívia: Democracia e Revolução   251

classe dominante. A agroexportação permitia uma margem de autonomia para a fração burguesa de Santa Cruz se separar e não integrar o projeto econômico de Torres que, por outro lado, baseava-se nas rendas permitidas pelas estruturas econômicas da mineração do Altiplano.[17]

A decisão de Torres de estatizar a indústria do açúcar depois da Gulf uniu as oligarquias contra o governo, fazendo desta região o pivô do golpe de Banzer.[18] A reforma agrária promovida pelos governos do MNR e que continuou após 1964, beneficiou amplamente os grandes produtores e a agroindústria de exportação da região oriental do país. Entre 1970 e 1975, essa região recebeu 88,6% do total de créditos públicos e privados, enquanto entre 1960 e 1976 os pequenos produtores receberam apenas 0,8%.[19] Esta concentração de recursos públicos não se reverteu em aumento do setor agrícola no montante total da economia, ao mesmo tempo em que sucateou setores econômicos de ponta como a mineração e a indústria de manufaturas. Como consequência formou-se uma grande camada de camponeses marginalizados e pobres de um lado e, de outro, uma camada de privilegiados pelos fartos empréstimos ergueu-se como obstáculo a qualquer medida reformista.

De fato, a proposta de nacionalização da produção de açúcar atacava diretamente os interesses destes senhores de Santa Cruz. Torres, no entanto, não pode ser identificado aqui como representante de uma improvável "burguesia independente" disposta a realizar compromissos com as classes populares. Havia, porém, um espaço real de colaboração com a Assembleia Popular na medida em que Torres avançasse um programa de reivindicações nacionalistas e anti-imperialistas.

Partidariamente as forças reacionárias estavam articuladas em torno do velho Partido Liberal, da FSB e do MNR. O coronel Banzer era o mentor central

---

17 Celso Furtado havia observado (Cf. *A economia latino-americana*) que em países de economia mineira como México, Peru e Bolívia, as zonas rurais mantinham maior autonomia em relação ao Estado, já que o controle da mineração permitia a manutenção do poder estatal. Se em 1971 ainda é verdade que a produção mineira responde por mais de 80% das receitas do Estado boliviano – o que mantém o quadro descrito por Furtado –, esta nova burguesia agroindustrial de Santa Cruz criou laços econômicos muito fortes com o mercado externo, o que ampliava os choques de interesses e as tendências centrífugas em relação ao centro político-econômico do país.

18 TORRES, J. J. *En defensa de mi nación oprimida*, p. 207-210.

19 CANROBERT, Costa Neto, *op cit*, p. 176-182.

do golpe. Escrevera uma carta a Victor Paz Estenssoro, exilado em Lima, convidando-o a participar do movimento. O coronel negou ter tido contatos com os governos do Brasil, Argentina e Estados Unidos, embora Buenos Aires tenha sido o centro exterior dos conspiradores.[20] Os golpistas contavam com o apoio dos falangistas da FSB, seus bandos armados profissionais e sua experiência contrarrevolucionária que vinha de 1952, quando se opuseram às milícias operárias. Além de ações contra a esquerda, os falangistas mantinham ligações com o narcotráfico e o contrabando em crescimento.[21]

O principal bastião que reunia as forças golpistas no Oriente era o Comitê Pró-Santa Cruz. O envolvimento de grandes empresas locais foi intenso. A associação algodoeira e as indústrias Garner (associação alemã local) declararam posteriormente que não fora fácil convencer os oficiais militares a assumir o golpe.[22] Três empresários de Santa Cruz alemães naturalizados – Gasser, Killman e Bauer – confessaram num programa de TV da Alemanha após o golpe de agosto que lhes havia custado muito dinheiro financiar o golpe de Banzer porque os oficiais queriam muito para agirem contra o governo.[23]

O cerco estrangeiro contra a Assembleia Popular foi um fator presente e destacado na conjuntura política boliviana. A ditadura militar brasileira teve papel decisivo, atuando ostensivamente contra a Assembleia Popular. Um membro do governo dos Estados Unidos, o subsecretário Meyer, chegara a declarar que o Brasil constituía-se numa garantia para a segurança nacional dos Estados Unidos na América Latina frente aos governos que se opunham à sua política na Bolívia, Peru e Chile.

É importante acrescentar que, ao lado do alinhamento político com o governo dos Estados Unidos, o governo ditatorial do Brasil desenvolvia a partir dos setores militares no poder ambições geopolíticas locais próprias. A concepção originária de segurança e defesa nacional desdobrou-se para uma orientação de acompanhamento e intervenção na situação política, econômica e social dos países vizinhos.

---

20 Depoimento de Hugo Banzer, in: *Orden, paz y trabajo*.

21 STRENGERS, J. *op cit*, p. 115.

22 SANDOVAL RODRIGUES, I. *Culminación y ruptura del modelo nacional-revolucionario*, p. 174.

23 TORRES, J. J. *op cit*, p. 334.

Bolívia: Democracia e Revolução   253

Como precisou Otávio Ianni: "Parece que alguns países da América Latina, principalmente os 'grandes', absorveram as concepções norte-americanas de segurança hemisférica, mas agora em suas perspectivas nacionais", embora submetidos à ação preponderante dos Estados Unidos, que não deixa de incentivar uma certa rivalidade entre os três "grandes" México, Brasil e Argentina.[24]

Um dos temas acompanhados com atenção pelos militares brasileiros se referia ao "perigo comunista" do governo Torres, que poderia colocar em risco a estabilidade das fronteiras do país. As declarações do embaixador brasileiro na Bolívia, general Hugo Bethlem, por mais histriônicas que pudessem parecer, não deixavam dúvidas acerca destas intenções. No final de junho de 1971 ele afirmou que um governo ilegítimo permitira a formação do primeiro soviete da América, referindo-se à Assembleia Popular. Para Bethlem, a instalação da Assembleia Popular em maio de 1971 provocara uma virada à esquerda do governo, legitimando o regime de dualidade de poderes. Isto se explicaria pela posição do general Torres de considerar as forças armadas como um dos pilares da revolução e o movimento operário como sua vanguarda esclarecida. O general brasileiro considerava as declarações políticas do presidente da Bolívia mais radicais que os discursos do presidente do Chile. Bethlem propôs: "uma espécie de protetorado a nações como a Bolívia, por um determinado tempo, uma espécie de tutela de seus irmãos maiores para que a integração dos países se faça aqui, com as nações do mesmo continente."[25] Ele sinalizou a invasão da Bolívia por uma força multinacional para restabelecer a ordem democrática. A proposta recordava a invasão de Santo Domingo em 1965, na qual a ditadura brasileira já participara. Embora a Assembleia Popular não fosse um "soviete dirigido pela Rússia", como dizia o general, por muito menos se invadira Santo Domingo.[26]

A cob respondeu imediatamente às declarações do general brasileiro:

Para nenhum habitante da terra é desconhecida a brutal ditadura que é imposta à República do Brasil, na qual se praticam os sistemas mais bárbaros de repressão, denunciados diariamente pelos brasileiros e estrangeiros, com o objetivo de

---

24 IANNI, O. *Imperialismo e Cultura*, p. 141.

25 SANDOVAL RODRIGUES, I. *Culminación y ruptura del modelo nacional-revolucionario*, p. 172. *El Diario*, 21 de junho de 1921. *Jornal do Brasil*, 20 de junho de 1971.

26 "La bandera de la Asamblea Popular es ahora la Bandera de la Patria", *La Jornada*, 21 de junho de 1971.

perpetuar no poder um grupo que institucionalizou a delinquência política para cumprir suas tarefas de lacaios do imperialismo, superando as torturas inquisitoriais, tratando de calar o heroico povo brasileiro (...)

A classe trabalhadora boliviana está consciente das intenções dos gorilas brasileiros; por isso a advertimos que o que fizeram no Acre não voltará a se repetir. O povo boliviano com sua vanguarda, o proletariado, tem consciência do papel histórico que lhe corresponde jogar nos destinos da América Latina.[27]

Bethlem, membro da Liga Anticomunista do Brasil, atuou como agente dos serviços de inteligência brasileiros junto com Jofre Sampaio, agregado militar da embaixada do Brasil. Em La Paz o jornal *La Jornada*, refletindo a indignação que se apossara de grande parte da população, afirmava que Hugo Bethlem não fazia mais do que expressar os desejos expansionistas da ditadura brasileira, com a colaboração dos militares bolivianos Banzer e Miranda, que "querem um poder reacionário para a Bolívia ainda que seja ao custo da invasão de sua própria pátria"... E afirmava em seguida ser necessário que o exército boliviano se preparasse "para uma guerra de resistência contra o invasor.[28] *La Jornada* acusava ainda o jornal brasileiro *O Estado de São Paulo* de também defender a invasão da Bolívia pelo Brasil, caracterizando-o como um órgão quase oficial da ditadura Garrastazú Médici, embora fazendo ressalva sobre a brutal censura mantida sobre os órgãos de comunicação brasileira.[29] À parte exageros que a tensão do momento provocara, as declarações do general brasileiro ajudaram a criar opinião favorável a uma intervenção ou ação militar na Bolívia. O militar brasileiro foi expulso da Bolívia em maio de 1971.

Novas ações reforçavam uma ofensiva política internacional que preparava as condições para o novo golpe militar. Um representante do Parlamento Latino-americano, o deputado venezuelano Jorge Dager, declarara durante uma reunião de parlamentares realizada neste período que a Assembleia Popular boliviana não poderia integrar tal organismo, porque, como uma câmara de estilo corporativo, não estava baseada num regime democrático. O debate en-

---

27 *Presencia*, 28 de maio de 1971. *La Jornada*, 28 de maio de 1971.

28 *La Jornada*, 27 de maio de 1971.

29 *La Jornada*, 1º de junho de 1971.

Bolívia: Democracia e Revolução   255

volveu dois deputados chilenos na medida em que no Chile na época do governo Allende se discutia a proposta de um Legislativo unicameral que também teria o nome de Assembleia Popular.[30] A discussão teve repercussão e motivou uma irada resposta em editorial do *La Jornada*, desqualificando a democracia representativa em comparação com a Assembleia Popular. O Parlamento Latino-Americano não seria mais do que:

> A expressão da chamada democracia representativa imposta pelos Estados Unidos através da Doutrina Monroe. (...) a chamada democracia representativa baseia-se numa ficção pela qual é o povo que elege seus representantes aos poderes de Estado, mas, no fundo, isto significa simplesmente o outorgamento de um reconhecimento a uma ordem que não é expressiva da vontade das massas. (...) Nos parlamentos burgueses se elaboraram as leis mais impopulares. (...) O parlamento dos países dependentes esteve sempre a serviço incondicional do imperialismo em suas mais diversas manifestações e nunca serviu aos interesses populares. (...) As declarações de um deputado venezuelano de que nossa Assembleia Popular não pode integrar o Parlamento Latino-Americano encerra uma grande verdade. De fato, a Assembleia Popular é uma organização real das massas sob a direção da classe mais revolucionária: o proletariado. (...) É, pois, substancialmente diferente na forma e no conteúdo a qualquer parlamento burguês que, como se disse, é a roupagem legal de todo um sistema de dominação e opressão contra o qual estamos lutando.[31]

A DERROCADA DO GOVERNO TORRES

No começo de agosto o governo não passava de um cadáver insepulto aguardando seu coveiro. Apesar das dúvidas que ainda pairavam sobre setores da Assembleia Popular, ela ampliava dia a dia sua autoridade e disputava com os golpistas de Santa Cruz o lugar de mando dos ocupantes do Palácio Quemado. No dia 6 de agosto, Dia da Pátria no país, Torres busca, quando o chão quase que literalmente ruía a seus pés, exaltar as realizações, a força e solidez do seu governo. Tornava-se evidente, no entanto, a incapacidade para deter as articulações golpistas que se multiplicavam:

---

30 *La Jornada*, 09 de julho de 1971.

31 "Asamblea Popular y Parlamento Latino-Americano", editorial de *La Jornada*, 09 de julho de 1971.

256   Everaldo de Oliveira Andrade

> Neste 6 de agosto podemos assegurar que nos encontramos fortes e firmes no governo. A onda de rumores, a campanha de confusão e a conjura permanente de nossos adversários se revelam impotentes ante a aliança tácita dos operários, camponeses, intelectuais e forças armadas. (...) Com serenidade e paciência o Governo Revolucionário cimentou a ordem e a tranquilidade em todas as partes, apesar das provocações que a direita alienante e a esquerda impaciente opõem.[32]

O depoimento do general Hugo Banzer, muitos anos depois, era esclarecedor de que, para os golpistas da direita, Torres contava muito pouco em 1971:

> O problema mais sério era a Assembleia Popular, era o governo de fato. Apareceu o ELN atuando. Se dizia que o poder judiciário seria transferido para tribunais populares de bairros. Estas informações chegavam e me dava muita pena da situação em que estava o país.[33]

A realização da Assembleia afetara o equilíbrio das forças políticas do país. A paralisia no governo revelava, além de tudo, uma luta interna em andamento no gabinete ministerial. Como reconheceu anos depois Oscar Eid, a Assembleia Popular diminuiu o espaço de manobra para Torres: "imprimimos uma dinâmica muito radicalizada ao processo, dando menos margem a Torres."[34]

Torres não podia vencer os golpistas. O aparato de espionagem dos estadunidenses atuava livremente em seu governo. Os militares brasileiros apoiavam abertamente os golpistas, sugerindo uma intervenção militar caso o golpe não se consolidasse. Era um mesmo processo paralelo à formação da Assembleia Popular. Torres, por seu lado, não fez nenhum esforço real para desmantelar o aparato militar de direita, mas negou-se a armar a esquerda que poderia talvez protegê-lo.

A incapacidade de Torres para deter os golpistas possuía uma raiz política e baseava-se em sua firme disposição para preservar a unidade das instituições militares. Ele acreditava que poderia apaziguar a direita militar com visitas aos quartéis e discursos. Um setor difuso de militares o via como

---

32 "Política en la revolución boliviana", 6 de agosto de 1971, In: TORRES, J. J. *op cit*, p. 103-106.

33 Depoimento de Hugo Banzer, *Orden, paz y trabajo*.

34 Depoimento de Oscar Eid, In: *Orden, paz y trabajo*.

Bolívia: Democracia e Revolução   257

herdeiro de uma tradição nacionalista do exército boliviano, muitas vezes comparando-o ao ex-presidente Gualberto Villarroel.[35] Em nome da unidade dos militares negou-se a afastar definitivamente elementos pouco fiéis e hesitou em apoiar e promover seus aliados mais próximos como o major Rúben Sanchez, por exemplo, que durante o governo Ovando apoiou os nacionalistas e ajudou Torres a chegar ao poder, tomando o palácio presidencial.[36] No entanto, durante o governo Torres, Sanchez não foi colocado à frente de nenhum posto importante. Foi o único oficial a se pronunciar claramente contra o golpe final que Banzer daria meses depois e organizou a resistência junto com o civis em 21 de agosto.[37]

Torres sofreu pressões crescentes do exército, que cada vez mais via com insegurança as suas relações com a Assembleia Popular. Como afirmou um dos militares golpistas, o general Remberto Iriarte: "pensamos que o caos e a anarquia estavam muito próximos. Decidimos terminar. Visitei Torres duas vezes para adverti-lo, fizemos da forma mais nobre possível".[38] E no entanto, o diálogo de Torres com a esquerda o afastava de outros setores no exército: "Torres estava inscrito na FSB, era nacionalista, mas se comprometeu com a esquerda", disse Jaime Tapia, ex-ministro de Banzer, justificando o golpe de agosto de 1971.[39] Como comentou Jorge Echazú, a ação do exército foi exemplar no golpe de Banzer: "Lealdade e disciplina enquanto o regime dava sinais de força, traição e deslealdade quando se avistam os primeiros sinais de derrota".[40]

Apesar da falência de seu governo, alguns autores, como o dirigente do MNR Guillermo Bedregal, buscaram destacar o papel ativo de Torres no período, em re-

---

35 Villarroel foi um presidente militar nacionalista que governou o país no começo dos anos 40. Sofreu um golpe de direita e foi enforcado em frente ao Palácio governamental em 21 de julho de 1946.

36 Depoimento de Rubens Sanches, ex-comandante do regimento Colorado, que se manteve fiel e lutou com Torres até o fim do golpe. In: *Orden, paz y trabajo*.

37 ZAVALETA MERCADO, R. *El poder dual*, p. 226.

38 Depoimento do general Remberto Iriarte Paz (ex-comandante das forças armadas), In: Orden, paz y trabajo.

39 Depoimento de Jaime Tapia Alipaz, ex-ministro de Banzer, In: *Orden, paz y trabajo*.

40ECHAZÚ A. Jorge. *op cit*, p. 341.

258   Everaldo de Oliveira Andrade

lação à mobilização de massas que se desenvolvia em torno da Assembleia Popular.
Bedregal, apoiando-se em clássicos conceitos weberianos, afirmou que a queda do
governo Torres esteve relacionada à ausência de "apoio carismático".[41] Torres seria
apenas uma forma reanimada que encontrou a comunidade militar para se manter
no poder, "uma sucessão dentro da comunidade carismática". As conclusões de Bedregal foram lúcidas e pertinentes: o general Torres salvou a direita militar e civil ao
desviar a mobilização de massas e tornar-se um dique de contenção para impedir um
momento crítico ou início de uma verdadeira insurreição popular.[42]

A AÇÃO DOS ESTADOS UNIDOS,
UMA INTERVENÇÃO MILITAR ESTRANGEIRA

A instabilidade política do Cone Sul americano ameaçava diretamente os interesses dos Estados Unidos. Suas principais preocupações concentravam-se nesta
época na existência da Assembleia Popular boliviana, nos governos de Salvador
Allende no Chile e Juan Velasco Alvarado no Peru. Esses governos possuíam em
comum políticas que buscavam distância e autonomia das orientações de Washington. A ofensiva dos estadunidenses para desestabilizar estes governos coordenou
ações políticas e econômicas da OEA, do BID, além de outras de caráter propriamente militar através da CIA, do Comitê Interamericano de Defesa e dos assessores
militares que agiam no interior das corporações militares locais.

O papel da CIA foi ativo na Bolívia, ajudando a preparar o golpe. A estratégia
política dos ianques consistia em várias iniciativas articuladas para desestabilizar o governo e barrar o caminho da Assembleia Popular.[43] O depoimento do
ex-agente da CIA Philip Agee, que atuou na Bolívia desde 1947, fornece muitos
dados a respeito destas atividades. Ele coletava informações dos partidos que
eram utilizadas nas ações secretas, propagandas, produção de documentos falsos
para desacreditar grupos de esquerda, e para preparar um clima psicológico para
outras iniciativas secretas. Segundo Agee, em 1967 a CIA agia na orientação de

---

41 BEDREGAL, Guillermo. *op cit*, p. 139.

42 *Ibidem*, p. 144-146.

43 *Ibidem*, p. 169.

Bolívia: Democracia e Revolução   259

forças especiais através das seções consulares. Os cursos de treinamento de militares patrocinados pelos Estados Unidos serviam principalmente para colher dados pessoais, costumes, posições dos militares nos países latino-americanos e utilizá-los nas articulações políticas.[44]

De fato, o envolvimento dos Estados Unidos na política interna boliviana foi minucioso. O golpe fora articulado com auxílio direto do oficial estadunidense Robert J. Lundin, membro da Força Aérea dos Estados Unidos e assessor da Escola de Adestramento Aéreo de Santa Cruz.[45] Lundin esteve durante seis meses conspirando com os golpistas, tendo mantido reuniões inclusive com Hugo Banzer.[46]

A guerra de informações que antecedia o golpe contou também com a criação de falsas notícias para auxiliar a sublevação. Uma das mais significativas foi a de que "Chato" Peredo, sobrevivente da guerrilha de Che Guevara e exilado, estaria na Bolívia reorganizando uma nova guerrilha na região de Cochabamba, com 20 homens e apoio de Salvador Allende. Seus membros teriam sido treinados pelos guerrilheiros uruguaios Tupamaros e por chilenos treinados em Cuba.[47] Mas ao lado das falsas notícias, outras atividades preparavam efetivamente o golpe, como atos de provocação em Santa Cruz e Cochabamba e atos de desobediência no interior das forças armadas nas primeiras semanas de agosto.[48] Isto se dava no mesmo momento em que o governo anunciava a prisão de três oficiais que estariam comprometidos.[49] Os rumores foram suficientes para ocupar páginas de jornais e ajudar a aprofundar a desestabilização do governo. No entanto, estas advertências, como outros inumeráveis avisos e denúncias nas semanas anteriores, haviam se tornado parte de uma perigosa rotina.

A experiência chilena é um dos mais eloquentes exemplos da situação política da época. Algumas semanas antes do golpe que se preparava na Bolívia, o presidente chileno Salvador Allende fizera um pronunciamento defenden-

---

44 Depoimento de Philip Agee, In: *Orden, paz y trabajo*.

45 LAVAUD, J. P. *op cit*, p. 125; *Presencia*, 13 de abril de 1978. *El Diario*, 20 de dezembro de 1970.

46 *Presencia*, 30 de agosto de 1971, citando *The Washington Post* de 29 de agosto de 1971.

47 *Ultima Hora*, 17 de agosto de 1971. TORRES, J. J. *op cit*, p. 207-210.

48 TORRES, J. J. *op cit*, p. 207-210.

49 *El Diario*, 19 de agosto de 1971.

260   Everaldo de Oliveira Andrade

do também uma Assembleia Popular no país. Também no dia 27 de julho em 1971, o dirigente do Partido Socialista, senador Carlos Altamirano, pedira que Allende fechasse o congresso e lançasse uma Assembleia Popular unicameral.[50] A principal iniciativa no Chile que guardou semelhança com o processo boliviano foi a Assembleia Popular de Concepción ocorrida em 27 de julho de 1972, que significou uma ruptura de um setor da esquerda com Allende buscando "estruturar um bloco revolucionário."[51] A auto-organização popular ganha impulso principalmente como reação ao "paro de octubre" organizado pela direita em 1972. A chegada da Unidade Popular ao governo, ao contrário de consolidar uma "via democrática" ao socialismo, criou uma situação que estimulou a radicalização do movimento de massas. A Assembleia Popular organizada na cidade de Concepción partia da iniciativa do chamado grupo dos cinco (Partido Socialista, MAPU, IC – Izquierda Cristã, PR – Partido Radical, e MIR – Movimiento de Izquierda Revolucionária). A frente popular tanto na década de 1930 quanto em 1970 no Chile deteve um processo de aprofundamento das demandas democráticas e populares, germes de uma radicalização socialista e revolucionária, que em 1971 começavam a ganhar corpo.

A situação política na Bolívia interagiu com este debate chileno, demonstrando a existência de um contexto comum de mobilização revolucionária na região que interagiu e provocou uma reação brutal e repressora dos centros de poder imperialistas.

Na Bolívia, pouco antes do início do golpe de 19 de agosto, os membros do presidium da Assembleia Popular se reuniram com Torres e exibiram excessiva confiança no desbaratamento dos golpistas, expresso na declaração de Juan Lechín: "só queremos que a direita saiba que estamos alertas frente a qualquer tentativa fascista."[52] Desde 15 de agosto os jornais noticiavam que o golpe seria iminente e que estaria vinculado aos exilados do Peru, Brasil e militares bolivianos afastados.[53]

---

50 *Presencia*, 07 e 27 de julho de 1971.

51 AGGIO, Alberto. *op cit*, p. 136.

52 *El Diario*, 17 de agosto de 1971.

53 *Presencia*, 15 de agosto de 1971.

O golpe de agosto foi preparado de maneira meticulosa, levando em consideração as sérias ameaças que pairavam não só sobre a burguesia boliviana mas, como já abordamos, mas sobre o conjunto de interesses geopolíticos que Brasil e principalmente os Estados Unidos mantinham na região. Não se tratava, portanto, de mais um levante militar como tantos outros. O seu caráter internacional pouco diferiu de uma verdadeira intervenção militar estrangeira. Para os golpistas como Hugo Banzer e o ex-presidente Victor Paz Estenssoro, somados aos estadunidenses e militares brasileiros, existia a perspectiva extrema de se criar uma república independente em Santa Cruz, numa situação limite de dualidade de poderes no plano geográfico, contraposta à Bolívia dirigida pela Assembleia Popular. Esta medida seria como uma antessala da guerra civil.

Uma advertência é necessária em relação às articulações internacionais do golpe. A articulação externa à Bolívia foi utilizada por alguns personagens deste drama objetivando eximir Hugo Banzer de parte das responsabilidades diretas nas articulações golpistas;[54] buscaram apresentá-lo como um joguete passivo cujos fios eram totalmente manejados nos países vizinhos. Banzer, ao contrário, comportou-se como um Thiers da Comuna de La Paz, um ativo mentor da ação que não se negaria a sacrificar a unidade e a soberania de seu país para preservar os interesses da burguesia, em particular a de Santa Cruz. A direita alimentava o golpe como uma campanha de conteúdo regionalista, racista e separatista.

Segundo o relato posterior de Torres, o golpe estaria planejado para ocorrer em 2 de setembro, esperando a reabertura da Assembleia Popular como pretexto.[55] A precipitação para 19 de agosto respondeu a um temor de que a reação do movimento operário e popular pudesse ter um efeito semelhante ao de outubro de 1970 ou janeiro de 1971. A Assembleia Popular era temida pelos golpistas, o que talvez a tenha tornado excessivamente confiante em suas vitórias anteriores.

Na madrugada 19 de agosto, a prisão de Hugo Banzer desencadeou o movimento, que avançou inicialmente sem grandes resistências organizadas. Apesar das constantes e muitas vezes verborrágicas proclamações dos dirigentes da Assembleia contra o sempre presente golpe em preparação, demonstrou-se não

---

54 Entrevista com Antonio Araníbar, 30 anos depois.

55 TORRES, J. J. *op cit*, p. 207-210.

262   Everaldo de Oliveira Andrade

haver uma efetiva defesa revolucionária estruturada. Para Zavaleta Mercado, retomando o discurso militarista do MIR: "A esquerda subestimou as dimensões
do golpe e demorou nos seus preparativos militares.[56] Tudo se passou com altas
e fatais doses de improvisação e desespero. Os golpistas, por outro lado, não esperavam um êxito imediato em La Paz. Tudo se preparara para uma resistência
territorial em Santa Cruz, onde os golpistas contavam há vários meses com uma
rede de apoios mais sólida entre grupos civis.

A participação política do país deslocou-se de La Paz para Santa Cruz desde o
início da ação militar. Assim, enquanto La Paz permanecia tranquila, no oriente
boliviano a luta foi sangrenta. As tropas Rangers, setor de elite do exército boliviano treinado pelos Estados Unidos, tomaram a prefeitura local por volta das
oito horas da noite do dia 19 de agosto. Foram comandados pelo coronel Andrés
Selich, para quem se tratava de lutar contra uma ditadura comunista instaura-
da no país. Uma semana antes jurara fidelidade ao general Torres.[57] Grupos de
funcionários ligados às usinas de açúcar, as células políticas da FSB e do MNR dirigidos por Carlos Valverde e Ribeira Sanchez se apoderaram de sedes de rádios
locais e divulgaram reivindicações regionais como a maior participação de Santa
Cruz na divisão da renda da produção petroleira.

A participação da ditadura brasileira foi ostensiva, segundo as versões do governo
torrista. Os serviços de inteligência da Bolívia detectaram que cinco aviões da ditadura
do Brasil haviam desembarcado 10 mil fuzis e metralhadoras.[58] No dia 15 de agosto,
as tropas brasileiras foram mobilizadas na fronteira. O cônsul brasileiro Cruz Mario
Amorim também se envolveu nas atividades do golpe na região.[59] O general Reque Terán reforçou estas informações afirmando que a Força Aérea do Brasil ajudou o golpe
fornecendo, além de metralhadoras e fuzis, outros equipamentos bélicos.[60]

---

56 ZAVALETA MERCADO, R. *El poder dual*, p. 261-262.

57 *Ibidem*, p. 174.

58 TORRES, J. J. *op cit*, p. 334.

59 SÁNCHEZ, Ramiro. *Brazil en Bolivia*: lecciones de un golpe militar, Santiago, 1972, p. 13-15, citado
   por DUNKERLEY, J. *op cit*, p. 171.

60 SANDOVAL RODRIGUES, Isaac. *Culminación y ruptura del modelo nacional-revolucionario*, p. 202, nota 7.

Bolívia: Democracia e Revolução   263

O movimento operário e popular de Santa Cruz resistiu como pôde ao golpe. Nas ruas ocorreu um enfrentamento armado de três horas de operários fabris e universitários contra o exército, cuja violência foi retratada no filme *Señores coroneles, señores generales*, registro de importantes e raros depoimentos e imagens da época.[61] A rádio difusora de Santa Cruz esteve sob controle dos trabalhadores por um importante período e foi um dos poucos bastiões de resistência na cidade até o momento em que os militares a tomaram, incendiaram e destruíram suas instalações. No dia 20 de agosto houve combates e resistência na prefeitura de Santa Cruz e na universidade, onde apenas 38 e onze armas não puderam evitar a invasão após ataques com granadas lançadas pelos militares. Segundo testemunhas, o general Selich teria gritado "No quiero presos ni feridos" [não quero nem prisioneiros nem feridos]. Com as portas da universidade arrancadas por explosões o general novamente vociferou: "Ningún perro rojo vivo!" [nenhum cão vermelho vivo!],[62] ordenando o fuzilamento dos 24 prisioneiros capturados. Seis deles morreram na luta em defesa da universidade. Dos sobreviventes cinco foram mortos no hospital.[63] Selich declarou posteriormente haver fuzilado 22 estrangeiros, na verdade jovens que resistiram ao golpe. No desencontro do número de mortos relatado pelas fontes documentais, as execuções não foram negadas. Os fuzilamentos continuavam nos dias seguintes: oito camponeses foram presos pelo oitavo exército às margens do rio Piraí e fuzilados após cavarem suas próprias covas.[64] O carniceiro de

---

61 *Señores coroneles, señores generales*, 1976. O filme é francamente contrário ao golpe, inicia-se com marchas militares e um locutor enaltecendo o regime, para depois mostrar o golpe de 19 de agosto de 1971. Caracteriza-o como conspiração fascista, mostrando universidades fechadas e um governo querendo dar a aparência de democracia sob a presença permanente dos Estados Unidos. O filme, realizado em agosto de 1975 no exterior, serviu para denunciar a selvageria do golpe de Banzer.

62 Depoimento de Jorge Selum, In: GUMUCIO DAGRÓN, Alfonso. *Señores coroneles, señores generales*. Informe: "Violación de los derechos humanos en Bolivia", 1976, p. 126-127, citado por SANDOVAL RODRIGUES, I. *Culminación y ruptura del modelo nacional-revolucionario*, p. 176.

63 "La Crônica", 21 de agosto de 1971 de Santa Cruz, citado por SANDOVAL RODRIGUES, I. *Culminación y ruptura del modelo nacional-revolucionario*, p. 175.

64 *Ibidem*, p. 176.

264   Everaldo de Oliveira Andrade

Santa Cruz seria executado anos depois em La Paz, quando conspirava contra seu companheiro de sangue Hugo Banzer.

Ato de 80.000 em La Paz contra o golpe

As notícias do andamento do golpe em Santa Cruz provocam uma reunião de emergência das organizações operárias e populares de La Paz, e o Comando Político da Assembleia Popular chamou a mobilização geral contra o golpe. Uma das decisões imediatas foi a tomada da rádio Progresso, que estava apoiando o golpe na capital. A outra decisão foi de iniciar a preparação de uma manifestação com camponeses, operários e universitários com o objetivo de reunir 50.000 pessoas no dia seguinte. Todas as entidades iniciaram a realização de reuniões de emergência para articular as ações. Em contraste com a ação dos trabalhadores, após haver decretado "estado de alerta nacional" e o chamado à mobilização popular, o governo Torres procurava transmitir a imagem de serenidade. Dezenas de sindicatos e entidades da juventude e do campo procuraram com manifestos, comunicados e chamados mobilizar suas bases. Um comunicado que chamou a atenção foi da juventude do MNR apoiando Torres contra a orientação dos dirigentes do seu próprio partido, como Victor Paz, que fazia parte da conspiração: "hoje mais do que nunca, ratifica teu total respaldo ao processo revolucionário e a seu ilustre condutor o companheiro presidente do Governo Revolucionário gal. Juan José Torres. (...) A Juventude do MNR não permitirá o retorno das negras horas da tirania que tanta dor e luto ocasionaram à família boliviana". Outras mensagens do mesmo teor se sucediam: da CUB, dos sindicatos dos trabalhadores da imprensa, motoristas, das fábricas, professores.[65]

A Comissão de Defesa e Segurança da Assembleia Popular buscava meios de coordenar as milícias armadas da COB, que apenas começavam a se reorganizar, e orientar as Assembleias Populares Regionais a fazerem o mesmo, se preparando para uma provável guerra civil.[66] Seu comunicado oficial, mesmo não correspondendo ao real nível de organização militar das forças da Assembleia Popular, mostrava disposição de luta, prevendo certamente uma longa e dura resistência.

---

65 *El Diario*, 20 de agosto de 1971.

66 *Ibidem.*

Bolívia: Democracia e Revolução   265

"A ordem de mobilização armada da classe operária e do povo e unidade das forças populares com os setores antifascistas do Exército Nacional". Pedia ao povo e aos trabalhadores para "armar-se por todos os meios". Nas cidades ocupadas pelos golpistas instruía a "greve geral ativa", com a "organização de milícias armadas populares para: sabotagem, resistência em zonas populares e retomada das cidades ocupadas". No campo, o plano militar propunha que "milícias camponesas armadas" buscassem, de acordo com as possibilidades, "bloqueio e sabotagem de estradas, pontes, ferrovias etc., até conseguir deslocar-se às cidades ocupadas e retomá-las. Nos centros mineiros as milícias armadas devem mobilizar-se para zonas estratégicas...". Nas cidades sob controle se deveria coordenar as atividades de resistência, apoio e preparação em regiões estratégicas.[67] Porém, o êxito militar da resistência dirigida pela Assembleia Popular dependia mais de ações políticas de massa, capazes de unificar o movimento operário e popular e da divisão no seio do próprio exército, que do poder de fogo de suas armas.

No mesmo dia 19 de agosto ocorre uma reunião entre os dirigentes da Assembleia Popular e Torres sobre as formas e medidas comuns para resistir ao golpe. Torres reclama da falta de apoio ao seu governo. Do outro lado da mesa estavam Simon Reyes, Zavaleta Mercado, René Higueras e Juan Lechín e este último retruca: "Dê-nos armas que nós iremos defendê-lo". Também presente, o reitor da universidade de La Paz, Oscar Prudêncio, diz: "Meu general, realmente nos equivocamos, mas como o senhor disse, não é hora de represenões. Não temos armas para defendê-lo. Tenho gente na universidade disposta a morrer para defender o processo. Deve nos dar armas". Mas Torres resiste: "Vocês sabem que não temos armas. Somos um país pobre, nenhuma de nossas unidades tem armas de reserva e não posso tirar os fuzis dos soldados para entregar aos universitários."[68]

Torres, recordando posteriormente este diálogo, fez um desabafo que condensa sua posição política: "Que pena que só a adversidade haja podido nos unir! Eu disse sempre que alguns de vocês, por sua incompreensão ou pressa, só puseram

---

67 "Comissión de Defensa y Seguridad de la Asamblea del Pueblo", La Paz, 20 de agosto de 1971, In: *La Jornada*: 20 de agosto de 1971.

68 *Revista de América*, nᵒˢ 6-7, 1971, Reproduzido por BARROS, Omar de. *op cit*, p. 158. Também citado por TORRES, J. J. *op cit*, p. 221-222.

266 Everaldo de Oliveira Andrade

pedras no meu caminho, que vivi recolhendo estas pedras e que de tanto agachar-me poderia cair e arrastá-los comigo."[69] O presidente colocava a responsabilidade pela debilidade de seu governo na esquerda, que não quis a unidade. Nenhuma palavra a respeito da complacência com os golpistas. Era a Assembleia Popular no limite dos seus poucos recursos, e não seu governo, quem organizava a precária resistência armada e mobilizava as massas para a luta contra os golpistas.

Ao meio-dia do dia 20 chegaram para o mobilização política e militar de La Paz cerca de 1.000 mineiros de minas próximas, e outras minas continuavam a engrossar a mobilização. Ao redor de 80.000 trabalhadores reúnem-se nas ruas da capital formando uma impressionante multidão que pedia armas insistentemente. Uma concentração ocorre na praça Murillo, onde se encontravam a sede do governo e da Assembleia Popular. Juan Lechín toma a palavra em nome da Assembleia Popular:

> Pela 3ª vez nos reunimos nesta histórica praça Murillo para demonstrar que os quatro pilares da revolução, trabalhadores, estudantes, camponeses e soldados, os quatro setores, estão unidos para esmagar a reação que pretende assentar seu punhal assassino nas costas do povo boliviano.

Lechín concentra-se em chamar a ampla unidade:

> Devemos deixar de lado as lutas internas, os sectarismos, porque do contrário repetiremos a história espanhola na Bolívia, ao sermos derrotados pelo fascismo". (…) Os golpistas merecem uma sanção e esta deve ser a ocupação das empresas daqueles que estão comprometidos com o golpe.[70]

O secretário-geral da COB, Francisco Mercado, concentrou seu discurso em pedir armas para o povo lutar e cobrou uma clara definição de Torres.[71]

Torres se dirige à manifestação para responder aos dirigentes da Assembleia. Refletindo as últimas horas de desespero e frente à gigantesca multidão disposta a lutar, promete organizar unidades populares para liquidar o fascismo, mas responsabiliza novamente a esquerda pela situação:

---

69 TORRES, J. J. *op cit*, p. 213.

70 *El Diario*, 21 de agosto de 1971.

71 *Ibidem*.

Nem sempre encontrei a compreensão de todos os companheiros que militam na esquerda do país. Mas, pelo contrário, me colocaram pedras no caminho. (...) Ajude-me meu povo a arrebatar as armas da reação para entregá-las a vocês e defender esta revolução. E com vocês gritarei: os fascistas não passarão! (e o povo gritou em coro) 'Não passarão, não passarão'".[72]

Novamente o povo da Bolívia tem que enfrentar um traiçoeiro golpe fascista, que pretende destruir as legítimas conquistas populares conseguidas à custa de grandes sacrifícios e longas jornadas de luta, precisamente quando concretizamos em fatos altamente positivos, as metas da emancipação, com a invencível unidade dos quatro pilares da revolução.

Políticos a serviço dos interesses pró-imperialistas e antinacionais deslocados, que em 7 de outubro mereceram o repúdio do povo, promoveram um golpe subversivo na cidade de Santa Cruz, sob o comando de Mário Gutierrez, chefe da Falange, e dos artífices do pacto de Lima (...).

Decretamos alerta nacional para que a partir desta data de reafirmação revolucionária, todas as forças vivas do país, os operários, os universitários, os camponeses e as forças armadas selem definitivamente a unidade com o processo libertador.[73]

Torres duvida no momento crucial e sua vacilação em se defender advém do terror das massas mobilizadas e fora do seu controle. Este é o motivo do seu ataque à esquerda quando esta oferecia sua unidade para derrotar Banzer. Assim, permite que o alto comando militar desenvolva a conspiração sem bloqueios, ao mesmo tempo que teme distribuir armas maciçamente para os militantes da Assembleia Popular. Uma após a outra, as guarnições militares aderem ao golpe. Restava-lhe apenas a opção de armar o povo e mobilizar as unidades militares leais para retomar as regiões perdidas.[74]

O general Luís Antonio Réque Terán afirmara em reunião do gabinete ministerial manter lealdade a Torres, informando que muitas guarnições se declaravam neutras em Cochabamba e Oruro. Mas a conspiração golpista possuía

---

72 *El Diario*, 21 de agosto de 1971.

73 *Ultima Hora, La Jornada, El Diario*, 20 de agosto de 1971.

74 SANDOVAL RODRIGUES, Isaac. *Culminación y ruptura del modelo nacional-revolucionario*, p. 184-185.

fios dentro do próprio Palácio presidencial e Torres não desconhecia. O general Réque Terán, chefe do Estado Maior, era um dos mais destacados conspiradores. Nada fez, no oriente, nas regiões de Santa Cruz, Roboré, Riberalta, Trinidad e Vallegrande, onde as forças estariam com os golpistas. Como comandante não desenvolveu nenhuma iniciativa de defesa do governo, procurando apenas evitar que guarnições militares lutassem entre si. Na prática paralisou a resistência e abriu caminho para os golpistas se consolidarem.

Entre os ministros civis presentes muitos contestaram as informações de Terán dizendo que em Cochabamba o comandante do exército general Florentino Mendieta permitira o ataque militar à universidade e a morte de um estudante. Os ministros propuseram que o governo Torres tomasse uma ação conjunta com a COB para retomar Oruro. O general Terán se opôs afirmando que se tratava de um assunto militar a critério do alto comando. Pressionado a se definir, disse que a unidade das forças armadas estava acima de tudo, e que renunciava a qualquer enfrentamento para defender a instituição militar:

> Nas Forças Armadas temos consciência de que a Instituição castrense é uma comunidade indissolúvel e indestrutível. Sustento, com a experiência de 7 de outubro, que os oficiais se consideram membros de uma só família e recuam a qualquer enfrentamento entre eles. No exército se impõe, acima de tudo, a unidade militar, a solidariedade e o princípio da defesa da instituição. Por isso, como sabe o próprio presidente Torres, é difícil para o Alto Comando Militar tomar medidas operativas que se contraponham a esta realidade. Quanto à entrega de armas aos trabalhadores, conhecem os militares aqui presentes a prevenção contra esta medida. Se sabe no exército que todo fuzil posto nas mãos do povo é um fuzil que dispara contra um uniformizado.[75]

De fato Torres não dispunha do apoio militar significativo no exército para defender o seu governo.[76] O regimento colorado era o único em quem Torres depositava confiança. Outras unidades militares de La Paz, consultadas diretamente por ele,

---

75 *Ibidem*, p. 187.

76 *Ibidem*, p. 186-191.

Bolívia: Democracia e Revolução   269

demonstraram resistência a combater as unidades rebeldes. A posição de neutralidade condenava na prática Torres ao isolamento dentro do exército. Pela manhã do dia 21, os principais oficiais de La Paz aderiam ao golpe. O general Terán ficou encarregado de transmitir a notícia e às 13h30 reuniu-se com o presidente. Torres recusou-se a renunciar e com o apoio solidário do major Rúben Sanchez, comandante do regimento colorado, decidiu atacar o Colégio Militar de La Paz onde concentrava-se a resistência golpista na cidade.

Depois de 12 horas de discussão e indefinições no gabinete, Torres ordena finalmente ao general Max Toledo que avance para a cidade de Oruro e entregue 400 velhos fuzis aos dirigentes da COB. As forças enviadas para Oruro negam-se a enfrentar os golpistas. A resistência ao golpe está nas mãos das forças sociais organizadas em torno da Assembleia Popular.

A RESISTÊNCIA ARMADA

A resistência armada dos trabalhadores ao golpe foi feroz e durou cinco dias. No dia 23, os últimos focos resistentes foram silenciados em La Paz. O Comando Político da Assembleia Popular decretara a mobilização geral e pela primeira vez na história a COB chamava a resistência armada a um golpe militar. Um Comando Operário buscou coordenar as forças de resistência que se aglutinavam na praça do Stadium. Milhares de estudantes e trabalhadores se dispunham a lutar mas não havia armas para todos. Nas ruas manifestantes exibiam cartazes: "Muera la penetración ianque".

Três frentes de luta espalham-se por La Paz no dia 21 de agosto: às 14 horas uma unidade golpista toma o monte Laikakota – ponto estratégico no centro da cidade – em batalha desigual com os operários armados concentrados na praça do Stadium. Outros combates ocorrem em Villa Armonia. Às quatro horas da tarde a força aérea e o regimento blindado de Taparacá anunciaram seu apoio ao golpe depois que as resistências internas nestas unidades foram abafadas.[77] A força aérea inicia o ataque metralhando vários operários que esperavam seu apoio. Ao longo do dia as forças da Assembleia Popular desfecham três assaltos a Laikakota. No caminho que liga

---

77 SANDOVAL RODRIGUES, Isaac. *Culminación y ruptura del modelo nacional-revolucionario*, p. 217-218.

o Altiplano a La Paz há tentativas de se bloquear a descida de tanques.[78] O major Rubens Sanches Valdívia com um batalhão do regimento Colorado permanecendo fiel à Torres, juntou-se aos militantes da Assembleia. Na noite do dia 21, os operários armados tomam o monte Castilho.[79] Depois de horas de combate, o monte Laikakota também é tomado pelas forças antigolpistas e dezenas de soldados são mortos. Jorge Lazarte, dirigente estudantil da UMSA e militante do POR-Masas, lidera um pequeno agrupamento de jovens estudantes mobilizados e armados.[80] A resistência é massiva mas pouco organizada e eficiente. Milhares de pessoas dispostas a lutar e grupos de jovens e sindicalistas espalhavam-se desordenadamente nas ruas. Juan Lechín, Oscar Eid e Guillermo Lora buscam articular estas forças com dificuldade.

No Comando Político é discutido um ataque geral ao quartel Miraflores. Nesse local guardava-se um poderoso arsenal que daria fôlego e poder de fogo novo para a resistência. Porém, a proposta de se lançarem todos os que resistiam contra Miraflores foi combatida por Lora, que a considerava aventureira. Duas horas depois tanques e aviões multiplicavam ataques a La Paz inviabilizando a resistência armada.

Em Oruro os mineiros da região se mobilizaram para uma grande concentração no centro da cidade na tarde do dia 20. Assembleias nas minas de Siglo XX, Huanuni, Colquiri, San José decidiram pela greve e marcha armada com fuzis para a cidade. As emissoras da rádio Pio XII chamaram a mobilização e condenaram duramente o golpe em andamento, relembrando o massacre de San Juan realizado em 1967.[81] Os mineiros reunidos conseguem tomar os aeroportos da região. Porém cometem um grave erro militar ao não bloquearem as pistas aos aviões. Isto permite ao exército enviar tropas de reforço do oriente.[82] Por volta do meio-dia, efetivos Rangers chegam de Challapata e ocuparam a cidade, tomando a universidade e

---

78 Segundo entrevista com Antonio Peredo, o ELN mobilizou 87 combatentes neste dia, mas não teve capacidade de comando e preparação suficiente para um combate onde seria possível ganhar. Para ele, a utilização de coquetéis molotov que poderia ter detido as tanquetas.

79 SANDOVAL RODRIGUES, Isaac. *Culminación y ruptura del modelo nacional-revolucionario*, p. 191.

80 Depoimento de Sonia Zapata (ex-militante do POR-Masas), La Paz, 02 de agosto de 2001.

81 *La Jornada*, 20 de agosto de 1971.

82 Entrevista com Oscar Salas.

Bolívia: Democracia e Revolução   271

a prefeitura. As rádios Oruro e Condor são ocupadas por militantes golpistas do MNR e da FSB. Os mineiros concentraram-se em San José, mas recuam da proposta de enfrentamento militar direto.[83]

Em Cochabamba, onde a Assembleia Popular dava poucos passos, a resistência não consegue se organizar e a cidade é ocupada rapidamente pelos golpistas. Ao contrário de mobilizações antigolpistas, uma manifestação anticomunista começava a ser preparada.

Em Potosí a notícia do golpe de 19 de agosto fez a Federação local, o sindicato dos mineiros, metalúrgicos e estudantes reunirem-se imediatamente. No mesmo dia foi organizada uma marcha que ocupou a sede da prefeitura. Por volta das três horas da tarde houve uma reunião na sede do sindicato mineiro. Foi decidida entre outras questões a organização de patrulhas armadas com sindicalistas e estudantes. O dirigente mineiro Edgard Ramirez foi designado comandante destas forças de resistência armada e foram localizados velhos fuzis e armamentos para as forças antigolpistas. A cidade manteve-se em mãos das forças de resistência até o final do dia 22. Uma praça foi tomada pelo movimento operário, mas permaneceu isolada do restante do país. Com as notícias de que o golpe se consolidava em La Paz, decidiu-se baixar as bandeiras e retornar para as minas, fábricas etc.[84] Esta situação demonstrava que tudo dependia da configuração do eixo político do país onde o golpe estava avançando e se travava a batalha decisiva. Uma vitória ou resistência em La Paz poderia reverter o golpe em outras regiões.

Em La Paz, porém, a rádio Illimani, fiel ao governo, é silenciada pelos golpistas às dez horas da noite de 21 de agosto. À meia-noite os ministros de Torres que se encontravam no gabinete de governo decidem suspender a resistência e exilar-se na embaixada peruana. Torres sai do palácio presidencial em direção ao quartel Sucre, onde barram sua entrada. Ele tem que se retirar para um bairro popular enquanto os tanques golpistas já tomavam a praça central da cidade. Torres emite ainda uma última mensagem antes de se retirar: "Até o último momento comandei a resistência revolucionária ao golpe que os gorilas, no exercício de guarda

---

83 *El Diario*, 21 de agosto de 1971.

84 Entrevista com Edgard Ramirez.

272   Everaldo de Oliveira Andrade

pretoriana do imperialismo, assestou ao nosso povo em processo de libertação."[85] Mas não é Torres quem comandava a resistência. Nos dias 22 e 23 continuam os ataques de aviões e tanques na capital, há feridos e a ocupação militar provoca filas de prisioneiros. Milhares de trabalhadores e jovens desarmados ou precariamente armados lutam neste momento nas ruas de La Paz e a resistência se prolonga até o amanhecer do dia 23. A cidade transformara-se num cenário de guerra civil. Na Cruz Vermelha se registram 98 mortos e 560 feridos.[86]

Banzer esteve preso até o final do golpe. Um triunvirato composto pelos coronéis Hugo Banzer, Andrés Selich e o general J. Florentino Mendieta, com apoio de Mario Gutierrez da Falange Socialista Boliviana e de Ciro Barrero do MNR lança o novo governo golpista. Banzer porém não aceita partilhar o poder, revoga a proposta de triunvirato e assume sozinho:

> Neste governo não vamos atuar com demagogia. Vamos pôr ordem. Vamos resta-belecer o princípio da autoridade e do respeito à lei. Com isso vamos lograr a convivência pacífica e o progresso desse país, sem adotar nenhuma medida populista. Faremos o que convenha ao país. (...) as eleições neste momento que vivemos não interessam, o importante é solucionar os problemas imediatos.[87]

Um de seus primeiros decretos como governante impôs o fechamento das universidades de todo o país até fevereiro de 1972. Outra das medidas mais significativas que sinalizavam as novas disposições foi a de declarar vigente a Constituição de 1967, expressando uma condenação das medidas do período militar Ovando-Torres e a retomada do período Barrientos. Utilizando um clássico argumento de golpistas, Banzer forjou a existência do "Plano Loto-Rojo", que seria uma suposta conspiração da Assembleia Popular para assassinar empresários e militares. Isto serviu para ele justificar e cobrir uma ação de limpeza política contra seus adversários, que se iniciou assim que assumiu o poder.[88] Uma santa aliança das ditaduras militares do Paraguai, Argentina, Uruguai, Chile, Bolívia e Brasil nos anos seguintes – o Plano Condor –

---

85 TORRES, J. J. *op cit*, p. 218.

86 *Presencia*, 23 de agosto de 1978.

87 *Ultima Hora*, 24 de agosto de 1971.

88 Entrevista com Antonio Araníbar.

perseguiu e assassinou centenas de militantes de esquerda, democratas e nacionalistas.[89] Como disse Banzer, pisando sobre os cadáveres do regime que implantava: "queríamos estabelecer a ordem e a paz e dar ao país estabilidade."[90] A FSB e o MNR constituem a Frente Popular Nacionalista, que de fato expressa os interesses da grande empresa agroindustrial de Santa Cruz, dos mineradores não-estatais e das corporações estadunidenses no país. Paz Estenssoro do MNR retorna para assumir um lugar no governo e declara, num discurso inverossímil, que retornava para "completar o trabalho inconcluso da Revolução Nacional e preparar as condições necessárias para o trânsito ao socialismo."[91] Disse ainda que "a Bolívia nestes momentos está vivendo horas excepcionais, porque se uniram para servir à pátria as forças armadas, o MNR e a Falange. Estes três grupos estão agora reunidos ao redor de um só ideal, a pátria."[92]

No exílio chileno os dirigentes da Assembleia Popular buscaram se reagrupar. Foi formada em novembro de 1971 a FRA (Frente Revolucionária Anti-Imperialista), chamando a unidade de todas as organizações contra a ditadura Banzer e por um governo popular. A FRA agrupou grande parte as organizações que compuseram a Assembleia Popular, além de setores militares ligados a Torres. As características da FRA, porém, já não correspondiam àquelas de um Conselho Operário, um órgão de poder em construção, como foi a Assembleia Popular. A FRA representava uma frente política de linhas pouco precisas, que, sem corresponder às delimitações políticas e sociais que compuseram a Assembleia Popular de 1971, procurou preservar, com poucos resultados, as aquisições e os laços políticos constituídos no período anterior.[93]

---

89 Cf. SIVAK, Martín. *El asesinato de Juan José Torres*: Banzer y el Mercosur de la muerte.

90 Depoimento de Hugo Banzer, In: *Orden, paz y trabajo*.

91 *Presencia*, 24 de agosto de 1971.

92 *Última Hora*, 23 de agosto de 1971.

93 O balanço posterior da Assembleia Popular provocará novos realinhamentos nas relações políticas internacionais do POR-Masas. No plano interno também há consequências. As divergências entre Guillermo Lora e Filemon Escobar foram grandes durante o processo da Assembleia Popular e já se desenvolviam desde as Jornadas de Outubro de 1970 pelo menos. Em 1972 ocorrerá uma ruptura no partido por conta do balanço dos acontecimentos de 1971. BARROS, Omar

274 Everaldo de Oliveira Andrade

Guillermo Lora, expressando um inabalável otimismo, foi capaz de ver na escuridão do golpe de Banzer um lampejo de esperança para os trabalhadores bolivianos e avaliou que os golpistas não haviam conseguido seu principal objetivo, que teria sido o de esmagar fisicamente os operários. Porém ao enfatizar a preservação dos quadros dirigentes do movimento operário, terminava por secundarizar o esforço quase heroico da Assembleia Popular na resistência ao golpe. Ele avaliava que sem qualquer perspectiva de divisão no exército ou de acesso às armas, a vitória militar era praticamente impossível. A resistência ao golpe seria uma questão mais política que estritamente militar:

> Impunha-se a necessidade de evitar um ato suicida que destroçasse a classe, e por isto mesmo, contribuísse para o esmagamento da revolução (...) Os mineiros estavam mobilizados e organizados para combater, mas careciam de armas para enfrentar-se com as tropas do exército com alguma probabilidade de êxito.[94]

Existiam possibilidades políticas e militares de se derrotar o golpe de Banzer de agosto de 1971. No interior do exército vários setores vacilaram em lutar contra a Assembleia Popular. O general Andrés Selich só aderiu ao golpe após receber dinheiro das empresas de Santa Cruz. As principais unidades das forças armadas posicionaram-se apenas depois da consolidação dos golpistas. Numa declaração imediatamente após o golpe, Torres enumera o que teriam sido os erros do movimento: excesso de confiança na hierarquia do exército, as consequentes traições, a falta de unidade das forças revolucionárias, a falta de armas e munições e a falta de coesão das forças de resistência.[95] Segundo Torres ele não subiu ao poder por um golpe, mas organizando a resistência nacional a um golpe. A esquerda debilitara seu governo e facilitara o golpe ao polarizar tensões e agir com impaciência, não demonstrando nem força nem

---

de. *op cit*, p. 107. Filemon Escobar anos depois fundaria uma nova dissidência – a Vanguarda Comunista del POR – porém no momento da Assembleia Popular mantém-se no POR-Masas. SANDOVAL RODRIGUES, Isaac. *Culminación y ruptura del modelo nacional-revolucionario*, p. 143-144, afirma erradamente que esta dissidência já existia no momento da Assembleia Popular.

94 LORA, G. *Contribuición a la historia política de Bolivia*, vol. 2, p. 492-493.

95 "Mensajes a la nación ocupada", In: TORRES, J. J. *op cit*, 21 de agosto de 1971.

Bolívia: Democracia e Revolução   275

a organização que apregoavam.[96] Nenhuma palavra sobre o lugar dos oficiais golpistas, os empresários de Santa Cruz e o apoio internacional ao golpe.

Dois anos depois do golpe que varreu a Assembleia Popular, Torres deu uma entrevista na qual revelava sua mentalidade militar e seu desengano: "Me sinto amargurado porque sou militar. Como cadete recebi a prédica de que primeiro é a lealdade. Como chefe de grandes unidades, defendi a lealdade. Como chefe das forças armadas fui leal a Ovando e meu ascenso ao governo foi consequência desse ato de lealdade. Me dói, e essa é a ferida que nunca se cura".[97] Essa passagem concentra a mentalidade na qual Torres governou, não foi para ele a greve geral que o levou ao poder em outubro de 1970, mas sua lealdade à corporação, por isso, para que armar os operários da Assembleia Popular, para defendê-lo? Ele esperava lealdade de Banzer.

Uma nova fase de ditaduras cercava o continente e já se configurava no golpe multinacional contra a Assembleia Popular. A esquerda será caçada nos anos seguintes através da Operação Condor, que contará com o apoio de Hugo Banzer. O general Torres foi uma das vítimas bolivianas mais conhecidas. Após fugir para o exílio chileno, instala-se em Buenos Aires e funda a ALIN (Alianza de la Izquierda Nacional), um grupo conspirativo dedicado a proclamar as declarações do general exilado e distanciado da esquerda militante. O golpe de 24 de março de 1976, na Argentina fechou-lhe as portas. No dia 1º de junho de 1976 Torres foi assassinado por um grupo paramilitar nos arredores de Buenos Aires.[98]

Décadas depois da Assembleia Popular um dos seus antigos líderes esquerdistas, Oscar Eid, migrou para o outro lado da barricada e, como a maioria dos seus companheiros de opinião, passou a ver na Assembleia sob outro ângulo de classe social, agora como uma ameaça: "Então estes se radicalizam, se mostram como

---

96 "Un año de mi derrocamiento", In: TORRES, J. J. *op cit*, 21 de agosto de 1972. Numa entrevista um ano depois ele volta a defender a tese de que a causa principal de sua queda foi "a incompreensão dos políticos de esquerda sobre os alcances do processo que se estava vivendo no país", *op cit*, p. 334.

97 TORRES, J. J. "El pueblo volverá ao palacio", entrevista à revista mexicana *Siempre*, 1973, In: *op cit*.

98 Ver SIVAK, Martin. *El assassinato de Juan José Torres Banzer y el Mercosur de la muerte*. O livro também documenta amplamente o avanço do narcotráfico durante o governo Banzer.

276 Everaldo de Oliveira Andrade

parte da polarização mundial que está à margem, num esquema de revolução para destruir as instituições e o país, e vem então a reação mais nacionalista e se dá o golpe contra Torres". Para Oscar Eid a Assembleia Popular tornara-se uma proposta subjetiva e retórica que acabou fornecendo argumentos para a reação: "É talvez a retórica que desenvolvemos mais do que a revolução dos fatos mesmo. Havia uma revolução retórica de nossa parte". A Assembleia Popular não existiu objetivamente para Oscar Eid, embora ele fosse um dos mais incisivos protagonistas:

> Eu vejo mais como uma ideia, um subjetivismo de todos, de uma visão voluntarista das coisas, porque se estava na Assembleia, mas não havia poder, mas acreditávamos que tínhamos o poder, mas não tínhamos o poder porque estávamos nos reunindo no recinto do Congresso.[99]

Um dos exemplos mais marcantes de como a memória e a imagem da Assembleia Popular foram retratadas por seus adversários está no documentário da TV boliviana *Orden, paz y trabajo*,[100] que mostra o país dividido em 1971 por dois militares – Torres e Banzer – que representavam não apenas duas personalidades, mas os dois caminhos factíveis para o futuro do país. O documentário afirma que havia uma "utopia de socialismo" de um lado e de outro a "visão pragmática", expressa em dois homens, Torres e Banzer. A Assembleia Popular expressaria a miopia da esquerda, que não via que Torres representava uma outra e única alternativa viável naquele momento a Banzer. "A orfandade de Torres teve a ver com a miopia da esquerda" e com o enfrentamento de setores conservadores que o viam como representante do comunismo. O narrador afirma que Torres tentava fazer um governo realmente comprometido com o povo e os radicais tentaram ultrapassá-lo. As ações da Assembleia Popular – "ponto mais radical a que chegou a Bolívia em sua história" – buscavam criar um soviete, "uma Assembleia mais retórica que efetiva". Além disso, "não havia coordenação entre a Assembleia

---

99 Entrevista com Oscar Eid.

100 Carlos Meza Gisbert e Mario Espinoza, *Orden, paz y trabajo*. Embora não tenhamos nenhuma identidade com a abordagem histórica global que o documentário faz do período, a riqueza de depoimentos raros e inéditos foi amplamente utilizada.

Popular e o presidente isolado no palácio". É a visão oficial do governo Torres reproduzida como a verdade.

O antigo líder mineiro Filemon Escobar, por outro lado, resgatou uma memória positiva da Assembleia Popular ao afirmar que ela se convertera realmente em um órgão de poder, desenvolvendo em seu seio discussões de interesse nacional:

> No nosso entender um governo revolucionário primeiro seria a garantia da unidade da Bolívia e o único aval para sair do atraso. Além disso, a instauração de um governo realmente revolucionário assentaria as bases para a unificação da América Latina em uma só nação.[101]

A memória e a história da Assembleia Popular com suas projeções futuras não poderiam, evidentemente, ser depositadas nas mãos dos herdeiros de seus adversários.

---

101 Entrevista com Filemón Escobar.

Conclusão

O MOVIMENTO REVOLUCIONÁRIO que amadurecia em torno da proposta da Assembleia Popular só avançou e foi possível pela existência anterior de organizações políticas e sindicais capazes de, pouco a pouco, condensarem a energia em ebulição na sociedade boliviana desde as Jornadas de Outubro de 1970 e nos meses anteriores. Isto permitiu transformar em organização e iniciativa política o que inicialmente era apenas uma formulação política da COB. A Comuna de La Paz ou Assembleia Popular foi expressão de um autêntico movimento político operário e popular de massas, incorporando partidos, sindicatos e organizações em uma síntese superior. Combinou as forças do movimento sindical e dos partidos como expressão do movimento político geral da classe operária, e a Assembleia Popular foi sua expressão mais desenvolvida.

A constituição da Assembleia Popular a partir das organizações sindicais e de massa e da liderança dos mineiros bolivianos constituiu-se em uma das mais expressivas e originais experiências da história política da América Latina contemporânea, particularmente no período de resistência aos regimes militares. A concepção estratégica de luta pelo poder dos setores majoritários da esquerda boliviana expressa na Assembleia Popular rejeitava ao mesmo tempo a "via democrática ao socialismo" de Salvador Allende, que não rompia com a burguesia, bem como as diferentes estratégias de luta armada guevaristas e maoístas que se propunham agir à margem das organizações de massa. Propunha, dentro das tradições históricas de democracia direta do movimento operário e autossoberania das massas, o aprofundamento e radicalização da democracia.

Tratava-se de um conselho operário popular em construção, que mesclou ação parlamentar através de mandatos imperativos, estruturas sindicais e representações populares das massas; um órgão político que favorecia um amplo e unitário agrupamento numa situação revolucionária. A memória histórica da luta de classes do movimento operário, e da formação dos conselhos, emergiu para a conjuntura em um momento de acirramento das contradições econômicas e sociais. As organizações tradicionais dos movimentos sindicais e populares gravitadas pela cob ganharam novo sentido, receberam o impulso revolucionário, retomaram tradições de ação e luta política ancestrais e começaram a desenvolver e aprofundar a situação de dualidade de poderes que caracteriza os períodos revolucionários.

Na maior parte das vezes apenas em esboços, a generosidade dos operários ficou registrada de forma dispersa em inúmeros documentos agora recolhidos. Ali estão presentes as linhas gerais de um novo projeto de sociedade e economia elaborado no calor de ácidos debates e ameaças políticas constantes. Entre estas proposições pudemos destacar a economia planificada e a gestão operária, uma nova forma de justiça que parte do próprio povo consciente, um ensino público unificado pela ciência e o trabalho, o povo armado em milícias de suas organizações e não um exército antipopular, e mesmo a arte e a cultura não escaparam de suas preocupações, reafirmando a liberdade artística com um dos espaços superiores da emancipação humana.

A ampliação da base social da Comuna era outra dimensão do fortalecimento da sua legitimidade política. As organizações ligadas à pequena burguesia aproximavam-se velozmente do organismo operário-popular. O movimento dos camponeses e dos militares de baixa patente, além dos universitários já incorporados, eram demonstração do poder de atração política desempenhado pela Comuna. De fato, as medidas propostas representavam uma emancipação para os camponeses controlados pelo pacto dos dirigentes corruptos com os militares que impediam a distribuição de terras; representavam a efetiva ampliação das universidades e de suas funções sociais; representavam também o fim das humilhações e brutalidades impostas pelos oficiais aos soldados do exército como parte de um aparelho repressivo antipopular. A maioria da nação poderia

Bolívia: Democracia e Revolução   281

ser conquistada e libertada do jugo das classes dominantes representadas pelos grandes proprietários e o setor golpista ligado ao imperialismo. Eram os primeiros passos para um novo governo construído desde baixo, combinando a autonomia local com a unidade nacional, construída e mantida não por um Estado de uma única classe, mas pela democracia direta.

A brutalidade destruidora que se seguiu com o governo do coronel Banzer foi diretamente proporcional à criatividade e à ameaça revolucionária contidas na Comuna de La Paz. O seu sufocamento exigiu a mobilização de forças externas, pois se tratava de deslocar o sentido da revolução latino-americana. O contexto histórico do continente nos anos da década de 1970 opunha sólidas perspectivas de auto-organização revolucionária de massas expressas na situação boliviana, nos "cordones industriales" no Chile, no processo peruano que também daria origem a Assembleias Populares no final da década, às ditaduras militares. O golpe de Hugo Banzer não apenas destruiu o processo que se desenvolvia em torno da Comuna de La Paz, mas fortaleceu, ajudou a articular e deu novo impulso aos regimes militares da região, a métodos de violência política ainda mais brutais, às perseguições e desaparecimentos de lideranças políticas que se multiplicaram em milhares de pessoas. O fim da Comuna de 1971 representou em grande medida uma inflexão política geral na região que se refletirá logo depois no Chile, Peru e Argentina.

A Comuna de La Paz faz parte de um longo processo histórico que segue seu curso. Os milhões de homens e mulheres que hoje buscam na América Latina um caminho para superar sua situação de miséria desesperadora dão continuidade a esta história. Aqueles que buscaram construir uma República de Conselhos Operários e Populares sobre os Andes provavelmente não soubessem, mas certamente ofereceram um legado poderoso para as futuras gerações.

Anexo

Uma história da democracia dos conselhos

O DEBATE SOBRE A VIGÊNCIA da democracia como valor universal atravessou o pensamento político ocidental e uma ampla corrente de pensadores buscou associar o desenvolvimento da democracia representativa como uma extensão natural do modo de produção capitalista. Essa perspectiva liberal vê a história política do século XX como expressão da permanência e crescente aperfeiçoamento da democracia e decorrência da perenidade do capitalismo. Os componentes mais salientes do fortalecimento da democracia em diferentes países poderiam ser comprovados, segundo esta perspectiva, na ampliação dos direitos políticos eleitorais para analfabetos e mulheres, na possibilidade de eleição para os cargos máximos do executivo, na ampliação da democracia nos partidos e associações. No entanto, pode-se questionar até que ponto o conceito de democracia social como ampliação horizontal da democracia política, agora associada à sua aplicação em outros organismos da vida social, como associações diversas, não seria na verdade uma diluição do conceito de democracia, buscando esmaecer qualquer conteúdo de classe presente nas lutas sociais no capitalismo.[1] A democracia, nesta perspectiva, torna-se forçosamente um componente ideológico eternizado para encobrir as contradições próprias do capitalismo.

---

1 Esta abordagem é desenvolvida com muita ênfase por Norberto Bobbio, um dos principais defensores das teses sobre o crescente aperfeiçoamento da democracia. Ver: BOBBIO, Norberto. *Estado, governo, sociedade: para uma teoria geral da política*, 2ª ed., Rio de Janeiro: Paz e Terra, 1988, p. 135-165

284   Everaldo de Oliveira Andrade

As incoerências e imprecisões na associação entre democracia e liberalismo como parte de um mesmo e articulado desenvolvimento histórico poderiam ser atestadas por numerosos exemplos. Alexis de Tocqueville, reconhecido como um dos mais importantes teóricos da democracia liberal, repudiava, por exemplo, o sistema político que permitisse o sufrágio universal e direto. Sua defesa de um sistema eleitoral indireto estava associada à visão de que seria mais eficaz para afastar a influência das massas populares dos órgãos centrais de decisão política do Estado. Sua admiração pelo sistema político dos Estados Unidos no século xix decorria na verdade da aplicação de um sistema que impedia uma real influência das massas populares sobre o Estado. De fato, a câmara baixa ou dos deputados era acessível aos membros populares eleitos. Porém a câmara alta ou senado possuía membros eleitos indiretamente, o que permitia selecioná-los apenas entre os grandes proprietários. A Corte Suprema, composta por juízes, funcionava como uma terceira câmara "guardiã da propriedade contra o poder do número", impedindo o avanço de várias conquistas sociais nos Estados Unidos no século xix, como o veto à proibição do trabalho infantil, ao direito de associação sindical, à proteção dos negros perseguidos no sul etc.[2] Nos Estados Unidos os índios não têm direito de voto até 1948 no Arizona e Novo México, e os negros e brancos pobres sofrem restrições por renda até a década de 1970.[3]

A emancipação política das massas populares não foi um processo linear como quer fazer crer a tradição liberal. A negação de direitos políticos deu-se com variados argumentos e mecanismos: exclusão das mulheres, dos negros, indígenas, imigrantes, analfabetos, além da discriminação censitária que acompanhou o liberalismo. A consolidação do sufrágio universal como princípio político de legitimidade dos governos provocou, por outro lado, novas iniciativas da burguesia para esvaziá-lo de seu conteúdo emancipador e social. O surgimento do bonapartismo como forma de governo atendia a esta necessidade de tutelar o povo como massa desorganizada, impedindo sua autonomia política, seus sindicatos e partidos, para poder domesticá-la.[4] Outra limitação foi permitida

2 LOSURDO, Domenico. *Democracia ou Bonapartismo*, p. 17-25.

3 *Ibidem*, p. 52-54.

4 *Ibidem*, p. 61-67.

Bolívia: Democracia e Revolução   285

pelo avanço do colonialismo no final do século XIX e começo do XX. Os povos colonizados foram totalmente privados de direitos políticos, ao mesmo tempo em que eram realizadas concessões para os trabalhadores dos países imperialistas como Inglaterra, França e Alemanha. O bonapartismo tornava-se de fato um antídoto às discriminações e ao sufrágio universal, agindo para impedir o avanço da conscientização política das massas trabalhadoras.

Foi a tradição das lutas populares e socialistas desde o século XIX que assegurou o avanço do sufrágio universal, mesmo com todas as restrições contidas em sua aplicação. A historiografia e a ciência política contemporâneas em geral abordam apenas de forma marginal o longo caminho percorrido pelos "de baixo", as massas populares e trabalhadoras, para preservar e fazer avançar seus direitos políticos através de seus próprios órgãos de poder, seus "territórios livres" conquistados no interior do próprio capitalismo ou em confronto direto com esse. Trata-se de um longo e profundo movimento histórico das maiorias para conquistar a plena liberdade e a democracia, não apenas formal, mas efetiva e substancial, ou seja, a democracia política, econômica e social.

A democracia direta foi muitas vezes associada mecanicamente aos estados socialistas como exemplo de "democracia socialista", sendo assim combatida pelos autores liberais como utópica. Norberto Bobbio, por exemplo, vê a manutenção da ideia de democracia direta contraposta à "verdadeira democracia" e refúgio ideal de grupos radicais. Segundo este autor há três formas de democracia direta: a forma de governo através de mandatos imperativos e revogáveis, que foi acolhida pela primeira constituição da URSS após 1917; os governos de assembleias, sem delegados ou representantes e presentes em estados nascentes antes de sua institucionalização ou aplicável a pequenas comunidades e o referendum.[5] Esta é uma abordagem restrita e unilateral, que limita o alcance histórico das experiências de democracia direta, buscando lhes tirar seu conteúdo flexível e dialético ao longo de diferentes processos históricos nos quais as massas populares criam seus órgãos de poder. O processo histórico dos movimentos políticos revolucionários desde o século XIX não permite assegurar, no entanto, que a democracia operária, direta ou através de mandatos imperativos,

---

5 BOBBIO. *op cit*, p. 154.

286   Everaldo de Oliveira Andrade

tenha sido um projeto utópico. Foi real e efetiva a existência de um movimento pela formação de organismos de democracia direta das massas – os conselhos ou sovietes – ao longo da história contemporânea.[6] Antes de passarmos à apreciação de alguns exemplos dessa evolução histórica da democracia operária, uma precisão é ainda necessária. Frequentemente se associou entre os autores que combatem as ideias socialistas o fim da democracia liberal burguesa com o conceito marxista de ditadura do proletariado, como se esse representasse a instauração de um regime autoritário. O conceito de ditadura do proletariado formulado por Marx busca descrever não um regime político ou uma forma de governo, mas o domínio político e econômico de uma classe social majoritária – o operariado com as massas oprimidas – sobre as demais classes. Na Antiguidade clássica (Roma) o conceito de ditadura possuía uma conotação positiva, pois estava associado a um regime transitório numa situação excepcional. Isto levou Carl Schmit a caracterizar dois tipos de ditaduras contemporâneas: a clássica e a revolucionária ou soberana, esta última associada ao surgimento de um novo ordenamento, cujo exemplo inicial mais relevante seria o regime jacobino instaurado durante a revolução francesa de 1789.[7] Aqui também se preserva seu conteúdo de regime transitório para as ditaduras revolucionárias. A origem do conceito de ditadura utilizado por Marx está mais próximo daquela segunda acepção, porém ligado a um claro conteúdo de classe. Frente à ditadura da burguesia, uma minoria que se utiliza do estado para controlar a maioria e impor seu domínio, a ditadu-

---

6 O termo conselho ou soviete é comumente relacionado aos movimentos de autossoberania das massas populares para transformar a sociedade por meios revolucionários, praticar a democracia direta e realizar uma participação mais ampla e imediata na vida pública. Podemos identificar, seguindo a caracterização de Oscar Anweiller (ANWEILLER, Oskar. *op cit*, p. 2), três formas fundamentais de conselhos, que podem se combinar:

1- O conselho de tipo "Comuna" ou o povo constituído em poder de Estado, como a Comuna de Paris, 1871;

2- O conselho de tipo "comitê revolucionário", órgão com duração limitada e destinado a tomar em mãos a direção de um combate revolucionário, como o comitê de soldados durante a revolução inglesa do século XVII;

3- O conselho de tipo "comissão operária", como os comitês de greve.

7 BOBBIO, Norberto. *op cit*, p. 161.

ra do proletariado seria o domínio político, econômico e social da maioria, uma ampliação da democracia em todos os seus sentidos e instauradora de uma nova soberania política.

A forma do governo, no entanto, relaciona-se a outra categoria conceitual que diz respeito às formas em que se organizará este domínio de classe. O surgimento do movimento operário organizado em partidos e sindicatos no século XIX e a experiência da Comuna de Paris de 1871, o primeiro governo dos conselhos operários, deram uma nova dimensão a este debate.[8] Começavam a ser apontadas novas formas de governo e órgãos de poder popular que poderiam concretizar o conceito marxista de ditadura do proletariado como ampliação da democracia.

DA COMUNA DE PARIS DE 1871 AOS SOVIETES RUSSOS E ALEMÃES

O surgimento do movimento operário foi paralelo ao desenvolvimento dos conselhos operários, em geral iniciativas políticas antagônicas às formas de Estado burguês, e como órgãos de democracia direta e de auto-organização das massas populares. O movimento histórico que dera origem aos primeiros sindicatos e partidos operários no século XIX condensou-se na experiência da Comuna de Paris de 1871, que Karl Marx definiria posteriormente como a experiência mais acabada do novo regime a ser criado para substituir o capitalismo e sua suposta democracia representativa. A Comuna de Paris surgiu como expressão da consciência coletiva dos operários parisienses, como amadurecimento de instituições e organismos políticos já existentes: sindicatos, partidos e conselhos operários do século XIX.[9] O cerco militar alemão à França após a guerra franco-prussiana de 1870 e a rendição final do governo francês a Bismarck foi o estopim de uma crise política da burguesia francesa que abriu caminho para a ação independente das massas. A rendição aos alemães não foi aceita pelo comitê central da guarda nacional, um verdadeiro partido político armado que tomava suas decisões a partir da votação de todos os seus integrantes. Foi estabelecida uma situação de duplo poder na França: o governo

---

8 ANWEILLER, Oskar. op. cit., p. 2.

9 Ibidem, p. 73-74.

288 Everaldo de Oliveira Andrade

burguês de Versalhes e sua Assembleia que rivalizavam com a Paris sitiada e dirigida pela guarda nacional e pela Comuna.

A Comuna de Paris nos seus 62 dias de governo levantou como uma de suas preocupações centrais a necessidade de criação de novas instituições políticas baseadas na democracia direta e na autossoberania das massas, constituiu um novo modelo parlamentar, o princípio republicano da autogestão municipal e o mandato revogável dos representantes do povo, elegendo seus representantes por sufrágio universal direto e com mandato responsável e revogável. Ela se dedicou com prioridade aos problemas cotidianos do povo relacionados ao trabalho e à produção. Tornou-se uma instituição que executava e legislava ao mesmo tempo, desenvolvendo uma dinâmica antiburocrática na qual foram se constituindo organismo administrativos, judiciais e militares.[10]

A experiência dos sovietes russos de 1905 e 1917 absorveu em muitas de suas iniciativas o balanço da Comuna de Paris, sendo profundo e complexo o suficiente para fixar marcos e influenciar a ação da maior parte dos movimentos revolucionários do século xx. O surgimento dos sovietes enraizava-se na história particular do movimento operário russo, obrigado a agir numa situação de perseguições policiais e proibições ao funcionamento de partidos e sindicatos livres. Na Rússia de 1905, a população trabalhadora não possuía nenhuma possibilidade de se organizar politicamente com liberdade. Os partidos estavam reduzidos a grupos conspirativos. A repressão forçava os militantes socialistas a buscarem outras formas de organização. Essa ausência ou debilidade dos partidos e sindicatos favoreceu a busca de alternativas para a organização, abrindo o caminho

---

10 Ver: LISSAGARAY, Oliver P. *História da Comuna de 1871*. GONZÁLEZ, Horácio. *A Comuna de Paris – os assaltantes do céu*, p. 52.-108. A curta, porém significativa, experiência da Comuna foi objeto de atenta análise por Karl Marx e Friedrich Engels em 1871. E após o sufocamento do primeiro governo operário da história, os dois dirigentes buscaram destacar conclusões e orientações para os futuros movimentos revolucionários: a classe operária deveria destruir o poder de Estado e o estado das comunas seria uma via de passagem ao comunismo, a sociedade sem classes; um Estado de tipo comuna teria ampla autonomia administrativa unificada numa estrutura piramidal baseada na autogestão das massas trabalhadoras com mandatos revogáveis e controlados; o regime parlamentar e o princípio de separação em três poderes deveriam ser superados a partir da experiência da comuna por um corpo único executivo, legislativo e judiciário.

Bolívia: Democracia e Revolução   289

para a constituição dos primeiros sovietes. Os comitês operários das fábricas, surgidos da organização espontânea dos trabalhadores frente às repressões, foram os embriões desses sovietes.[11] No princípio deste movimento era impossível distinguir claramente comitês de greve dos sovietes, pois surgiam a partir dos comitês de delegados operários das fábricas.

O soviete de São Petersburgo surgiu especificamente a partir de delegados eleitos nas fábricas com o objetivo inicial de organizar a greve. Mas transforma-se em centro do movimento operário revolucionário e evoluindo suas funções de comitê de greve a "parlamento operário", tomando posição sobre todas as questões da vida cotidiana.[12] Os deputados tinham mandatos revogáveis e a organização soviética ultrapassava todas as divisões de caráter político, sindical e regional, se colocando como forma elevada de unidade. A principal força dos sovietes vinha de sua estreita ligação com as massas operárias através dos mandatos revogáveis. Os mandatos dos delegados baseavam-se no princípio da revogabilidade dos mandatos pelos eleitores expressão da democracia direta e de massas que alimentava a vida dos sovietes. A sua expansão territorial deveu-se principalmente à iniciativa dos partidos políticos, facilitada pela conjuntura política.[13] A massa dos delegados era em geral revolucionária, mas ainda pouco ligada aos partidos políticos. As formações socialistas foram ganhando militantes progressivamente em função da estabilidade da revolução, que favoreceu inicialmente os mencheviques e socialistas revolucionários.[14] Eram organismos originais nascidos da ação de massas e com funções de poder político em desenvolvimento. Combinavam, por outro lado, o movimento das massas pela satisfação de suas reivindicações com a ação dos partidos políticos revolucionários.[15] No soviete de São Petersburgo em 1905, havia a representação paritária de três partidos: bolcheviques, mencheviques e socialistas revolucionários.[16]

---

11 ANWEILLER, Oskar. *op cit*, p. 21-63.

12 *Ibidem, op cit*, p. 57.

13 *Ibidem* , p. 140.

14 *Ibidem*, p. 148-149.

15 BROUÉ, Pierre. "Apresentation", In: ANWEILLER, Oskar, *op cit.*

16 *Ibidem*, p. 65.

290   Everaldo de Oliveira Andrade

Uma das características marcantes das estruturas organizativas soviéticas era a flexibilidade: não eram fixas nem uniformes, mas revelavam o constante e permanente movimento social, onde tudo era provisório e em evolução constante. Estas características presentes nos sovietes de 1905 também se farão presentes em outras experiências de conselhos operários. Os sovietes se ocuparão principalmente de problemas cotidianos sociais e políticos dos trabalhadores, substituindo as frágeis organizações sindicais russas de 1905, tornando a linha demarcatória entre o sindicatos e os próprios sovietes flutuante.[17]

Os sovietes russos mesclavam problemas políticos e econômicos, questões fundamentais e secundárias, fórmulas gerais e meios práticos, demonstrando como os operários os viam, como apoio para reconstruir o Estado para a realização das tarefas concretas que situação impunha. A reivindicação predominante pedia uma Assembleia constituinte e uma república democrática.[18]

Longe de uma mitologização dos sovietes, a realidade de seus primeiros passos foi muito mais complexa. A eleição dos delegados aos sovietes de 1905 foi nas primeiras semanas caótica, com diferentes critérios de escolha. Nem os partidos nem os sindicatos, enfraquecidos, conseguiam dar coesão e dirigir milhões de pessoas em ação.[19] As primeiras sessões foram esvaziadas e sua consolidação dependeu de uma combinação da conjuntura política explosiva, com a iniciativa persistente de grupos e organizações políticas.

As estruturas soviéticas de 1905 foram retomadas em 1917, porém seu aperfeiçoamento foi lento. A estrutura inicial do sovietes de 1917, embora tivesse um formato piramidal, não era rígida. Assim, o comitê executivo central tinha pouco poder sobre o sovietes abaixo, que estavam livres para decidir no âmbito de suas competências. Para Lênin este era um aspecto positivo, pois incentivava a iniciativa local, prevenindo-se o órgão de poder de todo traço de automatismos administrativos e burocráticos. Procurava-se dessa forma, fortalecer a autonomia do órgão de poder local como expressão de uma verdadeira democracia

---

17 *Ibidem*, p. 68.

18 *Ibidem*, p. 63.

19 *Ibidem*, p. 137.

Bolívia: Democracia e Revolução   291

direta.[20] A autoridade política dos sovietes aumentou com a revolução russa de outubro de 1917. Sua expansão geográfica, substituindo pouco a pouco os antigos conselhos municipais, esteve ligada ao aprofundamento da própria revolução socialista. Este movimento em muitas regiões foi espontâneo, formando no seu caminho verdadeiros pequenos governos independentes.[21]

Os sovietes russos, pelo alcance e profundidade da sua experiência, permitiram visualizar também suas limitações. Os conselhos ou sovietes como órgãos de democracia direta e auto-organização não deveriam ser vistos como uma forma acabada de governo revolucionário para todas as situações e períodos históricos de ruptura com o capitalismo. Trotsky, debatendo essa experiência do qual tomara parte diretamente, chamaria a atenção para o perigo da mitificação dos sovietes:

> Os jovens partidos europeus que aceitaram os sovietes mais ou menos como "doutrina" e "princípio", estão sempre expostos ao perigo de uma concepção fetichista dos sovietes, considerados como fatores autônomos da revolução. (...) é perfeitamente possível que a insurreição se desenvolva com base noutra forma de organização (comitês de fábrica, sindicatos) e os sovietes surjam como órgãos de poder no momento da insurreição ou mesmo depois da vitória.[22]

O funcionamento por si só de órgãos de democracia direta dos trabalhadores não poderia significar, além disso, que o seu desenvolvimento asseguraria a realização de objetivos revolucionários socialistas. As características dos sovietes russos e sua orientação política foram definidas a partir de uma disputa política com base na democracia operária, não estando vinculados a priori a nenhum programa político ou modelo. Estavam abertos a todas as tendências do movimento operário e popular, tornaram-se rivais das autoridades locais e depois do poder central, expressando a vontade das massas de modo direto e imediato. A luta política de caráter econômico e social não se extinguiu com a constituição

---

20 BROUÉ, Pierre. *Le parti bolchevique*, p. 108.

21 *Ibidem*, p. 126.

22 TROTSKY, Leon. *As lições de outubro*, p. 78-79.

292   Everaldo de Oliveira Andrade

dos sovietes, mas continuou no seu interior.[23] A esse respeito, Bela Kun, por exemplo, discutindo sua experiência com os conselhos operários na Hungria de 1919, afirmará que, apesar do entusiasmo, foram os sindicatos que, com sua organização, converteram-se em centro do movimento operário, embora depois os burocratas sindicais tivessem cedido às pressões da burguesia.[24] Como destaca também Pierre Broué, embora exista um processo histórico de formação dos conselhos operários, seu destino depende das relações entre as forças sociais e políticas:

> O poder dos Conselhos não é por essência democrático, mas pressupõe que os partidos e organizações rivais e existentes aceitem as regras que são dadas e que se impõem (...) O caráter democrático do sistema dos Conselhos está ligado à existência e ao funcionamento reais de uma pluralidade.[25]

A existência ou não desta pluralidade não pode ser reduzida à vontade de um partido, mas a fatores múltiplos, cujo destino depende das forças sociais e políticas e das relações de força entre elas.[26] A participação do partido bolchevique na revolução russa de 1917 e a vitória de sua orientação política criaram, no entanto, um vínculo ideológico que não existia mecanicamente entre as tradições dos conselhos operários e às do bolchevismo, utilizado pelos adversários da revolução na tentativa de desqualificar a constituição democrática dos sovietes. A experiência dos conselhos operários durante a revolução alemã de 1919 mostra que esta relação foi mais complexa.

---

23 Pierre Fougeyrollas destacou que a existência do movimento de formação dos conselhos operários ao longo da história contemporânea, ou construção de organismos de soberania democrática das massas, não deve esconder a existência de uma "ideologia conselhista" que considera a possibilidade da construção espontânea dos conselhos como suficiente para os operários chegarem ao poder. Esta abordagem deixa em segundo plano o fato de que a disputa política continua mesmo no interior das organizações unitárias da democracia do movimento revolucionário. Ver: FOUGE-YROLLAS, Pierre. *Los procesos sociales contemporaneos*, p. 107.

24 KUN, Bela. "La Republique Hongroise del Conseils", citado por Serge MALLET,op cit, p. 8

25 BROUÉ, Pierre. *op cit*, p. 17.

26 *Ibidem.*

Bolívia: Democracia e Revolução   293

Ainda no período final da Primeira Guerra, em novembro de 1918, surgem na Alemanha os conselhos operários. A experiência da República dos Conselhos erguida na Baviera foi uma das mais profundas, embora efêmera. Em 22 de março de 1919, após a proclamação da república conselhista da Hungria, os operários alemães tomaram uma ousada e até certo ponto precipitada iniciativa. Na noite de 6 para 7 de abril proclamam a República dos Conselhos da Baviera. No seu interior dois grupos disputaram a liderança, um grupo de intelectuais que propunha uma convivência com o regime parlamentar burguês e outro, ligado ao partido comunista alemão, que queria repetir a experiência bolchevique dos sovietes russos, ou seja, fazer dos conselhos o início de um novo regime revolucionário. Os social-democratas se opuseram à república conselhista, preparando a contrarrevolução. Nas eleições de delegados os social-democratas buscaram impor o princípio do voto universal territorial, porém nas fábricas as eleições ocorreram pelo princípio da ditadura do proletariado e o direito de voto foi organizado com base nas unidades de produção.[27] Nos conselhos animados diretamente por setores revolucionários busca-se constituir estruturas voltadas para as tarefas governamentais, como comissões de segurança pública, finanças, criação de uma força armada própria etc., voltadas para o estabelecimento de um duplo poder.[28] Os conselhos ou sovietes eram vistos como perigo não apenas para os setores dirigentes e tradicionais do movimento operário, mas também para as organizações que se situavam no quadro político e social antigo, que exerciam a hegemonia sobre a classe trabalhadora. Sindicatos e partidos se apressaram em dar-lhes caráter provisório, buscando impedir a consolidação da democracia operária. Entre as medidas tomadas pelos conselhos foi proibida a imprensa burguesa, confiscados alimentos dos armazéns e decretado o fim do sigilo bancário da burguesia. A reação foi imediata e poderosas tropas são mobilizadas para lutar contra o pequeno exército vermelho de operários e camponeses em formação. O ataque à cidade de Munique começou no dia 23 de abril e o último foco de resistência é liquidado no dia 2 de maio.[29] A experiência

---

27 *Ibidem*, p. 164.

28 *Ibidem*, p. 167.

29 LOUREIRO, Isabel. *A Revolução Alemã (1919-1923)*. Ver p. 100-111. Infelizmente a obra se concentra nos aspectos descritivos do movimento e fornece poucos detalhes do real funcionamento dos conselhos.

294 Everaldo de Oliveira Andrade

da Baviera alemã, heroica, porém isolada, foi atravessada pela poderosa pressão das organizações operárias dirigidas pelos partidos reformistas. Mas mesmo no interior dos conselhos alemães as propostas de fazer dos conselhos órgãos complementares das instituições representativas do regime burguês prosperaram e ajudaram a dividir e debilitar ainda mais suas forças.

Segundo Pierre Broué, "a diferença essencial entre os conselhos alemães de novembro de 1918 e os sovietes de fevereiro de 1917 reside no lugar que ocupam os velhos partidos operários e os sindicatos. Isto se explica em primeiro lugar pela tradição diferente dos países, que faz dos sovietes na Rússia a forma de organização por excelência, enquanto na Alemanha os aparelhos políticos e sindicatos são um fator permanente e determinante da vida operária."[30] As oscilações políticas dos conselhos alemães reproduziam uma intensa luta política interna. Os obstáculos produzidos pelos partidos reformistas e socialistas preparavam o caminhos da contrarrevolução.

A irrupção de órgãos de democracia direta e soberania das massas contrapostas às instituições da democracia representativa constitui-se numa tradição histórica constante da história política contemporânea. Nos grandes processos revolucionários do século xx em que surgiram momentos de dualidade de poderes entre os quais podemos mencionar sem pretensão de esgotar uma longa lista a revolução espanhola de 1936, a revolução chinesa de 1949, a revolução boliviana de 1952, a revolução cubana de 1959, a revolução portuguesa de 1974, a democracia direta, os conselhos como órgãos de poder, sob diferentes e variadas formas locais, não deixaram de germinar. Da multiplicidade de exemplos é possível localizar características comuns que provêm da essência da luta de classes sob o capitalismo. Os conselhos surgem a partir de reivindicações concretas das massas e das suas tradições de luta. A classe operária, pelo seu lugar no processo de produção capitalista que segue necessitando da extração da mais-valia para continuar existindo, ocupa um lugar dirigente. Porém, não se trata de idealizar e fetichizar a democracia dos conselhos. Esses se constituem como experiência concreta a partir da relação dialética entre sua própria história, incorporada à ação do movimento operá-

---

30 BROUÉ, Pierre. *Révolution en Allemagne*, p. 162.

rio e suas organizações, com as tradições locais de soberania das massas em situações revolucionárias. Os conselhos operários devem ser examinados, portanto, à luz dos processos reais da luta de classes em que a conceituação confronta-se com a história real, local.

Caderno de imagens

TODA SELEÇÃO DE FOTOS, como cada uma das fotos originalmente, contém uma intencionalidade que afasta uma suposta objetividade pura da imagem em detrimento de outros suportes documentais. Sua apresentação aqui é, portanto, entendida como parte do próprio texto do livro. A fotografia não substitui a historiografia, mas, sob determinado ordenamento e apresentação, é também uma forma de conhecimento histórico que pode escapar do relato mais analítico e consagrado do texto de história. É além disso uma forma de enriquecer nossa aproximação e percepção desse outro presente reconstruído como conhecimento histórico, sempre aberto a outras leituras e interpretações.

As fotos podem servir para as forças da repressão identificarem os revolucionários, mas também podem ser fontes de inspiração, principalmente quando se trata de uma história de um movimento que foi vencido, como já relembrava Walter Benjamin. O primeiro bloco de fotografias realça o espaço de trabalho dos mineradores que conformam o núcleo político da Comuna de La Paz. Aqui não há aparentemente pose para as fotos, mas reportagem que nos coloca dentro do ar sufocante e duro do trabalhador mineiro. Há uma exceção na foto dos mineiros fora da mina, como um time confiante que se prepara orgulhoso para seu trabalho. As estátuas dos mineiros armados nos aproxima da tradição sindical que se forjou no enfrentamento às ocupações do exército nos acampamentos em diferentes momentos da história desde 1942. O armamento operário desde as milícias sindicais era algo que estava inserido na raiz do movimento. Embora a forma das estátuas relembre um pouco os monumentos do período do realismo socialista de Stálin, aqui há um contexto muito distante e diferente, que pode ser visto muito mais como um reflexo de uma certa posição auto-proclamatória, revolucionária e nada burocrática dos mineiros na luta política boliviana.

As fotos do 1º de maio de 1971 são ricas em possibilidades de interpretação. Estima-se que mais de 50.000 pessoas tenham participado das comemorações. As faixas e cartazes mostram uma grande politização. Há Lênin, Che Guevara, mas também cartazes de apoio ao governo militar do general Torres. De fato, havia uma disputa política que se refletia nas imagens e seus registros. O general Juan José Torres de braços abertos e cercado de ministros visivelmente constrangidos, com olhares para baixo ou fechados, é de um contraste impressionante. Torres tenta ocupar um espaço que não é o dele na manifestação operária. No mesmo evento os mineiros desfilam totalmente à vontade, sorrindo.

A sessão de abertura da Assembleia que se dá no mesmo dia foi fruto de um esforço político para reafirmar a independência frente ao governo, que era ameaçada, e isso se reflete na mesa da cerimônia. Os olhares expressam um ambiente de preocupação, confiança, mas há um aspecto protocolar nos semblantes. Era preciso marcar uma posição, proclamar, criar um novo fato político, mesmo se efetivamente a Assembleia não fosse começar no 1º de maio.

As sessões da Assembleia realizadas em julho já revelam um outro momento. As faixas que ocupam a fachada do prédio e no seu interior buscam expressar uma subversão da ordem e a ocupação efetiva do espaço. Esse já é o momento de instalação da Assembleia. Há mais confiança e organização. Atrás da mesa é possível notar mineiros armados. Uma câmara grava os trabalhos e um orador abaixo e a esquerda faz uma intervenção sob a atenção de todos. No fundo atrás da mesa dirigente uma faixa da Asamblea del Pueblo recobre sem cerimônias os dois retratos de antigas celebridades do país. Era um desafio lançado à própria História até então existente.

Mineiros e camponeses

1. Estátua em homenagem aos mineiros no acampamento de Animas.

2. Monumento ao trabalhador mineiro no acampamento de Chojilla.

3. Camponesas do altiplano boliviano.

4. Acampamento mineiro de Chorolque.

5. Grupo de trabalhadores mineiros. Apesar das duras condições de trabalho, posam para foto com sentimento de orgulho.

6. Mineiros fazendo trabalho de escoramento no interior da mina (pág. ao lado).

7. Mineiros perfurando a rocha no interior de uma mina.

8. Trabalhador mineiro em trabalho de perfuração no interior de uma mina.

O 1º de maio de 1971 e a inauguração da Assembleia

9. Passeata do 1º de maio de 1971. Três mineiros uniformizados encabeçam o cortejo.

Bolívia: Democracia e Revolução 305

10. Faixas de delegações durante o Ato inaugural da Assembleia Popular em 1º de maio de 1971.

11. Delegação de mineiros na passeata do 1º de maio, refletindo descontração e confiança.

12. Passeata do 1º de maio com uma delegação de autoridades e o general Juan José Torres de braços abertos. Ao fundo o Palácio presidencial.

13. Passeata do 1º de maio, com um grupo identificado ao general Torres, passa em frente ao Palácio Legislativo.

14. Passeata do 1º de maio. O mineiro de motocicleta parece se colocar como escolta da passeata da COB logo atrás (pág. ao lado).

Sessão de debates da Assembleia Popular

15. Delegações no plenário de debates.

16. Presidium ou mesa dirigente dos debates durante as sessões de deliberações.

17. Solenidade de abertura da Assembleia Popular.

18. Outro grupo de delegados durante os trabalhos da Assembleia. É possível notar um contraste nas saudações políticas.

19. O plenário acompanha a intervenção de um orador, fora do ângulo da foto.

Bolívia: Democracia e Revolução   311

20. Plenário da Assembleia Popular, mostra a mesa guarnecida por mineiros armados ao fundo.

21. Ato de inaugural da Assembleia em 1º de maio de 1971. Da direita para a esquerda é possível identificar: René Higueras, Antônio Araníbar, Oscar Eid, Juan Lechín e Francisco Mercado.

22. Fachada principal do palácio legislativo, sede da Assembleia Popular.

Personagens

24. Victor Paz Estenssoro (à direita) cumprimenta general René Barrientos.

Bolívia: Democracia e Revolução 315

25. Hernan Siles Suazo.

26. Evento político durante o período pós 1952 homenageando Juan Lechín (abaixo).

27. Generais Ovando Candía e René Barrientos (acima).

28. O militante Mineiro Isaac Camacho (à esquerda).

29. Cassiano Amurrio, dirigente camponês e militante do PCM (à direita).

Bolívia: Democracia e Revolução 317

30. Marcos Domich, delegado do PCB à Assembleia Popular, foto de 2001 (acima).

31. Andres Soliz Rada, dirigente do Grupo Outubro na época da Assembleia Popular, foto de 2001 (à esquerda).

32. Guillermo Lora, principal dirigente do por-Masas e delegado do partido na Assembleia Popular (acima).

33. Juan Lechín Oquendo (à esquerda).

34. Jorge Kolle, secretário-geral do pcb e delegado do partido na Assembleia Popular (à direita).

Bolívia: Democracia e Revolução 319

35. Dirigente camponês Genaro Flores, secretário-geral da CNTCB em agosto de 1971, foto do jornal La Jornada de 02/08/1971, (à esquerda).

36. Os principais dirigentes da Federação dos mineiros em 1971. Da esquerda par a direita: Victor Lopez, Simon Reyes, Filemon Escobar e Juan Lechín (abaixo).

37. Dirigentes mineiros Simon Reyes e Edgard Ramirez (à direita da foto)

23. O dirigente mineiro Oscar Salas, militante de base do PCB na época da Comuna de La Paz.

Fontes e Bibliografia

FONTES IMPRESSAS DA ASSEMBLEIA POPULAR

Todos os documentos abaixo são públicos e estão disponíveis em arquivos locais ou publicados em jornais, revistas e coletâneas documentais. Quando possível, foi indicada a localização mais específica.

Tesis Politica del 4º Congreso de la COB, maio de 1970.

Declaración del Comando Politico de la clase trabajadora y del pueblo, 06 de outubro de 1970.

Programa Minimo de planteamientos (Mandato de las Fuerzas Populares), 08 de outubro de 1970.

Comunicado del Comando Politico de los Trabajadores, 11 de janeiro de 1971.

Bases constitutivas de la Asamblea Popular, fevereiro de 1971.

Convocatoria: unidad de todos los bolivianos para aplastar la reacción fascista y al imperialismo, abril de 1971.

Declaración "La Asamblea y el poder ejecutivo", 26 de abril de 1971.

Proyetos de Estatutos de la Asamblea Popular, 20 de abril de 1971.

Declaración de la Asamblea Popular, 1º de maio de 1971.

Reglamento de Debates de la Asamblea Popular, 23 de junho de 1971.

Estatuto Orgánico de la Asamblea Popular, 25 de junho de 1971.

322 Everaldo de Oliveira Andrade

Resoluciones de la Asamblea Popular

n° 1, 23 de junho de 1971.

n° 2, 23 de junho de 1971.

n° 3, 25 de junho de 1971.

n° 4, 25 de junho de 1971.

n° 5, 25 de junho de 1971.

Resolução sobre a participação dos camponeses na Assembleia Popular, 27 de junho de 1971.

Resolução de nomeação das comissões de trabalho da Assembleia, 27 de junho de 1971.

Resolução sobre a participação majoritária dos operários na gestão da empresa COMIBOL, 01 de julho de 1971.

Resolução sobre a formação de Tribunais Populares, 02 de julho de 1971.

Resolução que exige proteção e preservação das obras dos artistas revolucionários do país, 02 de julho de 1971.

Resolução que aprova proposta de cooperativizar o jornal El Diario, 01 de julho de 1971.

Resolução exigindo que o governo expulse a missão militar dos Estados Unidos do país, 02 de julho de 1971.

Resolução propondo pensão aos familiares dos guerrilheiros mortos, 02 de julho de 1971.

Recomendação ao diretório da CNSS (nacionalização da seguridade social), 02 de julho de 1971.

Resolução dirigida ao governo de que abra relações diplomáticas com Cuba, Chile e China, 02 de julho de 1971.

Estrutura das comissões internas da Assembleia Popular, por delegações, El Diario de 27-06-1971

Informe da comissão de Assuntos Econômicos, La Jornada, 02 de julho de 1971.

Informe da comissão de cogestão operária na COMIBOL, El Diario de 30 de junho de 1971

Bolívia: Democracia e Revolução   323

Informe da comissão de educação e cultura e o projeto de universidade única, *Presencia*, 06 de julho de 1971.

Informe da comissão de investigação de crimes políticos (Tribunais Populares), *El Diario* de 29 de junho de 1971 e jornal *Presencia* de 01 de julho de 1971.

Informe da comissão de assuntos sociais, *Presencia* de 30 de julho de 1971.

Informes da comissão de defesa e segurança (milícias armadas) e resolução da COB, *El Diario* de 19 de junho de 1971. *La Jornada* de 20 de agosto de 1971.

OUTROS DOCUMENTOS IMPRESSOS

Mandato Revolucionario de las Fuerzas Armadas de la Nación, 26 de setembro de 1969.

Resoluciones del XIV Congreso de la FSTMB, abril de 1970.

Informe de Irineo Pimentel Rojas al Congreso, 13 de abril de 1970.

Informe de Irineo Pimentel al ampliado minero de Oruro, enero de 1970

Tesis Politica de la FSTMB *para forjar una Bolivia Socialista*, Siglo xx, 14 de abril de 1970.

Tesis politico sindical del PDCR *al XIV Congreso de la* FSTMB, abril de 1970.

Convocatoria al XIV Congreso Nacional de Trabajadores Mineros de Bolivia, 1970.

Manifiesto del Siglo xx a los congresistas, 1970, doc. 1134, SIDIS.

Carta de Jorge Kolle del CC. Del PCB, 10-04-1970, doc. 1135, SIDIS.

Manifiesto de Juan Lechín, 1970, doc. 1136, SIDIS.

Documentos e Panfletos de partidos no XIV Congreso de Mineros, pasta 42, SIDIS.

Boletins do PCB al XIV congreso minero, pasta 42, SIDIS.

Declaración de principios de la Universidad Nacional de Siglo xx, março de 1971 (boletim *Fedmineros*, 40).

Proyeto de la FSTMB *para la participación obrera en la* COMIBOL, junho de 1971 (boletim *Fedmineros*, 44).

Gaceta Oficial de Bolívia (janeiro a dezembro de 1971):

Decretos Supremos:

324   Everaldo de Oliveira Andrade

Dec. 09542 de 11-01-1971.

Dec. 09546 de 15-01-1971.

Dec. 09633 de 31-03-1971.

Dec. 09638 de 31-03-1971.

Dec. 09724 de 19-05-1971.

Dec. 09747 de 03-06-1971.

Dec. 09748 de 03-06-1971.

Dec. 09859 de 19-08-1971.

Dec. 09874 de 04-09-1971.

Dec. 09875 de 07-09-1971.

DOCUMENTOS DE PARTIDOS E ORGANIZAÇÕES POLÍTICAS:

Tesis de Siglo xx (PCML), 14 de abril de 1965.

El ELN se dirige a los bolivianos, setembro de 1969.

Manifiesto del POR "La palabra del POR: esta planteada la revolución obrera", La Paz, 20 de outubro de 1969 (Sidis, pasta 4.2).

Por las verdaderas banderas de abril – Comando especial del MNR, Colquiri, 09 de abril de 1970.

Íntegra da tese e declaração de princípios do Partido Socialista (El Diario 05-06-1971, Presencia 08-06-1971, El Diario 19-06-1971).

Informe do 3º Congresso do PCB, El Diario 20-06-1971.

Declaración política del POR – Gonzáles, El Diario 13-01-1971, de 27-06-1971.

Documentos do POR – Vargas, El Diario 11-01-1971; 13-02-1971; 20-02-1971.

Documentos do POR – Masas – coleção de jornais Masas. Uma abundante porém já selecionada edição de artigos sobre o período aqui estudado está em Obras Completas de Guillermo Lora, t. 26, 27 e 28.

Declaração e documentos do ELN, Presencia 01-07-1971.

Documento do PCB-ML, El Diario, 23-01-1971.

Declaração de Jorge Echazú do PCB-ML, El Diario 09-02-1971.

Documento do PDC, Presencia, 22-07-1971.

Documento do Grupo Outubro, *El Diario* 17-06-1971.

Declaración de principios del MIR.

Programa de principios del PRIN.

Breve esbozo historico del Partido Socialista, La Paz, 17 de fevereiro de 1979.

La Liberación Nacional (de Marcelo Quiroga Santacruz), Santiago, novembro de 1972.

Volvimos a las montañas – plataforma ideologica de la guerilla, s/d.

ENTREVISTAS REALIZADAS PELO AUTOR:

Jorge Echazú Alvarado, La Paz, 21 de janeiro de 1999.

Eduardo Echazú Alvarado, La Paz, 23 e 24 de janeiro de 1999.

Marcos Domich, La Paz, 27 de janeiro de 1999.

Oscar Salas, La Paz, 29 de janeiro de 1999.

René Higueras, La Paz, 30 de janeiro de 1999.

Edgar Ramirez, La Paz, 30 de janeiro de 1999 e 02 de agosto de 2001.

Filemon Escobar, Cochabamba, 01 de fevereiro de 1999.

Jorge Kolle Cueto, Cochabamba, 02 de fevereiro de 1999.

Cassiano Amurrio, Tarata, 02 de fevereiro de 1999.

Hernando Poppe, La Paz, 03 de fevereiro de 1999.

Juan Lechín, La Paz, 05 de fevereiro de 1999.

Guillermo Lora, La Paz, 14 de janeiro e 05 de fevereiro de 1999.

Antônio Araníbar, La Paz, 17 de julho de 2001.

Andrés Solis Rada, La Paz, 17 de julho de 2001.

Antônio Peredo, La Paz, 17 de julho de 2001.

Juan Juáuregui, La Paz, 20 de julho de 2001.

Oscar Eid, La Paz 25 de julho de 2001.

Beatriz A. Palácios, La Paz, 03 de agosto de 2001.

Sonia Zapata, La Paz, 03 de agosto de 2001.

ENTREVISTAS COLETADAS PELO SiDis

(História Oral Minera 1965-1997, tomo III, catálogo SIDIS)

Domitila Chungara.

Simon Ramirez.

Juan Royos.

Guillermo Dalence.

PERIÓDICOS:

(Janeiro de 1970 a agosto de 1971)

El Diario, La Paz.

La Jornada, La Paz.

FedMineros, La Paz.

Hoy, Cochabamba.

Presencia, La Paz.

Ultima Hora, La Paz.

Los Tiempos, Cochabamba.

Masas (POR), La Paz.

El Nacional, La Paz.

Bolívia: Democracia e Revolução 327

Unidad (pcb), La Paz.

Vanguardia (mir), La Paz.

DOCUMENTÁRIOS E FILMES:

La esperanza es mi padre, s/d, documentário, curta-metragem, prod. Instituto Cinematográfico Boliviano.

Todos los dias, s/d, documentário, curta-metragem, prod. Instituto Cinematográfico Boliviano.

Su ultimo viaje, 1969, dir. Hugo Roncal e Jorge Ruiz, curta-metragem, 16mm, BP, prod. boliviana.

El coraje del pueblo, 1971, dir: Jorge Sanjinés, cor, 16 mm, prod. RAI e grupo Ukamau.

Señores coroneles, señores generales, 1976, dir: Alfonso Gumucio Dagrón, 80 min, prod. Institute de Hautes Études Cinematografiques (idhec/Paris).

Orden, paz y trabajo, 1992, dir: Carlos Meza Gisbert e Mario Espinoza, prod. pat (periodistas asociados televisión). Documentário para TV.

OBRAS ESPECÍFICAS E GERAIS

ADLER, Max. *Démocratie et conseils ouvriers*, Paris, Maspero, 1967.

AGGIO, Alberto. *Democracia e Socialismo: a experiência chilena*, São Paulo, Edunesp, 1993.

_____. "Frente Popular, modernização e revolução passiva no Chile". *Rev. Bras. de História*, SP, v. 17, 34: 221-244, 1997.

ALBÓ, Xavier. *De miristas a kataristas: campesinos, estado y partidos, 1953-1983*", *Historia boliviana*, Cochabamba, 5(1-2): 87-124, 1985.

ALEXANDER, Robert J. *La revolución nacional boliviana*, La Paz, Dirección nacional de informaciones, 1961.

_____. "El obreirismo organizado en Bolivia", In: *El movimiento obrero en America Latina*, Mexico, ed. Roble, 1967.

ALONSO, Enrique. "Fuerzas armadas y revolución nacional en Bolivia y Perú", *Instituto Argentino de Estudios Estratégicos y de las Relaciones Internacionales, 2(9)*: 15-26, enero/feb. 1971.

ALMARAZ PAZ, Sergio. *Requiem para una republica*, 2.ed., La Paz, Los Amigos del Libro, 1980, 149p.

ANDRADE, Everaldo de Oliveira, *O Partido Obrero revolucionário na revolução boliviana de 1952*, dissertação de mestrado, FFLCH – USP, 1996.

ANDRADE ET ALLI, Everaldo de O. "Teorias da crise de 1973", in: *Revista Estudos*, São Paulo, 44:99-123, setembro de 1998.

_____. "Os camponeses e a reforma agrária boliviana de 1953", In: COGGIOLA, Osvaldo (org.), *História e revolução*, São Paulo, Xamã, 1998, p. 177-203.

ANTEZANA E., Luis. *La tática nacionalista en la revolución boliviana*, La Paz, ed. Popular, 1969.

_____. *Historia de los sindicatos campesinos:* un proceso de integración nacional, La Paz, Cons. de Reforma Agraria, 1973, 374p.

_____. *Lora y los sepulteros de la Asamblea Popular*, Caracas, Poleo, 1976.

_____. "Sistema y procesos ideologicos en Bolivia – 1935-1979", In: *Bolivia Hoy*, Mexico, R. Mercado (org.), Siglo XXI, p. 60-84, 1983.

_____. *Historia secreta del movimiento nacionalista revolucionario*, La Paz, Juventud, 1986, 10 tomos.

ANWEILER, Oskar. *Les soviets en Russie (1905-1921)*, Paris, Gallimard, 1972, 345p.

ARGUEDAS, Alcides. *Historia general de Bolivia*, La Paz, Gisbert, 1980, 582p.

ARZE, Silvia et alli (orgs.). *Etnicidad, economia y simbolismo en los Andes* (II Congreso Internacional de Etnohistória), La Paz, Hisbol-Ifea-SBH, 1992, 466p.

BACHERER, Juan Pablo. *El POR se ha transformado en secta nacionalista*, La Paz, Cuadernos Marxistas 5, Trinchera, abril 1997.

BAPTISTA GUMUCIO, Mariano. *Historia contemporánea de Bolívia (1930-1976)*, La Paz, Gisbert, 1976.

_____. *Breve historia contemporánea de Bolívia*, México, Fondo de Cultura Econômica, 1996, 391p.

Bolívia: Democracia e Revolução   329

BAQUERO, Marcelo. "A estrutura elitista dos partidos políticos na América Latina e a questão da democracia", In: BAQUERO, Marcelo (org.). *Democracia, partidos e cultura política na América Latina*, Porto Alegre, Nupesal/Kuarup, 1989, 224p.

BARROS, Omar de. *Bolívia:* vocação e destino, São Paulo, Versus, 1980.

BEDREGAL, Guillermo – *Bolivia, imperialismo y revolución*, La Paz, s/e, 1970

_____. *Los militares en Bolivia:* ensayo de interpretación sociologica, La Paz, Amigos del Libro, 1971, 176p.

_____. *Teoria del nacionalismo revolucionario:* ensayo de aproximación, La Paz, ed. Juventud, 1985.

BERNARD, Jean-Pierre, "Situation et perspectives de l'économie bolivienne: problemes et politiques économiques, 1969-1971", In: *Problemes d'Amérique Latine*, Paris, Direction de la Documentation, 22 (3847/3858): 05-32, dec. 1971.

BOBBIO, Norberto. *Estado, governo, sociedade*, Rio de Janeiro, Paz e Terra, 1988.

BRILL, William H. "Military intervention in Bolivia: the overthrow of Paz Estenssoro and the MNR", In: *Political Studies*, Washington, series, 3, Operations and Policy Research Inc., Institute for the Comparative Study of Political Systems, 1967.

BROUÉ, Pierre. *Histoire de l'Internationale Communiste (1919-1943)*, Paris, Fayard, 1997.

_____. *Révolution en Allemagne*, Paris, Minuit, 1971

_____. *Le parti bolchevique (histoire du PC de l'URSS)*, Paris, Minuit, 1971.

BURKE, Melvis. *Estudios criticos sobre la economia boliviana*, La Paz, Los Amigos del Libro, 1973.

BURKE, Peter. "Como confiar em fotografias", In: Suplemento Mais – *Folha de São Paulo*, 04/02/2002, p. 13-14.

Cahiers du Mouvement Ouvrier, Paris, CERMTRI, n. 1-16.

Cahiers Leon Trotsky, Paris, Instit. Leon Trotsky, dir. Pierre Broué.

CAJÍAS, Lupe. *Juan Lechín* – historia de una leyenda, 3.ed., La Paz, Los Amigos del Libro, 1984, 487p.

CAMACHO PEÑA, Alfonso. "Los militares en la política boliviana", Paris, *Instituto Latino-americano de Relaciones Internacionales*, 22: 41-95, oct. 1971.

CAMMACK, Paul. "The workers movements and the bolivian revolution reconsidered", In: *Politics and Society*, Yowa, 11(2): 211-222, 1982.

330   Everaldo de Oliveira Andrade

CAPELATO, Maria Helena. *Os arautos do liberalismo,* São Paulo, Brasiliense, 1989.

CARDOSO, Ciro F.; Brignoli, Héctor P. *História econômica da América Latina,* 3a. ed., Rio de Janeiro, Graal, 1988, 327p.

CHE GUEVARA, Ernesto. *A guerra de guerrilhas,* São Paulo, ed. Populares, 1980, 123p.

COGGIOLA, Osvaldo. "A Comuna de Paris, a escola e o ensino", *Revista ADUSP,* São Paulo, 24: 6-10, dez 2001.

_____. "História, mitos, utopias", In: *Revista Estudos,* São Paulo, 16:27-33, fevereiro de 1990.

COMBO, Juan. "Bolivia: bajo el modelo de Banzer", *Controversia,* Bogotá, Centro de Investigación y Educación Popular (CINEP), 55, 1977.

CONSTANTINO BAYLE, S. I. *Los cabildos seculares en la America Española,* Madrid, Sapientia, 1952.

_____. "Los cabildos abiertos en America Latina", Doc. Academia Nacional de História, Buenos Aires, ano 27, 1951, p. 575-595.

CORBETT, Charles D. *The Latin America military as a socio-political force:* case studies of Bolivia and Argentina, Miami, Coral Gables, 1972.

COTLER, Julio. "Peru: estado oligárquico e reformismo militar", In: GONZÁLEZ CASANOVA (org.), Pablo. *América Latina:* história de meio século, Brasília, ed. UNB, 1988, vol 2, p. 175-232.

Cuardenos de Capacitación, *Evolución de la lucha de los trabajadores mineros,* La Paz, SiDis, vol. 1, 1992.

DAUBERNY, Michel. A crise monetária e financeira, formas particulares de decomposição do imperialismo senil", In: *A Verdade,* São Paulo, 14: 13-31, agosto de 1995.

DECCA, Edgard de. *1930 o silêncio dos vencidos,* São Paulo, Brasiliense, 1981, 209p.

DELGADILLO TERCEROS, Walter. *Fabriles en la historia nacional,* La Paz, UMSA-Ilais, 1992, 283p.

DEUSTSCHER, Isaac. *Trotsky,* Rio de Janeiro, Civ. Brasileira, 1984, 3t.

DIAS, Edmundo F. *Democracia operária:* construindo a nova civilização, tese de doutorado, FFLCH – USP, 1985.

Donghi, Halperin. *História da América Latina*, Rio de Janeiro, Paz e Terra, 1989, 325p.

Dunkerley, James – *Rebelion en las venas- la lucha politica en Bolivia 1952-1982*, La Paz, Ed. Quipus, 1987, 328p.

Echazú Alvarado, Jorge. *El militarismo en Bolivia*, La Paz, ed. Liberación, 1988, 469p.

Eckstein, Susan. "Transformation of a 'revolution from below"- Bolivia and international capital", *Comparative Studies in Society and History*, 25(1): 105-135, jan. 1983.

_____. *The impact of revolution*: a comparative analysis of Mexico and Bolivia, Beverly Hills, Sage publ., 2: 06-16, 1976.

Encinas et alli, Enrique. *Jinapuni* – testimonio de un dirigente campesino, La Paz, Hisbol, 1989, 111p.

Encinas A., Hipólito. *Estado, clase obrera y sociedad civil* – la Asamblea Popular de 1971, La Paz, Punto Cero, 1996, 90p.

Escobar, Filemon. *Testimonio de un militante obrero*, La Paz, Hisbol, 1984.

_____. "L' Assemblée Populaire: une conquête et ses enseignements", In: *La Verité*, Paris, 556: 121-129, avril 1972.

Facioli, Valentim (org.). *Breton-Trotsky, por uma arte revolucionária independente*, RJ, Paz e Terra/cemap, 1985, 214p.

Fernandes, Florestan. *Circuito fechado*, 2. ed., São Paulo, Hucitec, 1977, 224p.

Fiori, José Luiz. "O cosmopolitismo de cócoras", In: *Revista iea*, 14(39): 21-32, São Paulo, 2000.

Florenzano, Modesto. "François Furet: historiador da revolução francesa", *Revista de História*, São Paulo, 132: 98-99, semestre de 1995.

Fougeyrollas, Pierre. *Les processus sociaux contemporains*, Paris, Payot, 1981.

Frontaura Argandoña, Manuel. *La revolución boliviana (la revolución nacional)*, La Paz, Amigos del Libro, 1974, 329p.

Furtado, Celso. *A economia latino-americana*, São Paulo, Comp. Ed. Nac., 1986, p. 334.

Galeano, Eduardo. *As veias abertas da América Latina*, 14 ed., Rio de Janeiro, Paz e Terra, 1982, 307p.

332   Everaldo de Oliveira Andrade

GALLARDO LOZADA, Jorge. *De Torres A Banzer:* diez meses de emergencia en Bolívia, Buenos Aires, Ed. Periferia, (Col. Estados Unidos y América Latina) 1972, 499p.

_____. *La nación postergada,* La Paz, Los Amigos del Libro, 1984.

GALLEGO, Ferran. "Formación de una alternativa populista: el MNR en Bolivia", In: Alvares Junco, J. (orgs.). *El populismo en España y America,* Madrid, Catriel, 1994.

GALVARRO T., Carlos Soria. *Con la revolución en las venas,* La Paz, Roalva, 1980.

GARCIA, Angel; MIRONCHUK, Piotr. *Los soviets obreros y campesinos en Cuba,* Habana, Ed. Ciencias Sociales, 1987, p. 227.

GIL, Aldo Durán. *Estado militar e instabilidade política na Bolívia (1971-1978),* tese de doutorado, Unicamp, 2003.

GODIO, Julio. *Historia del movimiento obrero latino-americano,* vol. 3, Caracas, Nueva Sociedad, 1985.

GONZÁLEZ, Horácio. *A Comuna de Paris* – os assaltantes do céu, 3a. ed., São Paulo, Brasiliense, 1989.

GONZÁLEZ CASANOVA, Pablo. *História contemporânea da América Latina,* São Paulo, Vértice, 1987, 226p.

_____(org.). *América Latina. História de meio século,* Brasília, ed. UNB, 1988, 337p.

GRAMSCI, Antonio. *Consejos de fábrica y Estado de la clase obrera,* México, Roca, 1973, 160p.

GUERRA VILABOY, Sergio. *Historia y revolución en America Latina,* Habana, ed, Ciencias Sociales, 1989, 206p.

GUZMAN, Augusto. *Paz Estenssoro,* La Paz, Los Amigos del Libro, 1986, 282p.

HARRIS, Olivia; ALBÓ, Xavier. *Monteros y guardatojos.* Relaciones entre mineros y potosinos en el norte de Potosí, La Paz, CIPCA, 1975.

HOMBRE NUEVO, "Asamblea Popular", La Paz, 10, jun-jul. 1996.

IANNI, Octávio. *A formação do estado populista na América Latina,* 2.ed., São Paulo, Ática, 1989, 164p.

_____. *Imperialismo e Cultura,* Petrópolis, Vozes, 1976, 149p.

_____. *Imperialismo na América Latina,* 2a., Rio de Janeiro, Civ. Brasileira, 1988, 224p.

Bolívia: Democracia e Revolução 333

IRIARTE, Gregório. *Los mineros, sus luchas, frustaciones y esperanzas*, La Paz, Puerta del Sol, 1983, 298p.

JAMES, Cyril L. R. *Os jacobinos negros*, São Paulo, Boitempo, 2000, 396p.

KAPLAN, Marcos. *Formação do Estado nacional na América Latina*, Rio de Janeiro, Eldorado, 329p.

KELLEY, Jonathan. "Class conflict os ethnic opression? The cost of being indian in rural Bolivia", *Rural Sociology*, 53(4): 399-420, 1988.

KHOL, James V. "National Revolution to revolution and restoration: arms and factional politics in Bolivia", In: *Inter-american economic affairs*, 39: 3-30, summer 1985.

KLEIN, Herbert. *Historia general de Bolivia*, La Paz, ed. Juventud, 1982, 361p.

LASERNA, Roberto – "El 'estado' boliviano, 1971-1978: economía y poder", 2 ed., Cochabamba, *Instituto de Estudios Sociales y Económicos*, Univ. Mayor de San Simón, 1980.

LAVAUD, Jean Pierre. *El embrollo boliviano*, La Paz, Cesu-IFEA-Hisbol, 1998, 416p.

_____. "La mobilisation politique du paysannat bolivien", Paris, *Revue française de sociologie*, 18(4): 625-649, oct-dec 1977.

_____. "Pour une interpretation de l´instabilité politique en Bolivie (1952-1980)", in: *Cahier du monde hispanique et luso-bresilien*, Toulouse, 44: 39-58, 1985.

LAZARTE R., Jorge. *Movimiento obrero y procesos politicos en Bolívia (historia de la COB, 1952-1987)*, La Paz, Edobol, 1989.

LÊNIN V. I., "Sobre a dualidade de poderes", in: *Obras Escolhidas*, São Paulo, Alfaômega, 1988, vol. 2, p. 17-19.

_____. *O Estado e a revolução*, São Paulo, Global, 1987, 189p.

_____. *Sobre os sindicatos*, São Paulo, Polis, 1979, 238p.

LIEBKNECHT, Karl. *Sobre a guerra*, Curitiba, Pão e Rosas, 2002.

LISSAGARAY, Prosper-Olivier. *História da Comuna de 1871*, 2 ed., São Paulo, Ensaio, 1995, 401p.

LLOBET TABOLARA, *Cayetano*. "Apuntes para una historia del movimiento obrero en Bolivia", In: GONZÁLES CASANOVA, Pablo (org.), *Historia del movimiento obrero en América Latina*, Mexico, Siglo XXI, 1984, p. 307-358.

334   Everaldo de Oliveira Andrade

LORA, Guillermo (org.). *Documentos políticos de Bolivia*, La Paz, Amigos del libro, 2 tomos, 1987.

LORA, Guillermo. *Contribuición a la historia politica de Bolivia (historia del POR)*, La Paz, ISLA, 1978, 2 vol.

_____. *La revolución boliviana*, La Paz, ed. Masas, s/d.

_____. "De la Asamblea Popular ao golpe de 21 de agosto", In: *Obras completas*, La Paz, 1988, t. 28, p. 55-252.

_____. *Historia del movimiento obrero boliviano*, La Paz, Amigos del Libro, 1980, 4 tomos.

LUKÁCS, Georg. *História e consciência* – estudos de dialética marxista, 2 ed., Rio de Janeiro, Elfos, 1989.

LUXEMBURGO, Rosa. *Greve de massas, partido e sindicatos*, São Paulo, Kairós, 1979, 80p.

MAGIL, John. *Labor unions and political socialization:* a case study of bolivian workers, N. Y., Praeger Publ., 1974, 291p.

MALLET, Serge. "Control obrero, partido y sindicato, *Cuadernos de Pasado y Presente*", 2 ed., Mexico, 44: 1-33, 1978.

MALLOY, James M. *Bolivia:* la revolución inconclusa, La Paz, CERES, 1989, 536p.

_____. *Revolution and reaction:* Bolívia 1964-1985, New Jersey, Trans. Books, 1988, 244p.

MARCONDES Fº (org.), Ciro. *Imprensa e capitalismo*, São Paulo, Kairós, 1984, 169p.

MARIÁTEGUI, José Carlos. *Sete ensaios de interpretação da realidade peruana*, São Paulo, Alfa-ômega, 1975, 257p.

MARIE, Jean-Jacques. *Os quinze primeiros anos da IV Internacional*, São Paulo, Palavra, 1981, 159p.

_____. *Staline*, Paris, Fayard, 2001.

MARX, Karl, *O 18 brumário de Louis Bonaparte*, Lisboa, Avante, 1982.

MAYORGA, Fernando – *Dircurso y politica en Bolivia*, La Paz, Ceres-Ildis, 1993, 239p.

MAZET, Georges. "'Crise monetaire' et marché a la crise économique mondiale", La Verité, 554-555; 91-100, Paris, nov. 1971.

Bolívia: Democracia e Revolução   335

MENDIETA PARADA, Pilar. "La influencia de la radio en el movimiento katarista", In: *Historia*, La Paz, 24: 57-72, 1999.

MIAILLE, Michel. *Uma introdução crítica ao Direito*, Lisboa, Moraes, 1979

MITCHEL, Christopher N. *The legacy of populism in Bolivia*: from the MNR to military rule, Nova York, Praeger, 1977, 167p.

MONTESINOS HURTADO, Augusto. "Las Fuerzas Armadas de Bolivia y la caída de Torres", *Instituto Argentino de Estudios Estratégicos y de las Relaciones Internacionales*, Buenos Aires, 2:12, p. 49-59, sept./oct. 1971.

NASH, June. *We eat the mines and the mines eat us, dependence and exploration in bolivian tin mines*, Nova Iorque, Columbia Univ. Press, 1979, 363p.

_____. "Worker participation in the nacionalized mines of Bolivia 1952-1972", Paris, In: Nash et alli, June. *Popular participation in social change: cooperatives, collectives and nationalized industries*, Mouton Publishers, Hague, 1976.

_____. "Conflicto industrial en los Andes: los mineros bolivianos del estaño", In: *Estudios Andinos*, 4(2):219-257, 1974-1976.

NOVACK, George. *A lei do desenvolvimento desigual e combinado da sociedade*, São Paulo, Rabisco, 1988, 70p.

NÓVOA, Jorge. "Trotsky e os organismos da revolução proletária", In: *Revista Estudos*, 27: 01-08, São Paulo, dezembro de 1991.

ORTIGA, José. "Nacionalismo y izquierda en Bolívia, Madrid", In: *Revista de Estudios Politicos*, 174:171-185, 1970.

PACHUKANIS, Evgeny B. *Teoria geral do direito e marxismo*, São Paulo, ed. Acadêmica, 1988, 136p.

PEÑALOZA C., Luis. *Historia del movimiento nacionalista revolucionario 1941-1952*, La Paz, Dirección Nacional De Informaciones, 1963, 294p.

PERICÁS, Luiz Bernardo. *Che Guevara e a luta revolucionária na Bolívia*, São Paulo, dissertação de mestrado, FFLCH – USP, 1996, 338p.

PIZZOMO, Alessandro. "Los sindicatos y la acción politica", *Cuadernos de Pasado y Presente*, 2. ed., Mexico, 44: 75-106, 1978.

POULANTZAS, Nicos. *A crise das ditaduras*: Grécia, Portugal, Espanha, Rio de Janeiro, Paz e Terra, 1976, 103p.

336   Everaldo de Oliveira Andrade

PUMAR MARTÍNEZ, Carmen. "Los cabildos revolucionarios en el Nuevo Mundo", s/l, In: *Estudios Hist. Soc. economicos en latinoamerica*, 10: 181-206, 1993.

RAMOS, Alcides Freire. "História e cinema: globalização e o olhar dos novíssimos cineastas brasileiros", In: *História e cidadania*, vol. 2: 345-354, 19º Simpósio Nacional de História – ANPUH, 1998.

RIBEIRO, Darcy. *A universidade necessária*, Rio de Janeiro, Paz e Terra, 1969.

RIOS REINAGA, David. *Civiles y militares en la revolucion boliviana*, La Paz, Difución, 1967, 210p.

RIVERA CUSICANQUI, Silvia. *Ayllus y proyectos de desarrollo en el norte de Potosí*, *La Paz*, ed. *Aruwiyiri*, 1992.

_____. "Apuntes para una historia de las luchas campesinas en Bolívia (1900-1978)", In: GONZÁLEZ CASANOVA, Pablo (org.), *Historia del movimiento obrero en America Latina*, Mexico, Siglo XXI, 1984, p. 146-207.

ROLON ANAYA, Mario. *Politica y partidos en Bolívia*, 2.ed., La Paz, Ed. Juventud, 1987.

SADER, Eder. *Um rumor de botas*, São Paulo, Polis, 1982.

SADER, Emir, Os anos 60 foram eminentemente políticos, in: *revista Estudos*, São Paulo, 16: 34-39, fevereiro de 1990.

SANDOVAL R, Isaac. *Nacionalismo en Bolivia:* ensayo historico-político, La Paz, ed. Burillo, 1970.

_____. *Culminación y ruptura del modelo nacional-revolucionario* – Torres en el escenario politico boliviano, La Paz, ed. Urquizo (imp.), 1979.

_____. *Historia de Bolivia:* desarrollo historico-social, La Paz, Ceub, 1987.

_____. *Los Partidos politicos en Bolivia*, La Paz, UMSA, 1993.

SANJINÉS (org.), Jorge. *El cine de Jorge Sanjinés*, La Paz, FEDAM,1999.

SANTOS, Boaventura de Souza. "Justiça popular, dualidade de poderes e estratégia socialista". In: FARIA (org.), José Eduardo. *Direito e justiça:* a função social do judiciário. São Paulo, Ática, 1989.

SANTOS, Theotonio dos. "Socialismo y fascismo en América Latina hoy", in: *Revista Mexicana de Sociologia*, Mexico, 39(1): 173-190, jan-mar. 1977.

SILES SALINAS, Jorge. *Lecciones de una revolución:* Bolívia 1952-1959, Santiago, Univ. Catolica, 1959.

SILVA, Marcos A. "A construção do saber histórico: historiadores e imagens", *Revista de História*, São Paulo, n° 125-126: 117-134, agosto-dezembro/91 a janeiro- julho/92.

SILVA, Miguel. *Los cordones industriales y el socialismo desde abajo*, Santiago, Imprenta Lizor, s/d, 601 p.

SIVAK, Martin. *El asesinato de Juan José Torres*: Banzer y el Mercosur de la muerte, Buenos Aires, ed. Pensamiento Nacional, Colihue, s/d.

SROUR, Robert Henry. *Classes, regimes, ideologias*, São Paulo, Ática, 1987, 286p.

STRENGERS, Jeroen. *La Asamblea Popular*: Bolivia 71, La Paz, SIDIS, 1992, 272p.

STUTCHKA, Piotro. *Direito de classe e revolução socialista*, São Paulo, Inst. José Luís e Rosa Sundermann, 2001, 109p.

SUSZ K., Pedro. *Filmografia boliviana básica (1904-1990)*, La Paz, ed. Cinemateca Boliviana, 1991.

TORRES, Gal. Juan José. *En defensa de mi nación oprimida*, La Paz, s/e, 1985, 338p.

TROTSKI, León. *Escritos Latino-americanos*, Buenos Aires, CEIP, 1999, 335p.

_____. *Oeuvres*, Paris, Inst. Leon Trotsky, vol. 13-24.

_____. *História da Revolução Russa*, 3. ed., Rio de Janeiro, Paz e Terra, 1980, 3t.

_____. *Escritos sobre sindicatos*, São Paulo, Kairós, 1978, 120p.

_____. *As lições de outubro*, Lisboa, ed. Antídoto, 1979.

VARGAS ARZE, Amadeo. *El trotskismo en Bolívia*, Cochabamba, ILAM, 1995.

VASCONCELOS, Lúcio Flávio. *Militares e política reformista no Peru (1962-1975)*, São Paulo, FFLCH- USP, dissertação de mestrado, 242p.

VICÁRIO, Guido. *Militares e política na América Latina*, Rio de Janeiro, Civ. Brasileira, 1979, 227p.

VIEZZER, Moema. *Se me deixam falar (Domitila)*: depoimento de uma mineira boliviana, 12a. ed., São Paulo, Global, 1987, 216p.

XAVIER TAPIAS, Francisco. *El cabildo abierto colonial*, Madrid, ed. Cultura hispanica, 1966, 133p.

WANDERLEY, Luiz E. *O que é universidade*, São Paulo, Círculo do Livro, São Paulo, s/d.

WHITEHEAD, Lawrence. "Sobre el radicalismo de los trabajadores mineros de Bolívia", *Revista Mexicana de Sociologia*, 42(4): 1465-1496, oct-dec., 1980.

338   Everaldo de Oliveira Andrade

WIDERKEHR, Doris E. "Autonomy overshadowed: a bolivian cooperative within the nationalized mining industry", in: *Human Organization*, 39(2): 153-160, summer 1980.

ZAPATA, Francisco. "Mineros y militares en la coyuntura actual de Bolivia, Chile y Peru (1976-1978)", *Revista Mexicana de Sociologia*, 42(4): 1453-1464, oct-dec. 1980.

ZAVALETA MERCADO, Rene (org.). *Bolivia Hoy*, Mexico, Siglo XXI, 1983, 240p.

_____. *Lo nacional-popular en Bolivia*, Mexico, Siglo XXI, 1986, 275p.

_____. *El poder dual*, La Paz, Los Amigos del Libro, 1987, 287p.

_____. "Considerações gerais sobre a história da Bolívia (1932-1971)", In: CASANOVA, P. G. (org.), *América Latina*: história de meio século, Brasília, ed. UnB, vol. 2, 1988, p. 15-73.

_____. *Clases sociales y conocimiento*, La Paz, Los Amigos del Libro, 1988, 264p.

Agradecimentos

A pesquisa original que permitiu a elaboração desta publicação foi uma tese de doutorado defendida em 2002 na Universidade de São Paulo e que foi, posteriormente, amplamente reformulada. Agradeço por isso às numerosas e ricas sugestões dos professores: Osvaldo Luiz Angel Coggiola (orientador), Lionel Itaussu, Maria Helena Rolim Capelato, Marco Antônio Villa, Antônio Zan, Marcos Antonio Silva e Ariovaldo Umbelino de Oliveira.

Esta obra foi impressa em Santa Catarina no outono de 2011 pela Nova Letra Gráfica & Editora. No texto foi utilizada a fonte Minion Pro em corpo 10 e entrelinha de 15pontos.